中国轻工业"十四五"规划立项教材
高等院校小学教育专业系列教材

乡土文化与校本课程

学研教程

刘 刚 主编

中国轻工业出版社

图书在版编目（CIP）数据

乡土文化与校本课程：学研教程 / 刘刚主编．—
北京：中国轻工业出版社，2024.7
高等院校小学教育专业系列教材
ISBN 978-7-5184-4759-6

Ⅰ.①乡…　Ⅱ.①刘…　Ⅲ.①小学—乡土教育—课程
设计—高等学校—教材　Ⅳ.①G622.3

中国国家版本馆CIP数据核字（2024）第050626号

责任编辑：崔丽娜　　　责任终审：劳国强
设计制作：锋尚设计　　责任校对：晋　洁　　责任监印：张　可

出版发行：中国轻工业出版社（北京鲁谷东街5号，邮编：100040）
印　　刷：三河市国英印务有限公司
经　　销：各地新华书店
版　　次：2024年7月第1版第1次印刷
开　　本：787×1092　1/16　印张：11.25
字　　数：270千字
书　　号：ISBN 978-7-5184-4759-6　定价：49.80元
邮购电话：010-85119873
发行电话：010-85119832　010-85119912
网　　址：http://www.chlip.com.cn
Email：club@chlip.com.cn

230525J1X101ZBW

前言

2019年，《求是》杂志发表了习近平总书记的重要文章《坚定文化自信，建设社会主义文化强国》。习近平总书记在文章中指出：文化是民族生存和发展的重要力量。人类社会每一次跃进，人类文明每一次升华，无不伴随着文化的历史性进步。中华民族有着5000多年的文明史，近代以前中国一直是世界强国之一。在几千年的历史流变中，中华民族从来不是一帆风顺的，遇到了无数艰难困苦，但我们都挺过来、走过来了，其中一个很重要的原因就是世世代代的中华儿女培育和发展了独具特色、博大精深的中华文化，为中华民族克服困难、生生不息提供了强大精神支撑①。中国古代典籍《易经》有语：观乎天文，以察时变；观乎人文，以化成天下。也就是说，文化是集自然（天文地理等）和人文（人类社会生活及精神等）的多维大成者，是促进天下文明进步的要素。延续五千年的中华文化是中华民族生活实践积累的成果，而文化的传承，要靠诸多方面的社会活动来进行，其中很重要的是教育课程，这也形塑了教育文化和课程文化。在教育和课程的文化视域里，中华文化的“博大精深”为我们展现出包括历史的、地理的、民族的、本土的、传统的、现代的视野以及全球化的多元文化视野等。文化视域里的教育和课程为人才培养提供一个与历史、与地理、与民族、与本土、与传统、与现代及与他人交流互动的开放平台，学生不仅是知识的接受和运用者，也是文化的传承和探究者，最终是知识和文化的发展和创新者，是一个新知识文化人。

乡土文化，缘于主体所处的层次位置，蕴含了国、家、乡的历史、地理、民族、地方（本土）、传统、现代及内外关联的诸多文化内涵。对于我们每一个人来说，生于、长于、成于文化间，而“乡土”总是给予人一种情意绵绵的情感，尤其是在当下时尚、理性、多元和共享的生活氛围中久了，偶尔回想或触碰“乡土”时，那种情感会在每个人心头萦绕。在当下教育和课程奉行“全球性知识的世界观”的态势下，乡土文化在国家课程主导的教育和课程中踪迹难觅，这似乎是在现代教育观下对“新知识文化人”培养的巨大缺陷。由此，文化视域里的教育和课程不能忽略“乡土文化”，而最合适“乡土文化”授受的教育和课程是学校中乡土教育文化的形塑和课程的设置，这就提到了校本课程。

20世纪60年代，世界范围的课程教学改革在西方一些国家中展开，即所谓的“新课程运动”。其中出现了对国家课程开发政策的反思，“以国家课程为核心的统一课程设计”在“不符合广大教师和学生的需要”的状态下受到质疑，从而导致20世纪七八十年代在课程领域中出现

① 习近平．坚定文化自信，建设社会主义文化强国［J］．求是，2019（12）：1.

了校本课程开发运动。在国家课程与校本课程经历了一番此消彼长之后，世界各国教育领域普遍开始实行“三级课程管理体制”。我国为保障和促进课程对不同地区、学校、学生的需求，在1999年实行国家、地方和学校三级课程管理体制。自此，校本课程开发在我国中小学校教育教学改革中渐成主流。借鉴国内外学校教育校本课程开发的实践经验及研究理论，校本课程在世界各国“尊重自己国家和民族的历史传统文化”方面具有重要的意义和价值，推而广之，就中小学本身，其校本课程中课程资源的主要或重要来源显然是“尊重自己地方和民众的历史传统文化”（即“乡土文化”），这也成为本教材“乡土文化与校本课程”最主要的编写缘起。

本教材主要是“针对中小学校和高等院校，乡土文化如何进入校本课程并达致怎样的教育目的”，从“教、学、研、习”的角度进行展示、研究理论的叙述、相关学理的阐释及观点的研究探讨。教材共由八章内容构成。第一章为校本课程理论研究部分，对校本课程相关概念、基础理论及相关课程哲学理论进行叙述；第二章为校本课程开发程式理论部分，对校本课程开发的可行性（其中包括概念的多样化理解、开发意义价值、开发的政策理念及开发条件等）进行阐释，对开发模式及开发流程进行不同理论观点或程式的介绍。第三章为校本课程与课程资源理论部分，就课程资源理论研究、课程资源开发利用的相关理论及校本课程资源相关指向的分析理论进行阐述。第四章为乡土文化理论研究部分，针对乡土文化的概念、内涵、形成因素及特征进行解释，对乡土文化在文化全球化背景下的意义价值及资源要素问题进行叙述，并对乡土文化在学校课程和国家课程中的表征进行分析。第五章为乡土文化与校本课程理论部分，主要就乡土文化进入校本课程的意义与学理基础、乡土文化资源的类型、乡土文化校本课程开发模式及实践策略等进行阐述。第六章为乡土文化与校本课程开发实习部分，精选了小学乡土文化校本课程编制案例，并就专业课程“校本课程理论与实践”的教学实践问题进行探讨。第七章为乡土文化与地方高校校本课程开发实践部分，就地方高校乡土文化校本课程相关研究理论进行介绍与阐述，并选列了高校乡土文化系列校本课程编制案例。第八章为乡土文化校本课程开发借鉴部分，介绍了国内中小学乡土文化校本课程和国外一些国家中小学乡土文化校本课程编制案例，并在案例后设有相应的点评。教材每章内容后均设有课后研习题目供学生思考练习。

本教材以乡土文化与校本课程相关研究理论及编纂实践为载体，主要承载为地方高等师范院校师范生及地方中小学师资培养提供教师教育课程教与学教材的任务，就这方面以及“学研教程”之含义还须较详尽的说明。

2015年，联合国教科文组织正式发布了题为《重新思考教育：向“全球共同利益”的理念转变》的报告，其中明确阐明了“教育”“学习”“知识”等概念的新内涵。在教育概念上，强调工作场所、地方社区和日常生活中“非正规教育”的重要性。在学习概念上，强调学习既是过程也是结果，既是手段也是目的，既是个人行为也是集体努力，既是认知性的更是具体化的。在知识概念上，特别强调人类知识的多样性和本土知识学习的独特价值。这些概念的重新定义，在很大程度上改变着教育者的教育视野、学习观念和知识观念。

作为教师，主要承担教育学生这样一个重任，精准地讲，主要担负给学生传授知识技能的任务。再精准地讲，至少存在“四维”内涵，即教师要研究学生（人），要研究知识技能（理），要研究教育（术），实际上教师还要研究自己自学获取知识技能并进而掌握“理”“术”，成为一名教师的历程（程），构成“人、理、术、程”这“四维”内容。在这样一个极为复杂漫长的过程中，存在一个环节，事先的预期和事后的反思对其均有一个肯定的看法，就是这样一名教师的形塑过程中的职前师范教育，也就是当下的教师教育过程及其体系。而在这一过程和体系中最关键的因素是所设置的课程，课程在表面状态上是给予师范生知识技能、文化修养及理念视野，在内里状态中还要陪伴其度过一段人生历程并助其成长，在更深刻的层面上还有促使师范生“理解教育”这一目的。“理解教育”的内涵简单来讲就是明白教育是要干什么，课程究竟是怎么回事，学生怎样接受这些课程，教师应该怎样进行课程教学，等等。但是我们从中可以察觉到这样一个问题，即“理解教育”还是仅仅让师范生停留在“思维”和“理念”层面，而这种情形并不能达到教师教育的一个理想的教师的培养目的。实际上，应符合上述教师成长中的“四维”（即“人、理、术、程”），就是要求尽可能在教师教育课程中能体现“程”，而“程”在师范生的学习过程中的体现表征为“实习”和“模拟”。由于“实习”的局限性，使得教师和师范生真正有所作为的是在“校内的教学或教育模拟”，我们可以称之为“尝试教育”，即教师教育课程尽可能使师范生能“理解教育”并“尝试教育”。而又如何或怎样“尝试教育”？本书可以成为一个让教师和师范生能进行“尝试教育”的教材。

首先，就从事师范教育的教师的“尝试教育”来讲，借此教材，让教师贯穿教师教育的一个完整过程，即培养目标确定、课程设计、课程编制、师范生习训、一线学校考察、教师行动研究、师范生行动研究、师生合作学研活动等。教师在其中可面对师范生就目前所设计的课程来思考、确定培养目标，进行课程设计和编制，并即时开展自我行动研究，与师范生合作研究或指导其进行研究。在此期间可深入一线学校进行考察调研，使高校教学、课程设计、师范生培养等与现实用人单位联系紧密。在“四维”教育的培养理念下，教师关注师范生（人），注重其历练成长，陶冶其品性情意；注意师范生理论的理解和“理念”的形塑（理），即独立思考、质疑反思、创造自我等思维特征的具备；训练师范生掌握相关技能和学习主要操作（术）；基于以上内容在形塑师范生的较为特殊的“规律”状态，需要教师教育体制来保障在学研和践行的时间、空间、事宜、活动、技艺、程式、习练等诸多方面达到足额、足量的状态（程）。

其次，就进入师范教育的师范生的“尝试教育”来讲，借此教材，让师范生经历教师教育的一个完整过程，即明确学习目的和自我成才目标、课程编制、一线学校实习（见习）、师范生行动研究、师生合作学研活动、师范生习训（实习、见习、研习、演习）、自学及实践活动等。师范生在其中要面对自己今后工作中所要面对的学生来思考自己的成才目标，就目前所学习的课程明确学习目的，进行课程中所设置的实践环节，即针对一线学校进行课程（校本课程）的编制，结合在一线学校的实习（见习）经验，自主选择课题进行行动研究，与教师（导师）合作进行学研活动，根据自身状态进行“四习”，养成自学及勤于实践操作的行为习惯。或者说是让师范生在学校学习期间就已经能完全（或完整）地体验和历练一名正式的在职教师所要面对的教学工作环节和教育业务事宜。

为了体现“四维”中依托于“人、理、术”之上的“程”，本教材最大的一个特点在于强调师范生的“作”，这其中包括作业、作文、做事、阅读、思考、作习等。本教材能帮助师范生完成这些“作”的条件或资料及程式。借此教材，师生可以合作学习及研究，师范生可以自学和研究，也可以生生讨论学习研究。

在曾经的一部影响颇大的著作《学习的革命》中，作者的一个中心理念就是“怎样学习比学习什么更为重要”。此理念不但对中小学的教学至关重要，对职业教育中的师范教育教学来说也是极为重要的。师范生的职前教育只是对其进行任教前的一种知识和技能的“预备”，实际上此时所能了解或掌握的今后职业教学生涯中用到的知识和技能是极少的一部分，是明显不够用的。在漫长的任教生涯中需要教师不断地进行自学和研修，逐渐了解和掌握当下工作业务中需要的知识和技能，逐渐积累教书育人过程中的处理经验及运作策略，这些都需要教师具备自学及研究的能力。其中较为关键的是需要教师明白这样一个“教育的真理”，即教育是针对每个学生和每个教师的，每个教师就存在着这个教师的教育，每个学生就存在着这个学生所接受的教育，和其他教师及其他学生都是不一样的。教师从事的是自己的教育事业，它就成为“自我的教育事业”。而“自我的教育事业”需要自己去打理、去经营、去成就或放弃。这个教育理念需要师范生“及早明白”，若能及早明白，或许教师就能及早成为一个合格的、有心的、教育家型的教师，也能使教育及早逃离误区或避免误区而及时步入“正规”，教育也能真正体现或实现人类发展真谛的理想。

设计这样一种教师教育课程，编制这样一本课程教材，是对师范生职业教育与专业训练的一种“尝试”，希望通过这种尝试能够真正达到尝试所想要的效果。当然，如若没有达到相应的效果，这种尝试依然是有价值的，相信诸位教育界同仁和同学们都会懂得。最重要的是，编者以此尝试，能够引发大家对一些相关领域问题的思考，比如对“学、研、教”的思考，这就是本教材的主要价值所在。

编者

目录

第一章

校本课程理论研究

学习目标

1. 对校本课程的概念以及相关知识类、课程类概念的多种研究观点进行认识和了解；给校本课程概念一个自主定义。
2. 以课程理论为框架，以校本课程为线索，对相关课程知识理论、课程内容理论、课程文化理论以及学校文化理论进行认识和了解，并思考如何把握其中的关系。
3. 对课程哲学理论的多种研究内容有一个初步认识，对相关校本课程的课程哲学理论的多种研究观点有一些了解并能进行评述。

本章导读

目前，校本课程在世界各国的中小学乃至高等学校教育教学改革中呈现主流之势，但对于校本课程（也包括校本课程开发、学校课程设计等）的理解却是多样多元、极其不统一的。学者、教育管理者和教师往往在面对这一理念，研究这一理论及使用这一概念时对其所设想的观点、所赋予的意义和内涵有同有异，有些甚至完全相同。因此，我们可以看到对校本课程有以下一些认识。首先，对校本课程概念的多样化理解，由此我们需要对校本课程的相关概念做一个梳理，以加强对校本课程概念本身的认识；其次，对校本课程基础理论（课程理论）的多元化讨论，重点是在课程知识、课程内容、课程文化、学校文化等方面展开讨论；最后，对校本课程基础理念（课程哲学）的多种理念进行阐述及深层次探究。

第一节　校本课程相关概念研究

缘于本教材核心概念“校本课程”及“乡土文化”与教育学、心理学、社会学、文化学、人类学、民族学、政治学、经济学等学术研究领域相关，因此涉及众多的理论及学术概念，在此进行分类并给予简要界定。

一、相关知识类概念

相关知识类概念有知识、地方知识、本土知识、乡土、乡土知识等。本教材研究中涉及的概念主要以知识为主，主要回答什么是知识、有什么样的知识、是谁的知识及乡土文化资源是什么知识等问题，这些问题的回答为理论研究及课程实施奠定了思考方向与操作模式。

（一）知识

知识的概念可谓简单而又复杂，简单的定义如《现代汉语词典》中的解释：人们在改造世界的实践中所获得的认识和经验的总结。据学者的研究认为，复杂的知识概念则要看是什么知识和是谁的知识，或者说知识处于什么样的情境，这实际上就是“知识型”的问题。知识型就是“知识的模型”或“知识的范式”。作为知识的模型和范式，知识型就是一个时期所有知识生产、辩护、传播和应用的标准，并具有规范性、共同性、历史性、先验性、文化性等特征。[①]“什么是知识”这个问题非常重要，就如同学校要教育孩子，要培养人才必须有什么样的知识作为课程的内容一样，在教师培养教育中要选择什么样的教育内容？本书的观点是要选择地方的乡土文化教育资源。但应该选择什么样的乡土文化教育资源？哪些属于乡土文化教育资源？什么内容能进入教育范畴？什么内容不能进入教育范畴？这些问题都需要研究者深入思考。知识型的概念帮助研究者站在一个什么样的文化背景和知识形态中来认识和取舍“知识”，它所具有的几个特征或许可以成为选择的标准。

① 石中英. 知识转型和教育改革［M］. 北京：教育科学出版社，2001：11-26.

（二）地方知识

地方知识即地方性知识，是美国学者吉尔兹（Geertz）针对一个民族的文化不仅以语言为载体，还体现在民族的习俗、礼仪、艺术之中的思想认识背景下提出的，在社会科学领域里产生了广泛的影响。所谓地方性知识与普适性知识不一样，它具有自身独特的逻辑经验体系，可以合理解释自然与人的关系，表达当地的历史与社会，并用自身的实践方式来构建某一地方均衡的族群关系，并表现出特殊性、多元性和传统性等特点。①依据这一观点，建构和维持地方乡土社会秩序的是一种地方性知识，具有地方性知识的人就是土生土长在这片乡土社会中的当地人，或村民、市民等。地方性知识不反对普适性知识，而是对现有知识体系的完善和补充。“全球化不是同质化”“全球化和地方化是同步的，有全球化的地方就一定有地方化。”②人类对于世界的认识，并不总是由人类的一部分人——所谓的智者所提出和掌握。实际上，生活在地球上的每一个人所处的地域都是他们知识产生和掌握以维持自己生存的宝地，也是地方性知识产生的来源。因而，地方性知识和普适性知识可以平等存在，对于人类认识世界的发展具有独特的优势，它所承载的乡土知识和民间智慧与现代科学知识一起共同推动着人类文明的进程。换言之，地方性知识和现代科学知识共同构成人类文明文化体系中的重要组成部分。

（三）本土知识

本土知识自20世纪末开始引起人们的重视，在许多国家和地区都成立了相关学术研究机构及教学组织，甚至在联合国也召开过有关本土知识保存和保护的会议。相关专家和学者对于本土知识的研究也方兴未艾。对于什么是本土知识的问题，学者众说纷纭。美国学者科恩科林（Conklin）和毛里尔（Maurial）是其中的代表。科恩科林认为本土知识即“民族科学”，是一个民族在自己的生存、延续和发展过程中所形成的、具有自己独特内容与形式的知识体系，对应于近代以来形成和广泛传播的“西方的科学”。其概念中最重要的特征是民族性。毛里尔对“本土知识”所下的定义是“本土知识是本土人民在某一地区与自然的相互作用过程中所形成的认识和智慧结晶”，并认为本土知识具有地方性、整体性和口头性等特点。我国学者石中英则认为本土知识是“由本土人民在自己长期的生活和发展过程中所自主生产、享用和传递的知识体系，与本土人民的生存和发展环境（既包括自然环境，也包括社会和人文环境）及其历史密不可分，是本土人民的共同精神财富，是一度被忽略和被压迫的本土人民实现独立自主和可持续发展的智力基础和力量源泉”。③在此定义中，本土知识的“关键特征”之一就是“地方性知识”。结合以上论述，我们认为，本土知识实际上和地方知识没有本质区别，是同一类型的知识。

（四）乡土

所谓乡土，我国最早提出乡土一词的文字记载是先秦文献《列子天瑞》中“友人去乡土，离六亲”的句子。从中可看到，乡土一词含有“家乡”的词义。《辞海》中解释乡土一词为“家乡、故乡”，也泛指“地方”。《现代汉语词典》中的乡土一词解释为“本乡本土”。有学者认为“乡土”是以自我为圆心，以情感为半径，画一片有家有生活的土地；生活中有人有事，土地上有景有物，交织成绵延不绝的历史与文化。由此看来，乡土与文化的关系是很密切的。一些学者认为，乡土是具有自我意识的“主体的空间”，将人生过程中曾经驻留并与自我有特殊意义与价值

① 克利福德·吉尔兹．地方性知识：阐释人类学论文集［M］．王海龙，张家瑄，译．北京：中央编译出版社，2000：46.
② 桂维民．对话与创新［M］．桂林：广西师范大学出版社，2005：28.
③ 石中英．知识转型和教育改革［M］．北京：教育科学出版社，2001：325-328.

之处，均视为“我的乡土”。“乡土”必须包含三个层面的主题：一是乡土的结构，其基调为区域结构（乡土的空间结构）。探讨的主题包括乡土要素及其整合方式、乡土的内部运作及与外部关系、乡土结构的变迁。二是乡土的经验，其基调为生活经验，这是具有独特性的经验。探讨主题包括：乡土特性、适应过程及文化作用等。三是乡土的意识，乡土的意识也是乡土的灵魂。包括乡土存在的基础与乡土存在的意义。

乡土的概念内涵较为广泛，如果以家乡的含义理解“乡土”，则在自己祖国以外生活的人们，祖国是自己的乡土；而在自己国家里定居的人们，本省或本地区是自己的乡土；对于在外地居住的人们，自己的县或市是乡土；对于在自己的县或市居住的人来说，自己的出生地乡或村是乡土。

如果把乡土理解为一个地域概念也很有道理。受我国文化影响很深的日文，在乡土一词的解释中也认为乡土是一个地理词语，其范围可以从部落到村、市、县、地方，甚至国家，有狭义的和广义的理解。据1986年教育部制定的全日制中学《地理教学大纲》的规定，乡土的地理范围限于本县市地理，即乡土的范围是指县市地域。[①]本书中的乡土，蕴含多种理解，以主体所处位置不同而不同。就国家而言指省（自治区、直辖市）为乡土；就省（自治区、直辖市）而言指县市为乡土；就县市而言指乡村为乡土。每所中小学所处县市为乡土；就学生而言其所居住地为乡土。

如果把乡土理解为文化，则乡土是各个文化的传承，启发创造的基本能力，养成永续的情操以自然的文化的共同意识，成为生活的标准。乡土也是人们在幼年或少年时代接触的所在地，以自小长成的历史和社会价值为核心，由此可以发展人格的体验世界，构成健全的文化社会。[②]

综合以上对乡土的理解和表述，编者认为乡土具有以下要素：①乡土是一个人出生、生活和成长的地方；②乡土是一个人的家和家族所在的地方；③乡土是一个人具有和形成其个人特有的人格、情感、记忆和意识的地方；④乡土也指与中央、城市和上层社会相对的地方、乡村和基层社会。本教材对乡土的内涵作界定为：乡土是人出生、成长的家乡；是构成记忆、形成人格、决定情感及认同的地方；在我国是市民、农民、牧民等人民居住的地方；也是家乡文化在人的心灵中或精神上的主要凭借所在。

（五）乡土知识

因有乡土一词，又衍生出乡土知识这一概念。什么是乡土知识？关于这个概念国内外相关的研究较多。据相关学者对乡土知识各类研究观点的总结，被广泛认可的乡土知识的定义有以下三种：①乡土知识泛指当地人和特定社区的知识；②乡土知识是一种特有的、传统的、本土的知识，它是由一个特定的地理区域内所世居的妇女和男人在特定的条件下发展起来的，并存在于社区中；③乡土知识是在某个特定地理区域的人民所拥有的知识和技术的总称，这些知识使得他们能从他们生活的自然环境中获得最多收益。这种知识的绝大多数是由先辈们一代一代传下来的。但是在传承过程中，每一代人中的个体（妇女或男人）都在不断改编或在原知识上增加新的内容，以适应周围环境条件的变化。这样他们又把改编和增加后的整个知识体系传授给下一代人，这样的努力为他们提供了生存策略。[③]从上述几种乡土知识的定义我们能够看出，乡土知识是一种本土知识和地方知识，和前文描述中对本土知识和地方知识的界定内容基本一致。同样具有如本土性、地方性、口头性、经验性、实践性、传统性等特征。乡土知识所具有的特征与本土知识和地方知识的特征大同小异。

① 王静爱．乡土地理教学研究［M］．北京：北京师范大学出版社，2001：2.

② 王镶．乡土教育研究［M］．上海：新亚出版社，1935：3.

③ 何丕坤，何俊，吴训锋．乡土知识的实践与发掘［M］．昆明：云南民族出版社，2004：2.

给“乡土知识”一个自主定义。

二、相关课程类概念

相关课程类概念有课程、地方课程、校本课程、乡土课程、乡土教材、乡土教育等，本教材以课程为核心概念，此主题主要理解什么是课程、各类课程的内涵以及乡土课程是什么等问题。

（一）课程

课程作为一个学科中最基础的概念，应该有一个确切的定义，但目前在学术界关于课程的定义很多但还不够确切。由于乡土文化教育资源的开发及利用要作为教育内容进入高等师范院校教师教育和中小学校教育的课程。因而，关于课程的内涵，应有一个较为确定的定义或认识的角度，以利于在现实中进行教师教育的计划和实施的把握。

英国教育家斯宾塞（Spencer）最早提出课程一词，意指“教学内容的系统组织”。在我国，课程一词最早见于唐宋间。唐朝《五经正义》里有“维护课程，必君子监之，乃得依法制也”的句子，此“课程”指“伟业”。宋朝《朱子全书》中有“宽着期限，紧着课程”的语句，此“课程”指承担工作的程度和学习内容的范围、时限和进程。[①]课程的研究众多而定义纷繁，详细整理归类，编者认为课程内涵的定义可分为三类。第一，课程是学科（科目）。这类观点认为课程是现有学科或科目中的教育内容或教材。我国有学者认为对课程的理解可归纳为三种：一是指课程体系，二是指一门课，三是指一堂课。[②]美国学者菲尼克斯（Phenix）曾提出：“一切的课程内容应当从学术（学问）中引申出来。换言之，唯有学术（学问）中所包含的知识才是课程的适当内容。”[③]此观点认为课程就是内容，没有进程，彰显教育的静态特征而忽略教育的动态特征。第二，课程是教育的目标或计划。这类观点把课程看作学生预期的学习结果，或者认为课程就是学生学习和活动的计划。美国学者舒伯特（Schubert）曾提出：“课程是产生预期学习结果的目的性领域。”其他学者如塞勒（Saylor）、亚历山大（Alexander）等认为课程是教学事先设计的活动秩序和范围。[④]此类观点把课程视为教育过程之前的一种设想和课程是教学过程之外的一种附属物，显然忽略了教育对象和学习成长的主体——学生本身和学生的体验，这是具有片面性的。第三，课程是学习者的体验或经验。这类观点认为课程是学生在教师指导下所获得的经验或体验，以及学生自发获得的经验或体验。美国教育家杜威（Dewey）实际上也认为课程就是经验。他在其著作《儿童与课程》中指出：已经分门别类的各种科目是历经许多年代的科学发展的产物，而不是儿童经验的产物。课程应当是儿童生活中的按照活动的和情感的联合。[⑤]他把课程看作人取得的经验，认为教育目的是让人积极地思想和行动所取得的结果，课程是体验师生对话的含义和方向的过程，是一种不断发展的课程。课程是经验的观点是把教育对象的直接经验置于教育教学中的核心地位，能消除课程中以教师教材为中心的片面性而突出以学生为中心的主体性，达到教育内容和教育过程相结合，教育目标和教育手段相适应，真正实现我们所期望的教育目的。

① 张华. 课程与教学论［M］. 上海：上海教育出版社，2000：66.
② 陈玉琨. 现代教育管理技术［M］. 上海：上海科学技术文献出版社，1994：106.
③ 钟启泉. 现代课程论［M］. 上海：上海教育出版社，1989：115.
④ 廖哲勋，田慧生. 课程新论［M］. 北京：教育科学出版社，2003：32.
⑤ 杜威. 民主·经验·教育［M］. 彭正梅，译. 上海：上海人民出版社，2009：17.

（二）校本课程

校本课程是指由学校自主开发设置的课程，也称为校定课程或学校本位课程。为了区别学校课程，因此称之为校本课程。据相关学者对校本课程所做的研究，编者在此列出几种校本课程的定义：①校本课程是在具体实施国家和地方课程的前提下，通过对本校学生需求进行科学的评估，充分利用当地社区和学校课程资源而开发的多样性的、可供学生选择的课程；[①]②校本课程是以学校为课程编制主体，自主开发与实施的一种课程，是相对于国家和地方的一种课程；[②]③校本课程属于校本课程开发的产品或结果，一般表现为学校自主决定的可供学生选择的课程计划或方案；[③]④校本课程有广义和狭义之分，广义的校本课程是指学校所实施的全部课程，既包括学校所实施的国家课程、地方课程，也包括学校自己开发的课程，狭义的校本课程专指校本课程，即学校在实施好国家课程和地方课程的前提下，自己开发的适合本校实际的、具有学校自身特点的课程；[④]⑤校本课程是由学生所在的学校教师编制、实施和评价的课程。[⑤]综合上述定义可以看出，校本课程的定义内涵较为统一，它是在“学校特色经营”的理念下进行的课程改革行动。而校本课程开发的课程资源所具有的主要特色成分是地方的乡土文化资源。

（三）地方课程

在我国新一轮课程改革中，依据课程决策权把我国基础教育课程管理体系区分为国家、地方和学校三级体系，而一改以往完全实施国家课程的局面，为地方和学校因地制宜开发适合自己的课程提供了空间。地方课程又称为地方本位课程或者地方取向课程。它是相对于国家课程来说，地方教育主管部门以国家课程标准为基础，在一定的教育哲学思想和课程理念的指导下，根据当地地方社会政治、经济、文化发展及其对学生发展的特殊需要，充分利用地方课程资源所设计的课程。地方课程与国家课程一样，是整个国民教育体系课程管理与标准中宏观课程结构中的重要组成部分。当然，学界对于地方课程的理解多种多样，在此我们的理解是，依据国家课程、地方课程和校本课程三级课程的划分，地方课程是相对于国家课程和学校校本课程之间的，以某一地方的政治、经济、文化和民族状况等为课程内容而开发设置、补充完善和改变，并由地方人民政府和教育部门管理的课程。从实践情况看，地方课程的内涵可以包括当地学校开发设置的校本课程。从当下各省内区域的情况来看，有些地方编制的书籍上标注为地方课程，但在县市域内各中小学校作为校本课程教材使用，各校由于其课程实施中的学校特色，又将其称为校本课程。地方课程和校本课程合二为一，这也可以说明两种课程在教育目的、课程内容及教育对象的同一性或重叠化状态。

（四）乡土课程

乡土课程，顾名思义，应该是为进行乡土教育而设置的课程。对于乡土课程的理解重点在乡土。若依据乡土教育的内涵而言，乡土课程就是给予学生对自己的生活环境由认知产生认同的教育内容、教育过程和情感体验；若以乡土的特征而言，乡土课程就是学生生长的家乡的人、事、情、物，并且能激发乡情、产生乡意、心怀乡亲的教育课程；若按乡土资源开发而言，乡土课程是指以师生和学校所处的行政区域内的自然条件、社会经济和科技人文等方面的反映群众文化心

① 崔允漷．校本课程开发［M］．北京：教育科学出版社，2000：56.
② 叶澜．课程改革与课程评价［M］．北京：教育科学出版社，2001：111.
③ 吴刚平．校本课程开发［M］．成都：四川教育出版社，2002：38.
④ 许洁英．国家课程、地方课程和校本课程的含义、目的及地位［J］．教育研究，2005（8）：34.
⑤ 王斌华．校本课程论［M］．上海：上海教育出版社，2000：1.

理，并且带有积极教育意义的系列内容为课程资源而开发的本地学校课程。

（五）乡土教材

关于乡土教材的内涵及定义，学界的相关研究很多，总结概括后主要有以下几类。

1. 认为乡土教材是国家统编教材的补充

《中国文化大百科全书·教育卷》中对乡土教材的定义：以学校所在社区的地理、历史、生物等知识为内容，以教学大纲为范围而编写的补充教材，如乡土文学、乡土地理、乡土历史等。一般由学校或地方教育行政部门组织人员编写。内容主要是本乡本土的地理环境、文物史料、生产状况、文化设施、物产交通、内外贸易以及工农业发展的新成就等。乡土教材有利于从当地乡土人情、风俗习惯、文化背景等实际情况出发，使教学内容理论联系实际，使学生具有热爱家乡、建设家乡的爱国主义思想。①此定义的重点是表述乡土教材作为国家统编教材的补充教材所担负的作用。

2. 主要强调乡土教材的地方性

《中国小学教学百科全书·美术卷》中对乡土教材的定义：具有局部地区家乡特色的教材。该概念是相对统编教材而言的，是指各地区或各学校自编的对现行统编教材补充内容的教材。此定义强调乡土的内涵，注重乡土教材内容的地方性特色。

3. 主要强调乡土教材内容的特性

《实用教育管理词典》中对乡土教材的定义：以本地区的政治、经济、文化、历史、地理和民族状况等为内容而编写的教材。一般包括乡土历史、乡土地理、乡土社会、乡土自然、乡土文学等，教儿童学习乡土文化，不仅符合教学由近及远、由具体到抽象的教学规律，而且有助于儿童认识家乡，培养儿童热爱乡土的感情。我国幅员辽阔，各省（自治区、直辖市）可参照国家制定的教学大纲或课程标准编写适应地方需要的乡土教材，做到统一要求与因地制宜相结合。②此类概念注重对乡土教材内容的确定和乡土教材所具有的功能，尤其是对教育对象民族认同、乡土依恋和家国情感的培养、熏陶和激发功能的表述和注解，这也是乡土教材最重要的存在意义和价值。

通过上述乡土教材的概念认识及分析，可以总结出乡土教材具有地方性、教育性等特点。乡土是一个空间概念，地方性是其重要特点；教材是学校教育（不仅在学校，在社会教育中也存在）的重要组成部分，教育性是乡土教材的核心特点；乡土教材所具有的培养学生“乡情”“乡恋”“乡土”的特殊功能，因此具有培养目标的特殊性特点，这也是乡土教材的本质特点。依据此理解，可以认为：乡土教材就是在当地由学校或其他社会团体和个人编制的，旨在培养学生乡土依恋、民族认同和家国情感的学校教育和社会教育的补充教材。

（六）乡土教育

关于乡土教育，相关研究学者有不同的解读。有的学者认为乡土教育是情境教育；有的学者认为是生活教育；还有的学者认为是人格教育或情感教育。现代教育理念中又有学者认为乡土教育是环境保护意识教育，并相对于学校教育课程的书本化和理论性，乡土教育应该是使学生通过实践而改变行为。我国有学者认为乡土教育是认识乡土的自然和文化的教育。就是给予学生对自己的生活环境由认知产生认同的教育。培养学生的乡土情怀，孕育乡土之爱，产生乡土意识，加强乡土观念，目的在为他们树立一个“生命价值观”，不仅可以看到自己根生何处，也可以让

① 中国文化大百科全书（教育卷）[M]．长春：长春出版社，1994：210.

② 王纯山．实用教育管理词典[M]．北京：职工教育出版社，1988：383.

生命的成长与生活的地方共存共荣，享受进步的喜悦。①在此编者采纳相关学者的研究定义：乡土教育是让学生了解、认识其所居住地方的人、事、物，包括生活环境、历史人物、自然景观、传统艺术和文化等，使他们能认同与热爱自己的乡土，以激发他们改善环境及建设地方的意愿和能力。②

上述关于课程的几种概念，无论是“课程”“地方课程”“校本课程”和“乡土课程”，还是“乡土教材”和“乡土教育”，以教育的视角，这几种课程概念都是教育和课程的子概念，均属于教育及课程的范畴。从概念内容和实施范围来看，这几个概念在定义内容上是有交叉的，甚至基本内容都是相同的，其实施范围也基本相同，均为地方，它们都和本教材主题与核心概念“校本课程”紧密相关。

—— 微思考 ——

若针对自己所在学校，以所在地方文化资源为内容自主编制课程，给其命名，可以称之为什么课程？

三、相关校本课程概念的问题

本教材中的核心概念——校本课程，从上述对校本课程概念及相关概念的讨论可以看出，其概念内涵或定义纷繁多样，学界学者们的认识差异较大，原因可能与其在学校课程中的状态和对其的功能作用认识不同等因素有关。校本课程作为一个教育学术概念，存在这样的理解差异和认识分歧也属正常，但它毕竟要运用到教育实践课程教学中去，则又必须在其内涵及操作模式上达成较为一致的共识，这样才会产生研究认识上的讨论和实践模式中的共识。

（一）校本课程概念的多样化理解问题

关于校本课程概念的界定，比较权威的解释是：校本课程是在具体实施国家课程和地方课程的前提下，通过对本校学生的需求进行科学的评估，充分利用当地社区和学校的课程资源而开发的多样性的、可供学生选择的课程。还有比较简明的解释是：校本课程就是学校自编课程，或校本课程就是由学生所在学校的教师编制、实施和评价的课程。也有一些关注我国本土立场的解释：我国的校本课程是在学校本土生成的，既能体现各校的办学宗旨、学生的特别需要和本校的资源优势，又与国家课程、地方课程紧密结合的一种具有多样性和可选择性的课程。

对校本课程的概念进行界定，需要厘清它与其他相关事物概念的关系，如有学者提出，校本课程与校本课程开发；校本课程与国家课程；校本课程与地方课程；校本课程与学校课程；校本课程与师本课程或生本课程；校本课程与校定课程；校本课程与选修课程；校本课程与活动课程；等等。还有学者提出，校本课程这种说法只是一种口头语言并不规范。校本课程一词容易导致课程开发只看重结果不看重过程的错误倾向，校本课程需要从其内涵、外延、作用、产品、意义和价值等方面综合进行认识界定。

编者认为，对校本课程概念的界定，恰好能反映出教育现象及教育问题的复杂性和不确定性。应该根据自己所处的教育情境和文化背景，加上对校本课程理论的阐释和校本课程开发实践利用的具体情况，建构具有自我特点的学校教育课程理论体系和校本课程实践范例，在教育与课程的世界之林中占有自己的位置。

① 王镳．乡土教育研究［M］．上海：新亚出版社，1935：4.
② 李素梅．中国乡土教材的百年嬗变及其文化功能考察［M］．北京：民族出版社，2010：32.

（二）对校本课程概念的确定性认识

校本课程的概念分析，若以词语作为分析对象，可以分为“校本”和“课程”两个词。“校本”可以认为是形容词，在文句中作状语使用，表示这种课程在学校教育中的状态，即“在本校，由本校自己编制和设置并实施，其项目和内容出自本校”等。“课程”则为名词，表示事物的名称或指示其本质的属性等，“课程”与学校中其他课程是属于同一种事物，只是在类型上有所差异，在文句中作主语使用。如此分析，校本课程可以理解为这样一种课程在学校教育中的状态。这里比较关键的地方是对“校本”的理解。

综合上述分析，为使教材内容周延和规范统一，我们将核心概念“校本课程”确定为如下含义：校本课程是指某一学校根据本校的培养目标和办学宗旨，为满足本校学生实践发展需要，以学校校长、教师和学生为主体编制的适应本校办学特色和现实条件的学校自设课程。

微思考

给“校本课程”一个自主定义。

第二节　校本课程基础理论认识

一、课程知识理论研究

（一）知识观

知识与教育存在天然的更是内在的联系。首先，教育是知识系统整合、传递传播、积累发展的主要途径；其次，知识是教育的主要内容和重要载体。教育中知识的存在主要以课程来体现，而课程的策划、制定、设计及实施中，最重要的是知识的选择、设计、呈现及评估的问题，这就是英国哲学家斯宾塞（Spencer）提出的“什么知识最有价值”的问题，当然，这一问题是教育课程决策者和编制者所要考虑的问题。因为在教育教学实践中，作为课程实施者的教师，基本上是按决策者制定好的课程体系来给学生传授知识的，也往往在教学实践中会使教师认为，既然教学计划中的教学大纲及课程内容是这样确定知识系统的，在“以纲为本”的教学指导思想下，教师自身只是去领会、掌握及执行并成为教育、课程及学生学习的目的，自然也成为教师本人的教育知识观。然而，教师的工作并不仅仅是传授知识，因为教师在面对学生所进行的“全方位教育影响”中，教师很重要的一个教育理念是“我们传授给学生知识的目的是什么”，即什么样的知识要在学生身上体现出其成长、发展、成才及自我实现的人生价值，因而教师本人对知识本质的见解就显得极为重要。

知识是什么？对知识的不同见解，既决定着课程设计编制者对相关课程内容的选择和编制，也决定着一线教师教育的基本指导思想、教学理念和实践策略。对知识的不同理解，在课程编制层面有异质异构的课程，在课程操作层面有异质同构或同质异构的课程模式。相应地，在课程教学目标层面就有不同的、多样的教学目标。

什么是知识？在西方的学术语言中，“知识”的含义一种为information，是名词，指的是信息或消息之类的东西；另一种为knowledge，是动词，指的是知道的过程。在我们汉语中，知识被解释为了解或见解，或是“人们在社会实践中积累起来的经验”。

当把知识作为一种客体、一个概念或原理的意义体系，而且这种体系是相对稳定的且可以划分为多个门类，是可以通过某种工具以某种方式系统地传授给他人，这种课程观的产物便是学科课程体系，课程便是教育教学即人才培养的目的体现。

学界对知识的解释是丰富多样的，也就形成了众多的知识观。

1．理性主义知识观

理性主义知识观的主要观点是：一切的知识来源于借助理性所显示的确凿公理。认为真理的标准在理性当中，人们从经验中获得的知识是不可靠、偶然及模糊的，只有从理性中才能获得必要和可靠的知识。这一知识观的主要代表人物有笛卡尔（Descartes）、斯宾诺莎（Spinoza）和康德（Kant）。在这种知识观的影响下，我国也曾推行理性主义课程理念，即学校课程为传统学科，课程内容基本上是传统文化知识，对于实践操作技术内容比较忽视。

2．实用主义知识观

实用主义知识观又称经验主义知识观。美国教育学家杜威（Dewey）认为：知识应当服从于个人的解释，并且在某种意义上讲，知识对每一个人都是不同的，个体是一个“意义的创造者”，他可以把事实材料纳入他自己并于事物的组织结构中，并将这一结构与他已经作为经验而独有的那些东西用自己独特的方式联系起来。瑞士心理学家皮亚杰（Piaget）认为，知识是现实主动类化而成的一种结构，是一种以最简单的向最复杂和抽象的方面进行的转变，知识的基础在于行动之中。持这种知识观的人便赞成经验课程，这种课程往往以社会和科学生活为题材，经综合的方式表述各学科的内容。这种教材仅是构造学习者认知发展的一个手段和过程，而非目的。

3．人本主义知识观

英国教育学家斯滕豪斯（Stenhouse）认为：知识不是需要学生接受的现成的东西，而是学生思考的对象，它不能作为必须达到的目标来束缚人，教育是要通过促使人思考知识来解放人，使人变得更自由。[①]美国心理学家罗杰斯（Rogers）以人本主义观点角度认为：教育他人的任何东西，对行为只产生一些微小或根本不产生有效的影响，唯一能对行为产生意味深长的影响的学习是自己发现并把它化为己用。这种化为个人经验指导自我发现的知识和真理，不能直接传授予他人。[②]

4．旁观者与参与者知识观

我国学者提出了“旁观者知识观”与“参与者知识观”的观点，此观点认为：科学知识在现代社会的“权威地位”，导致知识实用价值和功利价值的凸显，“知识就是力量”有力体现了知识本身的价值。随着科学知识进入学校课程，以提升课程知识为目的，“把一切知识教给一切人”成为学校教育的使命。这种状况导致“接受学习”成为教学常态，而使学生成为“知识的旁观者”。与之相对，参与者知识观认为知识不是发现和授受的，而是个体主动探究、创造的结果，真正有效的学习是学习者个人的探究活动，真正有效的知识是经学习者个人探究形成的个人知识。[③]

从一个人成长发展的角度，或从一个人成才致用的层面来考察教育或课程时，我们可以获得最有价值的知识，而不是那些现成的事实，有价值的知识是学生自身的体验，是关于如何获取有用的知识，是那些能够帮助学生思考与探索的东西，是能够使人变得更为自由的东西。

5．辩证唯物主义知识观

马克思主义的辩证唯物主义知识观认为，知识是客观存在于人脑中的正确反映。知识分为感性知识和理性知识，对应于个体获得知识的直接经验和间接经验的来源。学校课程主要为学生提

① 施良方．课程理论：课程的基础、原理和问题［M］．北京：教育科学出版社，1996：187.

② 傅建明．校本课程开发中的教师与校长［M］．广州：广东教育出版社，2003：85.

③ 高慎英．体验学习论［M］．桂林：广西师范大学出版社，2008：150.

供间接经验，但也需要适度地给学生提供获取直接经验的实践情境及技术训练，需要将两者有机地结合起来，在感性知识的基础上形成理性知识，在理性知识的指导下更广泛、更深入地掌握感性知识，这是人类文明最根本的标志。我国中小学课程建设及实施，按照马克思主义的辩证唯物主义知识观进行教育课程的编制设计取得了较好的成效。

（二）言述知识与默会知识类型理论

英国学者波兰尼（Polanyi）提出的言述知识与默会知识又称显性知识与缄默知识，他认为知识分为两类：以文字、地图和数学公式加以表述的知识是言述知识；而未被表述的知识，如我们在做某事的行动中所拥有的知识是默会知识。能用语言符号加以表达的知识，属于言述知识范畴；而断言该知识为真的活动，是默会能力（理解力、判断力、鉴别力、审美能力）的体现，非语言所能言说，可以用行动和实践表达。波兰尼提出"通过寓居而认知"的主张，其中一个主要的观点是亲知，即实在的认知性接触或知觉性亲知。默会知识的两种形式即亲知和能力之知，它们注重科学研究的具体实践，反对知识传递和文化传承单纯依赖符号化的规范与途径，凸显人的认知主体性并强调实践和参与。[①]通过对这两种知识类型的研究，有学者认为默会知识具有非逻辑性、非公共性、非批判性和情景性等特征。当默会知识与认识和实践的目的相一致，言述知识就容易获得，反之则难以获得。波兰尼在研究默会知识时曾注意到它与教学的关系，他认为言述知识的传递只有通过默会知识的应用才能获得成功。默会知识是学生接受课程知识的基础，它也是人们行为无意识的向导，日常的学习和生活中特别是当课程知识和默会知识发生冲突时，运用最多的还是默会知识。因此，对于教育教学来说，要重视默会知识，即实践教学。

（三）本土知识与学院知识类型理论

20世纪70年代开始，本土知识逐渐引起人们的重视。教育改革的推进使本土知识合法化逐渐列入议事日程。关于本土知识，英国学者毛里尔（Maurial）认为是指本土（地方）人民在某一地区与自然的相互作用过程中所形成的认识和智慧结晶，并认为本土知识具有地方性、整体性和口头性等特点。我国学者认为，本土知识是由本土人民在自己长期的生活和发展过程中所自主生产、享用和传递的知识体系，与本土人民的生存和发展环境及其历史密不可分，是本土人民的共同精神财富，并认为本土知识具有"地方性知识""整体性知识""被压迫的知识""授权的知识"等关键性特征。[②]本土知识概念的提出，引起教育工作者对学校与社会的关系的再反思。因为任何社会都是"本土社会"，任何学校与社会的关系也是一个具体学校与一个具体"本土社会"的关系，不可能是一个具体学校与一个抽象的"一般社会"的关系。学校教育的职能是要将与之有密切联系的某一"本土社会"积累的知识传递给年轻一代，使年轻一代掌握这种知识并将其应用在此"本土社会"的生活和生产之中。实际上从现代意识来看，在未来人才的素质培养中，学校教育应该在重视年轻一代"全球意识"和"国际知识"培养的同时，也需要注重其"地方意识"和"本土知识"或"民间知识"的传递和掌握。由此可以理解为，本土知识与之相对应的是学院知识（或学校知识），这表明本土知识没有进入学校课程体系。这一问题构成了对"校本课程"与"乡土文化"关系教育思考的主题。

（四）陈述性知识、程序性知识与操作性知识类型理论

现代心理学将人类具有的知识划分为陈述性知识、程序性知识和操作性知识，其中操作性知

---

① 波兰尼．个人知识［M］．许泽明，译．贵阳：贵州人民出版社，2000：131.

② 石中英．知识转型与教育改革［M］．北京：教育科学出版社，2001：326.

识是程序性知识的一个重要方面。陈述性知识是指个人能有意识地提取线索，并且能直接陈述的知识。这类知识主要用来回答有关世界“是什么”和“为什么”的问题，一般通过理解和记忆获得，与美国心理学家加涅（Gagne）学习分类中的言语信息相一致。程序性知识是指个人不能有意识地提取线索，只能借助某种作业形式来间接推测其存在的知识。它主要回答有关“怎么办”的问题，同时也是一套办事的操作步骤，在本质上由概念和规则构成。程序性知识又分为两个亚类：一类为运用概念和规则对外办事的程序性知识，加涅称之为认知策略；另一类为动作技能或者是按照某种规则办事的能力，因此也属于程序性知识。

在传统教育课程体系中，陈述性知识占主导地位，而程序性知识和操作性知识则处于次要地位。在现代及后现代课程理念中，程序性知识和操作性知识的传递与掌握成为重点。这一理念认识也构成了现代课程改革的主要观点。

（五）活动性知识、观察性知识和符号性知识理论

活动性知识是个体与客体通过相互作用和活动来构建的知识；观察性知识是个体对其他人与客体的相互作用过程的观察来建构的知识。这两种知识具有具体性、体验性、综合性和动态性等特点。这一知识认识理念与实用主义知识观相类通。符号性知识是指个体通过语言与其他人进行交流，在此过程中理解其他人通过各种途径构建起来的知识经验，其中包括人类积累下来的文化知识体系而建构的知识。符号性知识具有概括性、系统性、简明性等特点。[①]这一知识的认识理念与理性主义知识观相类通。

鉴于学校教育和社会的关系，可以发现任何课程都是某种知识观的反映，多元化的知识观也使知识进入课程的状态多样化。

微思考

结合自己的阅读，想一想还有哪些知识观及知识分类？

二、课程内容理论研究

课程内容是课程基础理论中一个非常重要的部分，是学校教育课程目的的重要途径，也是课程策划、编制及设计、课程评价的主要依据和参照，也是课程改革的中心项目。在主题“乡土文化与校本课程”中，课程内容是其核心。

（一）课程内容的概念

有学者从社会学的角度认为，课程内容是根据课程目标编撰而成的一系列文本，即教科书。还有学者认为：以教学过程而言，课程内容是据课程目标，有目的地选择各种直接经验和间接经验的知识体系。[②]另有学者认为，课程内容是指各门学科中特定的事实、观点、原理和问题，以及其处理它们的方式，是一定知识、技能、技巧、思想、观点、信念、言语、行为、习惯的总和。[③]

（二）课程内容的价值取向

课程内容在价值取向理念方面主要有以下三种观点：一是生命化的课程内容，就是要创造一

① 刘旭东．现代课程的价值取向研究［M］．兰州：甘肃教育出版社，2002：54.
② 王萍．论课程内容的预期性生成：原点、原则［J］．现代中小学教育，2006（9）：18.
③ 王本陆．课程与教学论［M］．北京：高等教育出版社，2003：180.

种知识的存在与表达的方式，使之在非生命的载体中仍然能够以一种充满生命力的状态与学生对话，同时也以一种生态化的设计搭建与教师沟通的平台。二是多元文化课程内容，注重维护教育机会均等的精神；提升弱势族群的学业成就；了解和支持文化的多样性，培养学生对不同族群文化的感受性和包容性；培养学生的文化理解和文化能力等。三是创生课程实施中的课程内容，主张课程内容的价值不在于控制教学，而是为教学提供基础性文本；作为课程内容载体的教材不应该成为教学权威，也不具有裁决教学的能力；教师应该以怀疑的精神和研究的态度对待教材中的课程内容。①

（三）课程内容的功能研究

关于课程内容的功能究竟是什么，主要有以下研究观点：①体现课程内容的教科书要突破旧的学科体系的束缚，以学生的学习和发展为中心，构建新的体系；②课程内容要体现时代特征，具有基础性要求；③教科书中课程内容的编排要充分根据学生认知发展的规律和心理特点来组织安排；④体现课程内容的教科书及“教材”要以为学生为主体的学习活动服务为宗旨，把学与教的策略方法融入进去；⑤现代“教材”要能充分结合信息技术，突破传统印刷媒介的限制，拓宽学生的视野等。由此形成了两种课程内容功能观。第一种是知识观的课程内容功能观，认为教材本身的课程内容所呈现的知识即教育课程目的，主张课程内容中知识的经典性和权威性，在一定程度上约束了存疑、求异乃至创新的可能性。第二种是智慧观的课程内容功能观，认为课程内容中的知识只是一种途径和手段，通过它去实现智慧的、发展的教育课程目的，“教材知识成为研究和思考的材料”。②

微思考

“课程内容”与“课程资源”两者的异同点是什么？

三、课程文化的理论研究

（一）课程文化的理论内涵

关于课程文化的理论内涵，我们通过美国教育学家帕梅拉（Pamela）等人在其著作《课程文化》中提到的相关阐释来理解课程文化。③

1. 课程的概念化

帕梅拉等人认为，目前的教育界或学界，教师、课程专家和管理人员中很少有人把“课程”的概念作为一个包含多种标准、多种价值和多种努力的总框架来讨论，也很少有人质疑和反思学校的课程目标和课程活动，主要原因有两个方面：一方面是学校教育教学越来越依赖用不着教师操心的课程程序或课程包，有了它们，教师就成了一个“投递员”，教师的任务只是按照说明或规定向学生提供现成的东西；另一方面是社会要求学校对“统一的教育目标”承担起绩效责任，教师对课程的发言权也就随之下降了。

教育能否促进个人的转变和社会的变革？对于这个问题的讨论，主要有以下几种观点。①领悟课程模式，即把课程看成是理解能够使教育者更加清醒地意识到教育的各种可能性，如此教师便可以学会探究暗藏在课程中的隐喻、假设和观点，并且全面地批评它们的假设和实践，批评它们的理论前提和教育目的。②多元课程，可把学校里所教授的一切划分为三类课

---

①② 王鉴．课程论热点问题研究［M］．桂林：广西师范大学出版社，2008：64-66.

③ 帕梅拉·博洛廷·约瑟夫，等．课程文化［M］．余强，译．杭州：浙江教育出版社，2005：14-22.

程，即显性课程、隐性课程和虚无课程；也可把课程看作四类：官方课程、所教的课程、所学的课程和所考的课程。③文本课程，即必须把课程理解为话语，理解为文本，理解为词语和理念。课程使用语言并由语言构成，文本课程本身即说明文化对话的进行。④课程要素，即“五个方面的经验”，包括学科内容、学习者、社会环境、教师和课程编制，课程是在课堂文化中展现自己。⑤复杂问题的课程，即要对这些问题进行反思，有认识论问题、政治问题、经济问题、思想意识问题、技术问题、审美问题、道德问题和历史问题八类课程问题。⑥课程观的冲突。教育哲学存在不同的理论，如永恒主义、进步主义、要素主义、改造主义和存在主义等。在教育目标方面也存在不同观点，如学术目标、职业目标、社会和公民目标和个人目标。在课程取向方面也有不同观点，如认知过程发展取向、技术性课程取向、自我实现取向、社会改造主义取向和学术理性主义取向。从课程理念到课程实践，这是一个范围广泛和令人困惑的领域，鼓励进行对话，而认识教育目的的多样性和实现目的的手段的多样性则是进行对话的一个重要起点。

2．理解课程文化

帕梅拉等人认为，要把课程理解为文化，需要先了解文化的特性，文化从本质上讲意味着意义建构。将课程看成文化是要把它想象成一个具有不同家庭文化、不同理解和不同价值观的个人的集合体。把课程概念理解为文化可以提醒我们注意信念系统、价值观、行为、语言、艺术表达、权力关系以及教育环境，注意那些影响我们感到“什么是正确的”和“什么是适当的”等规范。帕梅拉等人还提出了课程文化的一些设想，一是工作和生存训练：让学生获得胜任的工作岗位并掌握适应当代社会生活所必需的基本技能、习惯和态度。二是承接圣典：让学生从主导文化典型的道德、理智、精神和艺术的资源中习得核心的知识、传统和价值，以作为生活的指路明灯。三是发展自我和精神：让学生根据自我兴趣进行学习，以便发展个人的潜力和创造力，并了解情感的自我和精神的自我。四是建构理解：培养积极、灵活并具有主见的思想者，通过研究他们的周围环境，通过与他人合作学习，他们能够自己建构知识。五是思考民主主义：学习并真实地体会参与和保持一个民主社会所需的思考能力、知识、信念和价值观。六是正视主导秩序：对那些限制自我和他人的压迫性的社会结构、政治结构和经济结构进行考察，并向它们提出挑战，同时培养改造社会所需的信念和能力。

总之，帕梅拉等人认为，要理解和研究课程文化，即要把课程的编制和实施作为生活的一个方面来描述，希望教育工作者能够通过思考“真实生活”中的课程来开始课程文化研究。

3．课程文化重建

帕梅拉等人认为，所有的学校和课堂都拥有自己的规范、价值、信念、实践、故事和权力关系，即自己的文化。但目前情况是课堂文化不够多元化，大多数学校里的课堂文化是学生受压制并服从于教师的文化。但是否应当让学生只沉浸在一种课程文化中，这个问题则需要讨论。研究发现，在学生学习课堂上贯穿同一种课堂文化，即一种课程文化的信念和实践前后一致地贯穿于学校的各个科目中，并贯穿在学生的整个学校教育生涯中，这样的课程文化将对学生的一生产生巨大的影响。他们提出：如果一所学校中所有的成员都致力于相同的教育观点，并创设和保持前后一致的教育实践，学生和教师的分歧就会少得多，学生就会对自己和教师产生一定的期待，也会对知识、学校教育和社会的性质形成共同的理解。

创建一种课程文化能够推动教育改革取得成功，从而解决教育中的许多问题，但课程文化并不仅仅局限于课程范畴内，课程文化是动态的和不断演化的，上述几种课程文化都不是永恒的。

（二）课程文化的研究认识

1. 课程文化的概念

什么是课程文化？有学者认为，学校课程文化是指“按照一定社会对下一代获得社会生存能力的要求，是对人类文化的选择、整理和提炼而形成的一种课程观念或课程活动形态。”①还有学者认为，课程文化是教师和学生两方面互动的产物。狭义的课程文化主要是指教材文化，广义的课程文化即为学生在学校情境中获得的一切经验的过程。②另有一些学者认为，课程文化，就其本质上来讲是一种精神财富，这种精神财富不只表现为课程意识、课程思想、课程价值等内隐的意识形态，而且表现为人类在漫长的进程中所创造的课程制度、课程政策等外显的制度化形态，这样才能构成课程文化的整体内容和结构。③根据此意义，课程文化可视为课程形态和实践活动中体现的规范、价值、信仰和表意象征符号的复合体；课程文化是包括课程和文化这两个概念内涵的共同本质，即主体发展的文化资源。

2. 课程文化的属性

一些学者对课程文化的属性进行了以下探讨。美国学者帕梅拉认为，课程文化具有“探究属性”，因为课程实质上是一个观念和信念的系统，只能通过哲学的探究来分析课程现象，而这种哲学探究又是以教师对各种文化因素的理解未知的。④我国学者认为，课程文化是一种主体文化，属于一种文化的隐性状态，客观性和内在性是课程文化的根本特征；是一种潜在文化，是主体从事具有创造性的、对象性的活动的潜在能力；是一种中介文化，课程文化揭示构成课程系统的个体态度、局部态度、结构态度同课程系统的特征和运行之间的关系，具有把课程系统的宏观分析与微观分析连接起来的“中介”功能。⑤另外，有学者从品性方面认为课程文化具有开放性、创造性、生活性和教育性四个方面的品性。⑥也有学者认为课程文化具有民族文化属性，认为课程作为文化的因子，具有文化所特有的性质，无论课程理论还是课程实践，都生成存在于文化及民族文化的氛围之中，课程文化不可能没有民族文化的烙印。⑦

编者认为，课程文化属于人类文化的一个部分，认为上述对课程文化属性的讨论观点言之有理。面对文化这样一个内涵十分广泛的范畴，我们能够接受和解释的文化概念或许是“人类所创造的一切”，而这一切包括过去、现在和未来，用“人类所创造的一切”也不能囊括文化的所有，这就体现出文化的一个重要属性——超越性，也使得课程文化具有超越属性，它表明文化永不停歇地前进的发展态势，在课程文化的表现方面也没有终结，不存在一个教育课程永恒的目标或目的。而文化还具有一个重要属性——关怀属性，这就使得课程文化所具有的关怀属性也极为深刻和突出，否则可能不会有“人本主义知识及课程观”理论的出现。在课程知识价值的探讨中，人们通常会将知识价值绝对化，认为其是课程文化的唯一载体和表达方式，注重逻辑功用而使课程进入理性误区。现代课程或课程文化其本质是要超越这一误区，需要表征出领悟、体验、兴趣以及情意等人文特性。这些人文特性的体现，在很大程度上是现代课程或课程文化要求课程教学充分发挥人的主体性，表明其对人的主体性的关怀。

① 裴娣娜．多元文化与基础教育课程文化建设的几点思考［J］．教育发展研究，2002（4）：23-27.

② 郑金洲．教育文化学［M］．北京：人民教育出版社，2001：228.

③ 黄忠敬．课程文化释义一种分析框架［J］．学术探索，2002（1）：103.

④ 帕梅拉·博洛廷·约瑟夫，等．课程文化［M］．余强，译．杭州：浙江教育出版社，2005：29.

⑤ 金志远．课程文化：实质、属性与特征［J］．教育学，2006（4）：92-96.

⑥ 焦方瑞．课程文化：内涵、意蕴及品性［J］．新课程导学，2012（12）：17-19.

⑦ 刘旭东．现代课程的价值取向研究［M］．兰州：甘肃教育出版社，2002：38.

3. 课程文化的特征

我国一些学者认为，课程文化具有以下特征：①社会性，指课程文化受社会文化的影响与制约；②民族性，指民族文化对课程文化的影响；③融合性，指全球化趋势，不同的课程文化也呈现互相开放、互相交流、互相引进、互相吸收的趋势；④人本性，指文化的本质和人的本质的统一；⑤系统性，是由结构系统、载体系统和功能系统等构成的一个文化系统；⑥个性，课程文化有共性，但主要是个性化的；等等。在时代发展中使课程文化需要适应时代及教育变革的要求。①

编者认为，课程文化是文化性质与课程性质兼有的一种“混合体”，它所具有的典型特征包括以下五个方面：①社会性，囊括人类社会及与人类有关系的自然环境中的所有；②差异性，有地域的、种族的、国家的、意识形态的多种差异；③动态性，它是变化的、生成的、发展或倒退的；④整合性或整体性，课程文化也表现为一个整体，有其自身的整合作用而使文化生成及融合的发生，与其他的文化产生差异；⑤教育性，这是课程应具有的性质，带有传递、熏陶和感受的特征。

（三）课程文化观理论

学界具有代表性的课程文化观是结构功能主义影响下的社会现实文化决定论和意识形态课程理论，与其相对应的课程文化观念是现象–诠释学流派的课程理论。

1. 结构功能主义的社会现实文化决定论

结构功能主义者坚持社会及其文化的整体观，视社会及其文化为一种完全客观化的现象，并认为社会不能被化约为个体的心理现象与作用，个体作为社会整体结构的一个要素，其行为则完全受社会事实的影响和制约，社会事实对个体具有最终的约束力。从这种社会整体观、秩序观出发，结构功能主义者视教育为整个社会系统中的一个要素，它不仅要与整个社会其他要素的目标、功能协调一致，而且还要充分发挥其社会控制手段、社会同质化工具的功能。于是，课程的文化品质被这样定义：课程是由外部社会事实的规范所构成的，具有不可怀疑性；课程对社会文化具有解释、适应的使命，而不具备批判质疑、革新的依据；课程对个体的社会化具有一种决定性的、强制性的制约作用，个体是由课程塑成的，而不是生成的；社会呈现出一种立法理性、定论的形式，与社会文化同质性的课程则不仅是规范性的，而且是接受性的。这一观念把学校看作儿童社会化的场所，学校课程是指将社会及文化的价值和规范有计划地传递给学生，把集体意识灌输给学生，使他们适应社会生活方式。②

教育对人的社会化功能与使命的实现在结构功能主义者眼中则是使人适应、接受、内化法定文化。教育史上以赫尔巴特（Herbart）为代表的主智主义课程论、以斯宾塞（Spenser）为代表的功利主义课程论、要素主义课程论、结构主义课程论等流派均属于这一课程文化观。批评者认为，此理论忽视了课程学习中矛盾与冲突的作用，忽略了个体作为学习主体的能动作用。

2. 意识形态课程理论

意识形态课程文化观又称社会批判理论流派课程文化观，代表人物是美国学者阿普尔（Apple）。该理论认为，课程不是中立与客观的，而是具有意识形态性的，是负载价值的。课程是主流文化的体现者，它背后必然隐藏着某些价值观念或意识形态的控制。因此，课程实质上是一个政治问题、一个意识形态问题，一个价值性的问题。③批评者认为，此理论只是在说明影响课程的一个方面因素，并不能表示课程由此而被决定。

---

① 金志远. 课程文化：实质、属性与特征［J］. 教育学，2006（4）：92–96.

② 廖哲勋，田慧生. 课程新论［M］. 北京：教育科学出版社，2003：87.

③ 黄忠敬. 意识形态与课程：论阿普尔的课程文化观［J］. 外国教育研究，2003（5）：1–4.

3. 现象-诠释学流派的课程文化理论

现象-诠释学流派的课程文化理论以人本主义立场，以现象学与诠释学为理论背景，重视学习者主体的“自我意识”及其在学习中的作用。此理论批判了上述“结构功能主义的社会现实文化决定论”的观点，认为若以其理念进行课程设计并实施，其结果是使学生变成“组织人”而非主体的能动的“自由人”。此理论主张让学生在学校的生活世界包括人际关系中积极主动地诠释和创造意义，发展其“价值理性”及“审美理性”，从而促进自我意识的觉醒和提升，达到自我实现的境界。此理论注重学校教育中的“生活情境”“情意活动”“学习者经验”及“主体意识”等。批评者认为，此理论有主体决定一切的唯心主义倾向，是“一种主观理想主义的模式”。①

微思考

给“课程文化”一个自主定义。

四、学校文化理论研究

（一）学校文化概念分析

1. 文化内涵

中外学界对文化的内涵给予了多种解说，大体上认为文化有广义与狭义两种定义。狭义的文化指社会意识形态，精神文化。广义的文化可以包括人的一切生活方式和为满足这些方式所创造的所有事物，以及基于这些方式所形成的心理和行为。②文化反映人类在一定历史阶段上控制自然界和社会自发力量所达到的程度，一般把它区分为物质文化和精神文化。在对文化进行认识理解及相关社会实践中，人们对文化也形成了一些共识：文化与人相互创造、相互作用；价值观是构成文化的必要条件，属于观念形态的文化；文化处于不断的发展变迁中；文化的各个部类和成分相对独立又相互关联，具有整体性；文化像一条绵延不绝的长河，具有连续性和继承性；不同民族、国家的文化存在差异；文化不能用单一的标准来评判；等等。

2. 学校文化

鉴于文化特性，中外学界关于学校文化概念的界定也有差异。美国学者沃勒（Waller）最早提出“学校文化”一词，他认为：学校文化形成的来源之一是年青一代的文化，之二是成人有意安排的文化。③我国《教育大辞典》中对学校文化的定义是：学校内有关教学及其他一切活动的价值观念及行为形态。我国学者对学校文化相关的研究观点有多种。有学者认为：“学校文化是在一定的社会历史环境中，学校教职工在教书育人和组织管理中，为追求和实现共同目标而逐步创造和形成的观念形态和文化形式的总和，它包括价值观念、行为总则、道德规范、心理趋向以及规章制度、校风校貌、学校精神和学校形象等。”④还有学者认为，所谓学校文化，广义来讲，是学校全体人员通过共同努力所达到的学校总体文明状态，它既包括学校的物质财富和环境资源条件，也包括学校成员群体的学校意识、学校精神以及学校的行为规范等精神财富，是物质财富和精神财富的总和，是科学文化、教育文化和传统文化的总和反映。狭义来讲，学校文化指的是学校成员在长期实践中创造的、共同遵循的精神准则以及在这些准则指导下的学校成员的行为、

① 廖哲勋，田慧生．课程新论［M］．北京：教育科学出版社，2003：88.
② 覃光广，等．文化学辞典［Z］．北京：中央民族学院出版社，1988：11.
③ 范国睿．多元与融合：多维视野中的学校发展［M］．北京：教育科学出版社，2002：205.
④ 刘学国．浅论学校文化和学校文化建设［J］．教育理论与实践，1990（6）：28-30.

心理取向及其风貌。[①]另有学者认为，学校文化是学校全体成员或部分成员习得且共同具有的思想观念和行为方式。进入高等师范教师教育课程的《教育学》教材中对学校文化是这样定义的："学校文化实质上是一种德育隐性课程。通过学校文化，对学生进行道德熏陶，帮助学生在潜移默化中接受道德规范，实现道德成长。学校文化既包括校园建筑、环境布置等显性的要素，也包括人际环境、心理环境等隐性的要素。"[②]

（二）学校文化的类型

关于学校文化的类型划分，美国学者斯坦霍夫（Steinhoff）和欧文斯（Owens）提出在公立学校存在四种学校文化类型。一是家庭文化，这类学校可以用诸如家庭或小组之类的隐喻来表示。二是机器文化，这类学校可以用机器的隐喻来表示。三是表演文化，这类学校可以用由深受人们喜爱的艺术家表演的演出的隐喻来表示。四是恐怖场所的文化，这类学校可以用具有战争特征的噩梦的隐喻来表示。另外，美国学者奎因（Quinn）和麦格拉思（Mcgrath）也提出四种学校文化分类。一是理性文化，强调中央集权，学校的效率和成绩是主要的价值追求。二是分级型文化，也强调中央集权，在责任明确、稳定的情况下发挥控制和协调作用。三是契约型文化，强调权力分化，决策往往通过成员参与讨论而达成一致意见。四是发展型文化，也强调权力文化，但更多地追求创新，改革的意识比较强烈。[③]美国学者彼得森（Peterson）从学校功能角度出发，将学校文化分为积极的学校文化和消极的学校文化。学校文化既可能促进也可能阻碍专业学习。积极的学校文化的特点：广泛认同的目标和价值；不断学习和提高的标准；义务感和责任感；合作及权力分享；为教师提供反思、探究和实践的机会；共同的语言、故事等。消极的学校文化的特点：缺乏明确目的；具有强化惰性标准；不提倡合作；责备学生不进步；人际关系紧张。

我国一些学者提出，学校文化可以分为明述文化和默会文化两种类型。学校明述文化又可称为学校言传文化，指学校中可以明确公开述说的部分，如确认的知识体系及其命题的集合。学校默会文化又可称为学校意会文化，指学校中未用和无法用语言充分表达的部分，如技能、能力和技艺，也包括对重大问题的感受力、预见、洞见、精神气质及管理潜规则等。[④]我国还有一些学者认为，学校文化按其呈现形态可以分为显性学校文化和隐性学校文化；按其教育主体可以分为学生文化和教师文化。

（三）学校文化的结构

我国一些学者认为，学校文化的结构可分为精神、物质、制度和行为四个方面。学校精神文化是学校文化的灵魂，包括校风、学校传统、校训等。学校物质文化是学校文化的外壳，是一种以物质形态为主要研究对象的表层学校文化，是学校文化存在和发展的物质基础，包括校园、校舍、设施、设备、基地、物质资源等。学校制度文化是与有形的物质文化和无形的精神文化之间的"物化了的心理"和"意识化的物质"。它对主体的社会行为以及价值取向有重大影响，包括管理思想、管理理念、管理体制、管理工具、管理历史等。学校行为文化是学校人员在交往过程中体现出来的习惯性定势、行为模式等。行为文化带有强烈的民族地域和时代特点，也具有变化性和可塑性。[⑤]我国也有一些学者认为，学校文化有文化文本、文化作品和文化实践三个结构部分。学校文化文本包括学校发展规划、各类计划、课程体系及教学方案等；学校文化作品包括教

① 石鸥，等．学校文化学引论［M］．北京：气象出版社，1995：21.
② 邵宗杰，等．教育学［M］．第5版．上海：华东师范大学出版社，2020：275.
③ 丁钢．学校文化与领导［J］．全球教育展望，2004（3）：34-36.
④ 张东娇．看见与听见：学校文化的意会与言传［J］．教育研究，2017（9）：32.
⑤ 范蔚，李宝庆．校本课程论发展与创新［M］．北京：人民教育出版社，2011：130-148.

师作品和学生作品；学校文化实践指教育教学活动，包括教研活动、学生自主活动、班级社团活动等。

微思考

给“学校文化”一个自主定义。

第三节 课程哲学理论研究

一、课程的哲学基础

古今中外，任何一类学校中的课程均包含着课程决策者、设计者和编制者，甚至是课程实施者的某种哲学思想与理念，教育中的问题归根到底是哲学问题，这句话成为每一位教育工作者应该领悟并需要着重思考与探讨的根本问题。现代教育理论认为，哲学中的各种理论是学校教育目标指向最重要的思想根据，也是学校教师掌握理论并付诸教育实践的策略依据。哲学对课程的影响主要表现在以下三个方面。

（一）知识观与课程制定及实施的关系

知识观即教育者对知识的看法，在课程制定过程中最主要的就是知识的选择、设计、呈现及评估的问题。知识是什么？人们有着不同的理解，对知识的不同见解，既决定着课程设计编制者对相关课程内容的选择和编制，也决定着一线教师教育的基本指导思想、教学理念和实践策略。当进行课程制定时，需要对知识有一个确定的认识和定义，面对多种知识的定义，我们要有一个选择确定，如我们把知识解释为“人们在社会实践中积累起来的经验”。当把知识作为一种客体，一个概念或原理的意义体系，而且这种体系是相对稳定的且可以划分为一个个门类，是可以通过某种工具以某种方式系统地传授给他人，这种课程观的产物便是学科课程体系，课程便是教育教学即人才培养的目的体现。

学界中的知识观是多种的，有理性主义知识观、实用主义知识观、人本主义知识观、旁观者与参与者知识观以及辩证唯物主义知识观等，由此也出现了多种课程设置与实施类型和模式。

（二）知识价值取向与课程内容选择的关系

编者认为，目前比较典型的课程价值取向理论有以下三种。

1. 课程的社会价值取向

社会价值取向论者认为课程要根据一定社会需要来决定，学校主要是用来服务社会利益的机构，其“使命是确立在社会需要基础上的，至少对这种需要很敏感，并提出和满足已证实的社会相关的各种计划”。学校教育运用课程教学为社会训育公民、商人、工程师、医师或士兵等作为“人力”的人。社会价值取向论者又可分为被动适应论和主动适应论两派。被动适应论者认为教育只是学习者为走入社会生活而做的准备，学校课程是使学习者适应当代社会生活的工具。美国课程论专家博比特（Bobbitt）和查特斯（Charters）是其典型代表。主动适应论者认为教育与社会是互动的和有机统一的，学校课程不仅适应着社会生活，还不断改造着社会生活。具有代表性的主动适应理论有经验自然主义课程理论和社会改造主义课程理论。

2. 课程的个人价值取向

个人价值取向论者强调人是教育的出发点，一方面追求人的理智健全和人格完善，另一方面要满足个人的需要及兴趣。据此将学科对促进人的理性作用分为不同的层次，学科知识的理性内容越多，它对理性的人的培养就越有价值；相反，学科知识越是诉诸情感和感觉，它们的价值就越小。根据理性的人的本质层次加强学科知识的层次排列，成为古希腊罗马时期判断知识的价值以及选择与组织课程内容的基本依据和出发点。亚里士多德（Aristotle）也根据人的本性层次把知识分为博雅知识和实用知识，以此来辨析知识的价值。

3. 课程的知识价值取向

知识价值取向论者强调知识的内在价值，认为“知识的价值在于知识自身，为知识而掌握知识是值得的，知识是心智的食粮”。这种观点源于他们对知识和心智之间关系的理解。他们认为，知识具有完善人的理性心智的价值，人们一旦具备了完善的心智能力，便具备了处理事情的一般能力，从而可以应付纷繁多变的社会生活。因此，普通教育的目的就是要培养人的一般心智能力。美国学者布劳迪（Broudy）曾说：“普通教育有用，不是因为我们记住了我们学习过的任何东西，也不是因为我们能够运用这些东西，而是因为这些东西有助于我们思维、感觉和想象”。英国学者迪尔登（Dearden）也曾把人的一般心智能力的培养奉为普通教育的“普通”精神之所在。永恒主义学派观点持有者阿德勒（Adler）明确指出：“理性动物的基础教育就是推理能力的训练和理智的培养”。

（三）知识的类型与课程的关系

哲学理念中对“什么知识最有价值”问题的探讨，致使学界教育研究者对知识的类型等一系列问题进行了分析，相关分析内容及所持知识理念影响到学校课程的一系列问题。事实上，“各种不同的知识及认识，就是课程设计的依据与题材。”①早在古希腊时期，亚里士多德在雅典创办的吕克昂学园并在此学园进行课程教学。他开设的课程有哲学、天文、物理、生物、逻辑、教育和政治等，他把知识分为四类，即逻辑学、理论科学、实践科学和制作，并将其对应于他开设的课程之中。欧洲中世纪法国哲学家及数学家笛卡尔（Descartes）把知识分为形而上学、物理学、各种具体科学三类，并把“形而上学”作为核心，他的观点对形式训练说有重要的影响。相比之下，英国哲学家培根（Bacon）的知识分类要完备得多。他把知识分为三大部分，即哲学、法学和教育学，内容纷繁多样，共有130个题目，从而使学校课程开始向科学化、多样化迈进。

英国教育学家穆尔（Moore）认为，历来的哲学家往往把一切“真”的知识归结为两种范式：数学、逻辑学所提供的范式；构成种种科学的经验型知识的范式。但现实中还存在具有不同的固有机制与验证步骤及若干特征的知识“形式”。根据这一见解，美学、道德等都是知识的一种形式，都是知识“领域”的构成要素。②认识到知识形式的多样性，有助于我们提供更灵活多样的课程假设。

有学者研究发现，英国学者费尼克斯（Phenix）的知识分类与课程编制理论，其目的是为普通教育建构一种新的促进意义实现的课程哲学，这实质上是结构主义课程理论与建构主义课程理论在课程领域的兼用。他的知识分类研究展示了知识形式的多样性。他兼用“研究对象”与“研究方法”，从量与质两个维度对知识做出了综合的分类。首先，从量的侧面分为三种级别：一次性–单一性客体的知识；概括性–复合性客体的知识；涵括性–整体性的知识。这是学科的句法结

① 劳顿．课程研究的理论与实践［M］．张渭城，译．北京：人民教育出版社，1985：18.

② 穆尔．知识与课程［J］．钟启泉，译．外国教育资料，1985（6）：42.

构，指一门学科的研究方法、研究过程、规则和关系。然后从质的侧面分为三种性质：事实-现象存在的、形式-形象的、规范-观念的。这是学科的实质结构，指一门学科的关键概念或代表性概念。它意味着学科的题材、关键概念及学术数据等，这是学科的本质、核心。由此，整个知识体系分成了量与质组成的九个领域的知识分类（见表1-1）。

表1-1 知识的逻辑分类（费尼克斯）

知识的质与量	领域
单一事实的知识	关于自身及他人的人格洞察，哲学、心理学、文学等中的实存性理解
单一形式的知识	借助想象力抓住的、在某一特别客体中所发现的含义。音乐、视觉艺术、文学等审美领域
一般形式的知识	运用符号以表达含义的领域。语言、数学、非语言性象征等符号领域
一般事实的知识	关于现实世界的一般法则、自然科学、生命科学、心理学、社会科学等经验领域
单一规范的知识	关于个人的道德义务、个人伦理的考察
一般规范的知识	关于道德行为与原则的概括
涵括性内容的知识	历史领域
涵括性形式的知识	哲学领域
涵括性规范的知识	宗教领域

微思考

课程的价值取向除上述观点以外，还有其他的理论观点吗？

二、课程观概览

课程理论研究中存在一个中心问题：一般的教育哲学观与具体的课程主张（核心是课程开发的主张）之间的关系的问题。教育哲学与课程研究是两个相对独立的领域：有的教育哲学流派（如分析教育哲学）虽然蔚为壮观、影响深远，但其课程主张却是极为零散的；有的课程理论（如泰勒原理）虽然在课程研究中具有主导地位，但其教育哲学观却极为复杂以至于引起旷日持久的争论。然而，教育哲学与课程研究又是彼此交叉、相互影响的：任何一个发育成熟的教育哲学流派都会有或系统、或零散的课程观点；反之，任何一个课程理论总是拥有特定的课程哲学观（教育哲学观的具体化），不论该理论的倡导者是否对其有明确意识。教育哲学与课程研究既相对独立又相互交叉的现象增加了课程理论研究的复杂性，因此课程理论专家对课程理论流派的观点存在诸多分歧。

（一）课程观的理论分类

美国加利福尼亚大学麦克尼尔（Mcneil）教授区分了四种课程理论：①人本主义课程理论；②社会改造主义课程理论；③工艺学课程理论（受工艺学影响，注重行为控制、目标管理、任务分析、掌握学习）；④学术性学科课程理论（即学术中心课程理论）。

美国康奈尔大学的波斯纳（Posner）教授区分了五种课程观：①传统的课程观（受要素主义所影响的课程论，代表人物有布鲁姆等）；②经验的课程观（受实用主义所影响的课程论，代表人物有杜威等）；③学术结构的课程观（代表人物有布鲁纳等）；④行为的课程观（代表人物有博比特等）；⑤认知的课程观（代表人物有皮亚杰等）。

英国伦敦大学的霍尔姆斯（Holmes）教授区分了五类课程理论：①要素主义课程理论；②百科全书主义课程理论；③综合技术主义课程理论；④实用主义课程理论。

日本学者伊藤信隆区分了四种课程类型：①科学主义的课程；②经验主义的课程；③改造主义的课程；④科学的人文主义课程。

课程观的差异，是由于人们对一般的教育哲学观与具体的课程主张的关系存在着不同的认识。这就使得教育哲学领域与课程研究领域既相对独立又相互交叉，也使得每一课程理论总是隐含着特定的课程哲学观，作为研究课程理论的从教者需要把每一流派的独特课程哲学观与其具体课程主张有机结合起来。就一个课程理论流派而言，课程哲学观规定了该流派的独特价值取向，而具体课程主张是在课程哲学观的指导下对课程问题的具体认识，这决定了该流派价值目标实现的可能性。

（二）课程理论分类

由于纷繁多样的课程哲学观，导致建立在某种课程哲学观之上的课程理论也存在多个流派，仅就课程理论的内涵也有许多歧义。美国伊利诺斯大学的舒伯特（Schutert）教授分析了课程理论的四种内涵：一是描述性课程理论，其价值是中立的，是在实证基础上对事实进行归纳和描述，像自然科学一样。二是规范性课程理论，是为了建立行动规范和为课程政策服务。三是批判课程理论，应该致力于社会现实的批判并由此重构人类解放的意义。四是着眼于人格的课程理论化，应着眼于个体的独特经历和存在意义的提升。有学者评价认为，这些课程理论有将事实与价值割裂开的倾向，第一种课程理论偏向于事实一维，第二、第三、第四种课程理论偏向于价值一维。鉴于此种情况，将“课程范式”理念引入进来。[①]

（三）课程范式理论

“范式”的内涵是指总体性的意义，包括一个科学家集团（又称科学共同体）的一切共同的信念；另一个意义是把一种特别重要的信念孤立起来。这样理解，范式有两个层面的含义，在哲学层面，指一个科学共同体共同拥有的信念；在科学层面，指一个科学共同体在某一专业或学科的具体问题中所达成的一致的理论模型和解决问题的框架。将范式引入课程领域则为课程范式。课程范式是指一个课程共同体所共同拥有的课程哲学观及相应的具体课程主张的统一。某种课程范式的形成，则有四个要素：①有一个主体，即课程共同体；②有一个学科模型；③有广泛支持者，对课程实践产生实质性影响；④有动摇传统课程范式的统治地位。[②]学界对主要的课程范式划分为三类，即课程的主导范式、课程的实践探究范式和课程的批判实践范式。

微思考

如何理解“课程范式”这个概念？

①② 单丁. 课程流派研究［M］. 济南：山东教育出版社，1998：5-6.

三、校本课程的课程哲学理论简述

（一）施瓦布的“实践与折中模式”课程思想

美国课程专家施瓦布（Schwab）在20世纪60年代开始发表系列文章，《实践：课程的语言》一文对传统课程理论展开了历史上最具影响力的挑战，之后又发表文章《实践2：择宜的艺术》《实践3：课程的转化》《实践4：课程教授要做的事情》等，文章内容系统阐述了他的实践课程理论及探究实施模式，成为校本课程最重要的课程哲学思想理论，此课程哲学思想主要内容有：①实践的课程哲学思想强调课程的终极目的是“实践兴趣”；②实践的课程模式把教师和学生看作课程的主体和创造者；③实践的课程模式强调课程开发的过程与结果、目标与手段的连续同一；④实践的课程模式强调通过集体审议来解决课程问题。

（二）斯滕豪斯的“过程模式”课程思想

英国课程专家斯滕豪斯（Stenhouse）提出了课程的“过程模式”思想理论。他主张教育目的应该把价值和标准界定在教育过程之内，而不是教育过程的外在结果。他反对课程开发的目标模式，认为在进行课程编制时应该把目的作为过程标准和程序原则加以阐明，而不是转化成行为学习目标。这一思想构成了他的课程过程模式的理论基础。此课程哲学思想主要内容有教学是艺术，教师是研究者，强调反思性探究方法运用等理论观点。

（三）劳顿和斯基尔贝克的“情境模式”课程思想

英国课程理论专家劳顿（Lawton）在其著作《课程研究与教育规划》中提出了“文化分析”理论，并创立了“文化分析”课程规划研究法，学界称之为“文化课程论”。

1. 文化分析论

劳顿认为，教育关注的是将文化中最有价值的东西传授给下一代。由于学校时间和资源的有限性，我们必须认真规划课程，以确保对文化的适当选择。课程规划对文化进行适当或合理选择时，必须建立一套筛选过程或筛选原则，劳顿称之为“文化分析”。文化分析有两种可能的接近法，即分类法与解释法。分类法涉及清单、图表以及精致的统计系统；解释法是把文化作为一个整体来看。

劳顿认为，包括教育学家等任何尝试文化分析的人都必须学会“远观社会”，尽可能不受人原有价值观的影响，但由此也可使文化分析者进一步意识到自己的价值观。

劳顿认为，文化分析必须处在印象主义的描述水平。在文化分析过程中，把文化视为一种历史的和现代的过程是非常重要的。文化分析应从寻找人类共性开始，然后再分析这些共同的文化特征是如何或应该如何与教育相联系。社会存在九种文化不变量或文化子系统，即社会政治系统、经济系统、交流系统、理性系统、技术系统、道德系统、信仰系统、美学系统、成熟系统。如果一个社会不具备这九种系统，它便不能被看作是一个社会。社会通过学校教育进行文化传递，课程就是对文化的选择。

2. 文化分析论的应用

当需要对当代社会文化进行分析以及把它与学校课程教学进行比较时，会发现两者存在“文化矛盾”。因此还需要关注学校教育课程中的“漏洞”和注意现实与课程要求之间的“错配之处”。应根据文化分析来检查现行课程，找出其中的“漏洞”和“错配之处”，制定课程对策，从而达到完善课程的目的。

3. “情境模式”课程思想

劳顿的文化分析理论在课程构建理论中的运用构成了其所谓的“宏观情境分析理论”，其主要观点是从整个社会文化出发，认为学校课程是传承社会文化的主要载体，应从公共基础文化中选择课程内容，使其反映社会中的文化内容。

相对于劳顿和斯基尔贝克（Skilbeck）的“微观情境分析理论”。他主张依据各个学校自身的实际条件，在对本学校进行全面考量评估的基础上研制课程。“情境模式”思想从社会文化分析着手，依据现实灵活调整，具有较强的适应性，它的“文化性”和“适应性”特点为基于核心素养的校本课程开发提供了很好的思路。[①]

（四）多尔的后现代课程思想

美国路易斯安那州立大学的威廉·多尔在其著作《后现代课程观》中提出了后现代课程思想。

1. 一般教育观，其“教育信条”

后现代主义教育观认为，教育就是教师与学生通过不断对话与反思而探究未知领域的过程；教师与学生是一种绝对平等的关系；课程即探究过程。

美国课程理论家多尔的教育信条：在教师与学生之间的反思性关系中，教师并不要求学生接受教师的权威，恰恰相反，教师要求学生保持对这种权威的怀疑，并要求学生与教师一起探究学生正在体验的内容。教师同意帮助学生理解自己所给予的建议的意义，并同意随时准备面对学生的质疑，而且同意与学生一起去反思每个人所拥有的不同理解。

2. 课程的基本观念

多尔的课程观念有六个方面。一是发展实践性。课程应当发展实践性，而实践性的本质是人拥有把“实然”转化为“应然”的能动的创造本性。二是利用自组织。多尔认为自组织发挥作用的一个必要条件是干扰作用。但并非所有干扰作用都能导致再发展。通过干扰作用使一个系统处于失平衡状态并可能产生更高级的发展。就课程而言，这要求课程具有丰富的多样性、疑问性和启发性。三是权威的角色。后现代主义教育观视权威和控制为内在发展。教师的作用没有被抛弃，而是被重新建构，师生构建共同体。四是隐喻和叙述方式。这是一种解释性的思维方式，它假设意义是通过对话而建构的，这在课程与教学上必然要求教师使对话持续进行。而隐喻具有生成性和启发性，能激发对话。五是目标、计划和目的。后现代主义教育观认为目标、计划和目的不只是先于行动，而且还产生于行动之中。将此观念运用于课程领域必然是在课程大纲和教案制订时是以非确定性方式进行，在课程进行过程中，师生与文本发展“协同性计划”。六是评价。后现代主义评价观认为，评价标准具有模糊性、动态性、开放性和复杂性；教师并非唯一评价者；评价者有多个主体，以共同判断。

3. 课程的基本原理

多尔认为，后现代课程有以下四个基本标准：一是丰富性，指课程的深度、课程意义的层次、课程的多种可能性和解释。二是循环性，循环性反思是转化性课程的核心。三是关系性，包括教育学的关系和文化的关系。教育学的关系是指课程结构内部的联系，通过循环过程而发展课程的深度。文化的关系是指课程外部的那些文化的或宇宙的关系，以形成课程由此产生的巨大的母体。四是严密性，包含解释性和不确定性两个因素。要严密地对待解释需要意识到所有的评价都依赖于假设，把确定性与不确定性统一起来。

总体来看，多尔的后现代课程观重视多元文化课程，认为课程应该是开放的、动态循环的。他反对课程的预设性，也反对由课程专家来决定课程。他认为课程应该依据学校本身的文化与学生所具有的文化之间相互融合后，通过校长、教师、家长、专家、社区人员等多方主体在尊重多元性差异性的基础上，通过相互沟通、交流、辩论来建构、生成课程的过程。这些都为校本课程

① 单丁．课程流派研究［M］．济南：山东教育出版社，1998：442-459.

开发及资源的利用提供了有益的理论支点。[①]

（五）“具身认知”课程思想

“具身心智”思想主要由英国学者瓦雷拉（Varela）提出，他从现象学与认知科学融合的视角，揭示了人的身体感知与运动系统对认知的塑造作用，即人的认知并不仅在大脑中发生，人的身体行动过程也是构成认知的重要条件。“具身认知”课程思想由美国学者拉考夫（Lakoff）和约翰逊（Johnson）提出，他们认为人的身体在认知过程中起着关键作用，认知有赖于人的身体结构以及最初的身体和世界的相互作用，因此只有根植于情境脉络当中的知识才是“活”的知识。学习者要想真正掌握知识，只有通过参与生活情境中的活动才能达到。他们认为，人的心智本来就是具身的，思维在多数情况下是无意识的，人的抽象思维多是隐喻的。隐喻就是指人用一个熟悉的、简单的事物来了解另一个不熟悉的、复杂的事物，而在根本上，人对一个简单的、熟悉的事物的认知又是依靠于人的身体以及人的身体在与外部环境的互动中所产生的。相关研究发现，学习者在“具身”状态下具有学习融汇知识理念的优势，具体包括以下几个方面：①在感觉运动和抽象领域之间建立类比；②使用手势作为链接和抽象工具；③提高认知技能和能力；④将认知过程和表征卸载到身体或环境中；⑤构建和解释视觉表示。基于这样的认识，教学及学习内容的取材应该来自学生的现实生活，并且提供完备而多样的范例和情境。[②]这一研究理论为符合时代背景的校本课程研究与实践提供了重要启示。

微思考

根据校本课程的课程哲学理论的探讨状况，对教育问题的多学科化给予分析评论。

课后研习

一、认识与探讨

1. 对课程哲学与教育哲学这两个概念进行分析。
2. 对两种课程文化观进行比较分析，并谈谈个人观点。
3. 查阅相关课程哲学思想理论，梳理主要的理论观点内容并进行简要评价。
4. 选择一种校本课程哲学理论进行评析。

二、练习与设计

1. 依据课程社会价值取向、课程个人价值取向、课程知识价值取向这三种观点，分别设计一堂小学语文课。

2. 在学者施瓦布、斯腾豪斯、劳顿、斯基尔贝克、多尔、拉考夫中选择一个人，写一篇小论文分析他的课程思想。

① 单丁．课程流派研究［M］．济南：山东教育出版社，1998：366-376.
② 陈帆．具身认知研究的历史起源与发展［J］．绵阳师范学院学报，2012（12）：130-132.

三、阅读与思考

1. 阅读《课程流派研究》一书，了解西方课程研究理论的梗概。（张华，等. 课程流派研究［M］. 济南：山东教育出版社，2000.）

2. 阅读《课程文化》一书，总结此书的主题及观点。（帕梅拉. 课程文化［M］. 余强，译. 杭州：浙江教育出版社，2005.）

3. 阅读《后现代课程观》一书，基本理解多尔的后现代课程观思想。（多尔. 后现代课程观［M］. 王红宇，译. 北京：教育科学出版社，2006.）

第二章 校本课程开发程式

学习目标

1. 对“校本课程开发”概念有多样化的理解和自我思考；了解“校本课程开发”相关理念。
2. 理解并掌握校本课程开发“实践模式”与“过程模式”理论观点。
3. 了解校本课程开发流程的多种观点，确定或设计一个自我（本校）校本课程开发流程。

本章导读

校本课程与校本课程开发是分别具有不同意义和内涵的两个概念。校本课程开发指向的是一个动态的不断完善的过程，而校本课程则属于校本课程开发的产品或结果，一般表现为学校自主决定的可供学生选择的课程计划或方案。显然，对于学校、教师、学生来说，校本课程的整体意义中包括了其理论与实践，在考量了校本课程的概念、理论及理念之后，就要接触到校本课程的实践问题，即校本课程开发。首先，需要对校本课程开发的可行性问题进行概括的分析，其中包括对校本课程开发概念的不同理解、校本课程开发意义价值的阐述、国家关于校本课程开发政策理念及开发条件的表述；其次，需要对校本课程开发的主要模式有一个初步的认识；最后，列举校本课程开发基本流程的不同设计观点。

第一节　校本课程开发的可行性分析

一、校本课程开发的理解

（一）校本课程开发的概念

"校本课程开发"的概念最初是由英国的两位学者菲吕马克（Furumark）和麦克米伦（MacMillan）于1973年在爱尔兰阿尔斯特大学召开的国际课程研讨会上提出并予以阐释的。他们认为校本课程开发是学校中的教师对课程的计划、设计和实施。1974年，在国际课程研讨会上，校本课程开发作为一项重要内容再次被提出。1985年，在国际校本课程开发研讨会上，校本课程开发的概念成为讨论的热点，但并没有达成完全一致的看法。自此，"校本课程开发"这一概念在学界立足并得到世界范围内多国学者的关注和研究，并提出许多不同的概念定义。

鉴于学界学者处于不同的国家及地域及具有不同的课程视角，他们对于校本课程开发的概念界定是有差异的。目前，关于校本课程开发概念的观点如下。

英国学者菲吕马克认为：校本课程开发是指参与学校教育工作的有关成员，如教师、行政人员、家长和学生，为改善学校的教育品质所计划、指导的各种活动。

英国学者麦克米伦认为：校本课程开发是以学校为基地的课程开发工作，该课程开发工作大部分依赖于学校教职员工及学校的现有资源。

我国学者吴刚平认为：校本课程开发是指学校根据自己的教育哲学思想，为满足学生的实际发展需要，以学校教师为主体进行的适合学校具体特点和条件的课程开发策略。其中"开发"是指从课程目标的拟订、课程结构的设计、课程标准的编制、课程材料的选择和组织到课程的实施与改进等一系列的课程行为。校本课程开发包括两大范围：一是指校本课程的开发，二是指校本的课程开发。①

我国学者徐玉珍认为：校本课程开发在学校现场发生并展开，以国家及地方制订的课程纲要的基本精神为指导，依据学校自身的性质、特点、条件及可利用和开发的资源，有学校成员志

① 吴刚平．校本课程开发［M］．成都：四川教育出版社，2002：40.

愿、自主、独立或与校外团体及个人合作开展的旨在满足本校所有学生学习需求的一切形式的课程开发活动，是一个持续和动态的课程改进的过程。①

校本课程开发的概念内涵历年来虽然有较多的界定，但总体上看，多数概念内涵的界定大同小异，可以将这些概念界定综合统一起来，使之在校本课程理论建构和校本课程开发实践方面对大学、中学、小学相关的教育教学活动起到指导或引领作用。

因此，编者认为在“校本课程开发”概念的分析中，需要将“开发”作为一个单词来理解。“开发”是一个动词，作“策划、编制、实施、评价”等来使用，也含有“程序、过程”的意义，在句中用作状语。由此，“校本课程开发”概念表明这样一种事物，需要说明这是一种什么样的事物，并需要表明这种事物是如何产生的、怎样运作的等。结合以上分析，将校本课程开发概念确定为如下含义：校本课程开发是指某一学校根据本校的培养目标和办学宗旨，为满足本校学生实践发展需要，以学校校长、教师和学生为主体进行的适应本校办学特色和现实条件的学校自设课程建设的规划、编制与实施过程。

（二）校本课程开发的统一理念

为什么要进行校本课程开发？校本课程开发的价值指向与实践理念是什么？在校本课程开发方面，世界各国中小学以及高等院校是否具有统一的理念和共同的价值追求？关于这些问题已有相应的一些研究观点，围绕校本课程开发问题而成型的关于校本课程开发策略，初步形成了一些共识，这些共同的基本理念包括以下几个方面。

1．学校系统进行主动的和计划性的变革

校本课程开发的重要目标之一是要主动地和计划性地在学校系统中进行机构化变革，它不是一种被各个学校孤立的课程革新，它真正要实现的是通过这种主动而有计划性的革新来保持学校与其所在的学校系统及其他结构之间的动态平衡，使整个教育系统保持一种长久的发展态势。

2．优化课程权力与资源配置

校本课程开发是相对于国家课程设置的局限性而采取的一种对国家课程调整和补充的课程开发策略，这在国家教育制度内实际上进行了一种课程权力与资源配置的再调整过程。由于国家课程设置策略是一种高度集中的自上而下状态，有周期长，缺乏灵活性，层次、途径单一，无法很好地满足社会发展和学生发展需要等弊端，因此校本课程开发的重要目的在于通过课程权力与资源配置的调整与优化来克服这些弊端并提高教育的效益。

3．学校是课程决策中心

校本课程开发强调学校根据本校的培养目标和办学宗旨进行适应学校办学特色和现实条件的课程开发活动，它实质上是一个以学校为基地进行课程开发的开放民主的决策过程，即校长、教师、课程专家、学生以及家长和社区人士共同参与学校课程计划的制订、实施、评价和改进。它涉及学校教育经验的各个方面，比如学校组织结构优化、教师在岗培训、教育资源选用和社区参与等多种相关措施，在这一过程中学校成为课程决策的中心。

4．校长、教师和学生是校本课程开发的主体

校本课程开发策略要充分尊重广大师生以及学校教育环境的独特性与差异性。由于学校教育的具体执行者——教师广泛参与课程决策，他们是校本课程开发的主体之一；学校的各门类课程都要充分考虑学生的需要，学生也成为校本课程开发的主体之一；还要考虑到学校的具体教育环境和现实条件，要突出本校的办学特色，尤其是充分尊重学校师生以及学校环境的独特性与差异性；作为学校办学的主导者，校长有决策、领导、管理、指导教育及课程等相关职能，在校本课

① 徐玉珍．校本课程开发：概念解读［J］．课程教材教法，2001（4）：38.

程开发中也是不可或缺的主体。

5. 校本课程开发对国家课程具有补充作用

国家课程设置虽然有局限性，但在统一的国家基础和共同的国民价值等问题方面具有重要优势，这方面校本课程开发难以企及；校本课程因为是适应具体学校环境和师生的独特性与差异性而开发的，这方面的优越性是国家课程设置所缺少的。两者是各有优势和相互补充的课程模式，都具有重要性。

（三）校本课程开发的意义与价值

关于校本课程开发的定义和价值，学界有较多不同的观点和思路，在此主要介绍以下几种。

1. 校本课程开发的五大价值

校本课程开发的五大价值：一是有助于学校更好地实现教育目标和办学特色；二是有助于学校课程的实施与改进，使学校课程的整体结构更加丰富和完善；三是有助于教育决策民主化，与当代社会政治经济民主化趋势相一致；四是有助于学生个性发展，符合“以人为本”即知识经济时代的显著特征；五是有助于教师专业发展，因为校本课程开发对教师的课程意识和专业素养提出更高的要求，也为教师专业发展给予提升的空间。①

2. 校本课程开发的五大意义

校本课程开发的五大意义：一是校本课程开发是当前我国课程改革的中心点；二是能增强课程对地方、学校和学生的适应性；三是能促进学生个性的发展；四是能促进教师专业化的发展；五是能使学校形成特色。②

3. 校本课程开发的三大目的

校本课程开发有三大目的：一是确保国家课程的有效实施；二是照顾学生的个别差异，满足学生多样化的需要；三是促进教师专业能力的持续发展。③

4. 其他观点

还有一些学者认为，校本课程开发是焕发学校生命力和“控辍保学”的一剂良方；校本课程开发对形成学校独特的学校文化至关重要；校本课程开发能克服和弥补国家课程的不足。

综合上述，各类关于校本课程开发的意义与价值的研究观点可以看出，校本课程开发的意义、价值或目的都指向一个中心即学生，学生是校本课程的学习者和受益者，学生的学习需要和成长发展乃至最终的成才是校本课程开发的根本出发点与终极追求。因此，校本课程开发的意义和价值主要表现在学生的个性发展、教师专业能力提升、学校特色形成三个方面，这已经成为学界及教师们的共识。

微思考

根据“校本课程开发”在教育界产生的渊源，谈谈自己的看法。

二、校本课程开发的政策理念

我国基础教育课程管理体制改革实行三级课程管理政策，给予了校本课程开发的政策依据。相关政策理念主要有以下几个方面。

① 吴刚平. 校本课程开发［M］. 成都：四川教育出版社，2002：67.

② 夏志芳. 地域文化课程开发［M］. 合肥：安徽教育出版社，2008：256.

③ 许洁英. 国家课程、地方课程和校本课程的含义、目的及地位［J］. 教育研究，2005（8）：52.

（1）权力分享与责任分担。我国基础教育高度集中统一的课程管理模式很难充分调动地方和学校参与课程管理的积极性和能动性，已不具有适应性。提高基础教育课程对不同地区、不同学校的适应性，实现课程多样化，必须要国家、地方和学校共同建设课程。

（2）三级课程管理与校本课程。三级课程管理政策确立了校本课程开发的合法地位，学校要把校本课程与国家课程、地方课程作为一个有机整体进行考虑并整体实施，才能充分体现校本课程的价值。

（3）多种课程关系的认识和处理。基础教育课程改革中校本课程与学校其他课程之间的关系需要加强认识及采用适当方式处理。但当下在素质教育背景下仍然存在应试教育的冲击，校本课程开发所形成的课程可能会被视为“副科”而在现实教学中落空，这种现象想要短时期内扭转或许并不现实。但社会对全面发展人才的希冀与渴求，三级课程管理制度的建立及国家对教育“双减”政策的实施，都使我国的社会文化及对教育本质的认识逐渐发生变化，也促使学校课程及相应教育教学状态产生变革，而相应地在学校各类课程实施过程中也必然会产生变革，国家课程、地方课程与校本课程及其他各类课程均会以其功能和作用在学校教育及学生发展中占有一席之地。

微思考

谈谈校本课程开发的“合法性问题”。

三、校本课程开发的条件

（一）影响和制约校本课程开发的主要因素

我国有学者的研究认为，在校本课程开发中存在的影响因素，主要有地方政府和教育部门的影响（主要在指导管理能力、教育政策实施、管理理念与精神等方面）；所在学校校长的影响（主要在领导力、教育哲学、学校精神、办学方向及办学特色方面）；所在学校教师的影响（主要在教师素养、专业能力、教学精神、教育理念及风格、执行力等方面）；学校所在社区的影响（主要在社区机构联合、社区文化、社区成人教育及社区配套条件等方面）；所在学校学生的参与；学生家长的参与；所在学校其他相关机构的合作等。还有学者的研究认为，校本课程开发涉及众多因素，有教育发展的外部环境因素，如社会政治、经济、文化发展的现状；有教育内部的因素，如教育规模、教育理念、教育政策、教育技术等。

总之，影响校本课程开发的因素概括起来基本有三大方面，即课程政策因素、教师因素和学校因素。校本课程开发是集体性的工作，需要与学校有关的所有人员及所有机构组织共同的合作和参与以及提供广泛的支持才能完成。因此，校本课程开发是学校与所在地方社会共同的一个系统化工程，客观上与培养人才的教育目的相吻合，即要求学校与社会要有广泛和深入的联系。

编者认为，校本课程开发是学校发展的重要组成部分，是依托教育改革而寄于课程革新的一个中心点，其目的是学生的发展，其过程是校长和教师的理想、规划与操作，人的因素构成校本课程开发的重心。因此，影响校本课程开发的因素最重要的是校本课程开发中的主体因素，即校长的教育哲学、教师的专业能力、学生的主动学习精神。

（二）学校进行校本课程开发的条件

学校进行校本课程开发所应具备的条件方面，我国学者主要持有以下观点。

1. 学校系统结构功能“四条件”

一是明确的教育哲学思想和办学宗旨；二是民主开放的学校组织结构；三是体现学校教育哲学和办学宗旨的教学系统；四是自觉自律的内部评价与改进机制，这一方面的条件主要是因为校本课程开发是学校自主进行开发的各不相同的课程，国家很难采用统一评价手段来评价校本课程的实施成效。因此，校本课程开发需要依靠学校进行自觉自律的自我评价，反思在开发过程中的问题，进行自我批评与自我改进。①

2. 学校的文化条件

校本课程开发必须有丰富的文化内涵。校本课程开发的关键是学校文化的重塑，是以理性精神为核心的学校文化的弘扬。②

3. 本土理论条件

校本课程开发必须构建本土的校本课程开发理论，校本课程这个外来的专业术语必须融入中国特有的课程文化当中。③

4. 民主权威条件

校本课程开发中，学校必须具有民主参与课程决策的方式，学校必须拥有法律、行政上的自主权及专业上的权威性并有自我管理权限。④

5. 其他观点

还有一些学者认为，校本课程开发必须有确定的理论基础条件；校本课程开发必须建立三个维度，即适用时间、开发程度、开发范围的相关变量模型。

综合上述观点，编者认为，对于一所学校进行的校本课程开发工作，基本的课程开发条件应该包括以下五个方面：一是学校与教育管理部门形成的教育管理关系，即学校有自主管理的权限；二是在校本课程开发中学校具有相应的专业权威；三是学校有一定的文化氛围及特色内容；四是学校建立与社会机构及社区的良好关系；五是学校师生能够摆脱“应试教育”，实施素质教育。

对此问题的研究明确了校本课程开发涉及的纷繁复杂的因素与条件，在实践实施中要从实际出发，因地制宜并统筹兼顾，按条件并分步骤地进行校本课程开发，如此才能取得校本课程开发的真正成效。

微思考

校本课程开发需要哪些条件？最重要的条件是什么？

第二节　校本课程开发的模式

课程开发模式是课程理念转化为课程实践的桥梁，也是有价值的课程实践经验的提炼和升华为一定课程理论的重要阶段。校本课程开发模式在我国的研究和实践主要有两个角度：一个角度是借鉴和引进国外校本课程开发的模式；另一个角度是本土化开发模式的探索及形塑。

① 吴刚平．校本课程开发的定性思考［J］．课程教材教法，2000（7）：49.
② 王晓聪．论校本课程建设与学校文化重塑［J］．厦门教育学院学报，2006（4）：18.
③ 朱安安．对校本课程开发研究的反思［J］．课程教材教法，2004（7）：41.
④ 杨彬．校本课程开发的特点、问题与对策［J］．新课程研究，2006（10）：25.

一、校本课程开发的模式基础

以美国的约瑟夫·施瓦布（Jeseph Schwab）和英国的劳伦斯·斯滕豪斯（Lawrence Stenhouse）为代表的课程理论家，分别于20世纪六七十年代在美国和英国尝试建构新的课程模式。两者的理论建构和实践探索不谋而合，相得益彰，共同奠定了校本课程开发的思想理念与模式基础。

（一）施瓦布的实践模式

施瓦布于1969年发表《实践：课程的语言》一文，对传统课程理论展开历史上最具影响力的挑战。随后施瓦布连续发表《实践2：择宜的艺术》《实践3：课程的转化》《实践4：课程教授要做的事情》等文章，系统阐发了他关于实践的课程模式探究。此课程模式理论体现出以下几个方面。

1．实践的课程哲学思想强调课程的终极目的是“实践兴趣”

实践课程模式与泰勒技术取向的课程哲学不同，泰勒的目标模式注重目标、效率和行为控制，强调通过控制学生的学习行为和教师的教学过程来促进学生对于知识和技能的获得；而施瓦布的“实践兴趣”指向的是建立在对实践意义的一致性解释基础上，通过对环境的相互作用而理解环境的基本兴趣，它强调过程和行为自身的目的，强调理解环境，以便能与环境相互作用。实践的课程模式把教师和学生作为课程的有机组成部分和相互作用的主体，把课程理解为相互作用的有机“生态系统”。这个有机“生态系统”指向的不是知识技能的掌握和对环境的控制，而是兴趣需要的满足和能力德性的提高。

2．实践的课程模式把教师和学生看作课程的主体和创造者

按照这种课程模式观，教师和学生都不能被孤立于课程之外，而是课程的有机构成部分，是课程的主体和创造者，他们与课程内容和环境一道构成课程审议的第一手信息来源。这与传统的目标模式尤其是中央集权的课程开发理念存在根本性的差异。按照泰勒的目标模式和中央集权的课程开发理念，课程按照规定的目标来编制，教师和学生都按照规定的目标来接受和完成课程，因此教师和学生只能被动地接受课程目标，缺少课程主体性。在实践的课程模式中，师生双方作为课程的有机组成部分，同是课程的合法主体和创造者。教师是课程的主要设计者，或者可以在执行课程的实践中根据特定的情境发挥自己的创造性，学生则有权对什么样的学习和体验是有价值的以及如何完成这种学习和体验等问题提出怀疑和要求解答。师生双方应共同加入到课程开发的过程当中。

3．实践的课程模式强调课程开发的过程与结果、目标与手段的连续同一

施瓦布认为，脱离具体实践情境的抽象结果是没有意义的，真正有意义的结果是在适应实际的兴趣、需要和问题的过程中实现的。同时，手段和目的也是密不可分的，手段是“期望中的目的”。因此，课程开发中关注的焦点应该是课程系统诸要素间相互作用的连续过程，尤其是学习者的兴趣和需要，把学习者和学习群体置于研究的中心。显然，这种观点受到杜威实用主义教育哲学思想的深刻影响，与杜威反对“二元论”、主张“儿童中心”的课程观一脉相承。

4．实践的课程模式强调通过集体审议来解决课程问题

按照施瓦布的观点，审议就是在特定情境中做出行动决策。施瓦布的课程审议所具有的特征大致可以归纳为以下几个方面：①形成和选择各种可能的备选课程问题解决方案，是课程审议的一个首要特征。②课程审议遵循的是实践的逻辑，而不是形式的逻辑。也就是说，从课程问题的提出到课程问题的解决，课程审议都依靠实践的语言、依赖实践的智慧进行实践的判断，最后得出关于行动的实践结论。③课程审议具有集体性和教育性特征。施瓦布强调，课程通过审议形成一个学校共同体，所以课程审议是一种集体审议，而不是一种个体审议，更不是无集体的审议。

课程审议要求有多方代表的参加，尤其是要有那些将受到行动决策后果影响的人参加。集体参与课程审议不仅是做出合理的行动决定所必需的，而且是参与者彼此互动、相互启发的教育过程。

施瓦布实践的课程模式对“实践兴趣”的追求，要求把课程探究、课程编制甚至课程评价结合起来，并将统合的基础置于特定的实践情境。这种课程实践探究是要进行课程决策体制变革，课程开发的主体包括所有相关人员，课程开发基地是每一所具体的学校，这种课程开发的思想就是校本课程开发所蕴含的基本理念。

（二）斯滕豪斯的过程模式

斯滕豪斯提出和发展了课程开发的“过程模式”。他主张教育目的应该把价值和标准界定在教育过程之内，而不是教育过程的外在结果。他反对课程开发的目标模式，认为在进行课程编制时应该把目的作为过程标准和程序原则加以阐明，而不是将其转化成行为学习目标。这一思想构成了他的课程过程模式的基础。

1. 教学是艺术

斯滕豪斯认为，教学是一种“艺术家以直接指向改进其艺术的研究为依据而进行的锻炼自我判断的运用”艺术。按照这种艺术观，课程是教师发展其艺术的媒介，也就必然处于不断改造的状态，因为“作为教师发展其艺术的过程，它是一种理念与实践都离不开变革的过程”。教师专业发展与课程开发是同一过程的重要组成部分，但条件是教师必须把试验和调查研究的方法运用于教育实践。

2. 教师是研究者

在课程开发的过程模式基础上，斯滕豪斯主张“教师即研究者”。他认为，教学的意义就是向学生阐明知识的意义，而不是把生硬的结果传授给他们。对于课程要问的关键问题不是应该传授什么知识，而是知识作为社会互动中学习的媒介应该如何处理问题。这就意味着课程行动研究不是教师走向或为了实践的研究，而是他们所做的研究就是他们的实践。

3. 反思性探究方法

课程开发的过程模式在强调教师即研究者的同时，进一步发展了以亚里士多德的反思观为基础的反思性探究方法。所谓反思性探究，包括对目的与手段的综合性反省，对行动的选择过程和实施过程进行反思性自我评价，并在反思活动中加深对目的的理解。事实上，有证据表明，实践者的一些探究方法在促进教师发展与课程开发方面取得了显著的成就。在校本课程开发过程中，真正决定革新在实践中是否产生实质变化的是教师的探究态度。[①]

施瓦布和斯滕豪斯的课程开发模式理论为校本课程开发提供了重要思想指导和理论基础，并且也使得校本课程开发者有了许多方面的理念及策略的启迪。较为重要的一个理念是斯滕豪斯的“教师即研究者”，将教师职业瞬间提升至专业而不需要赘述教师专业化的重要性。实际上此理念可以让我们明白，教师不是必须成为研究者，而是其从事的职业即专业状态就是研究过程，教师就是以研究者的状态从事教育工作。这为在学校由教师进行校本课程开发提供了必然性。另一个重要理念即施瓦布和斯滕豪斯都重视的“教育实践情境的独特性”问题，这为校本课程开发提供了应然性。无论对社会、对学校、对教师、对学生，校本课程开发都具有真正的“生命力”。

—— 微思考 ——

你如何理解“教师是研究者”这个观点？

① 吴刚平．校本课程开发［M］．成都：四川教育出版社，2002：53-60.

二、主导校本课程开发的模式

我国一些学者的研究认为，校本课程开发在实践当中往往会表现出不同的特点，形成不同的校本课程开发模式。主导学校的校本课程开发模式主要有以下四种。

（一）需求主导模式

以学生需求为主要线索开发校本课程的模式，可以称为需求主导模式，由此开发出来的校本课程称作需求主导校本课程。此模式以学生的实际发展需求为开发校本课程的主要依据，校本课程的开发活动优先考虑的是满足学生的实际发展需求。通过满足学生的需求，逐渐发现学校办学的生长点和突破口，形成学校的办学特色和办学目标，培养和提高教师和校领导的课程意识，提高学校的办学质量。

（二）条件主导模式

以资源条件为主要线索开发校本课程的模式，可以称为条件主导模式，由此开发出来的校本课程称作条件主导校本课程。此模式以学校的资源条件为开发校本课程的主要依据，校本课程的开发活动优先考虑的是学校的现实可能，学校在现有条件下能够做什么，能够开发怎样的校本课程。其他因素都只能服从资源条件的限制，校本课程的生长点和突破口都有赖于学校的资源条件，包括硬件条件、软件条件和师资条件等。比如有些课程是学生很需要的，但学校没有条件开设，学校只得放弃；有些课程，学校开设出来，学生不一定特别需要或喜欢，但开设了也没有什么不好，学校还可以继续开设，慢慢培养和激发学生的需要和兴趣。

（三）目标主导模式

以办学目标为主要线索开发校本课程的模式，可以称为目标主导模式，由此开发出来的校本课程称作目标主导校本课程。此模式以学校的办学目标为开发校本课程的主要依据，校本课程的开发活动优先考虑的是学校的办学思想以及在学校办学思想指导下的具体办学目标，其他因素都只能服从和服务于学校的办学目标。通过落实学校的办学思想和办学目标，逐渐形成学校的办学特色。学校发展的生长点和突破口是通过学校的办学目标来引导和带动的。比如，有些课程的开设与学校的办学思想和目标是一致的，但却不一定是学生喜欢的，只要学生不是特别反感，学校就应坚持开设，通过培养学生的兴趣逐步吸引和激发他们进入课程与教学过程；或者学校现有的资源条件并不具备开设某类或某门课程的条件，但只要有利于学校办学目标的实现，学校就要想方设法创造条件开设；等等。[①]

（四）维生主导模式

维生指的是人存在的基本要件必须得到满足。作为从自然人过渡到社会人的学生，在社会中需要生存及与人共存，需要得到基本生存及共存能力的训练，这是社会本位的教育日的观之下的校本课程开发模式。社会本位的教育目的在于“使儿童的身体、智力和道德都得到某种激励与发展，以适应整个社会在总体上对儿童的要求，并适应儿童将来所处的特定环境的要求”。[②]教育在于使年轻一代系统地社会化，而校本课程则在于对学校、国家课程开设中学生进入社会所必须掌握的知识能力训练的补充。

① 吴刚平．校本课程开发［M］．成都：四川教育出版社，2002：125.

② 黄武雄．学校在窗外［M］．北京：首都师范大学出版社，2009：17.

三、其他校本课程开发的模式

（一）问题模式

“问题模式”将校本课程的开发视为学校教育教学问题求解的过程，它有四个要点：机制优化、问题驱动、结构分析、共同创造。

（二）植根式校本课程开发模式

植根式校本课程开发模式的主要特点是：以保证国家课程和地方课程的实施为前提；以多元文化观念为指导；要求课程资源来源于区域文化；由学校、教师、学生、家长、社区代表、校外课程专家等广泛参与、集体审议决策。

（三）合作模式

合作模式有两大方面：一是基于学校与其外部力量合作开发，主要包括校际合作开发模式、专家与学校合作模式、研究机构与学校合作模式、教育行政部门与学校合作模式、社会与学校合作模式等；二是学校内部合作开发模式，主要包括校领导与教师合作模式、教师与学生合作模式、教师与教师合作模式。[①]

（四）国外几种校本课程开发模式

有学者的研究认为，美国教育学者提出的诸多校本课程开发模式值得我们研究与借鉴，如泰勒（Tyler）提出的行为主义模式；塞勒（Saylor）等人提出的经营管理模式；汉肯斯（Honkins）等人提出的系统课程模式；温斯蒂恩（Weinstein）等人提出的人本主义模式。[②]

以上开发校本课程的多种模式，在学校开始进入校本课程开发的时候是值得借鉴的模式，也是学校根据自身的情况来进行校本课程开发的具体模式，但随着校本课程开发的深入，要逐渐形成一种更加综合的开发思路和更加切合学校自身办学情况的并能有效促进学校发展的校本课程开发模式，充分调动各方面的因素来促使学校教育教学质量的提升和学生全面发展的高效培养。

微思考

校本课程开发为什么有观点各异的开发模式？

第三节　校本课程开发的流程

进行校本课程开发实际上是要在学校课程现行程式中进行一场变革，需要考虑教育理论及课程理念方面的问题，也需要考虑在进行课程变革中的实际操作问题。因为校本课程开发本身就是关注和尊重每所学校及其广大师生的差异性和多样性，所以所开发的校本课程并不存在统一的固定模式，但作为理论研究和师范教材，能为校本课程编制者和参与者提供一个有一般建议性的操作流程或开发程式作为参考，那么就可能在具体的校本课程开发活动中提高成效而避免过多的盲目性。

①② 王鉴．课程论热点问题研究［M］．桂林：广西师范大学出版社，2008：220.

一般来讲，一项具有动态结构特征的操作流程应该包括组成活动的基本结构要素、运行程序和功能规定。校本课程开发，作为一项重要的组织变革，它的操作流程至少要勾画出参与校本课程开发的人员组成及其活动原则、进行校本课程开发的基本程序、各程序内所要解决的问题以及参与成员的范围和职责等，这是从校本课程开发总体状态上进行设置的流程。还可以从校本课程开发的主体状态来设置，即从学校和教师两个主体层面进行校本课程开发的操作流程设置。

一、校本课程开发的操作流程

（一）校本课程编制操作流程

校本课程编制涉及每一所学校校本课程开发的一般问题，即在大致的框架上确立开发校本课程的操作流程。从现有的校本课程开发实践来看，流程设计主要关注课程编制的步骤，此流程主要包括六大步骤：组织建立→现状分析→目标拟定→方案制订→解释与实施→评价与修订。

也有学者将这一流程表述为五大步骤：组织建立→情境分析（评估需要）→确定方案（确定目标与计划）→组织与实施→评价与改进。

在六大步骤操作流程中，学校在完成第一个步骤之后，可以从其余五个步骤中的任何一个步骤入手，也可以几个步骤同时进行。即使是第一个步骤，也会随着校本课程开发的深入而同时进行某种程度的调整和改变。不同的步骤所涉及的参与人员及其所起的作用是不同的。此流程详细内容见表2-1。

表2-1　校本课程开发的操作流程表①

步骤	主要议题	参与人员	角色定位
组织建立	成立课程委员会或工作小组、确立参与成员及工作程序、进行校本课程开发准备	①教师、主任与校长 ②学生 ③校外咨询人员 ④学校行政人员	①决策、讨论 ②讨论、决策 ③咨询、建议 ④协调、服务
现状分析	进行需求评估、问题反思、资源调查	①教师、主任与校长 ②学生与家长 ③校外咨询人员 ④学校行政人员	①决策、讨论 ②讨论 ③咨询、建议 ④协调、服务
目标拟定	澄清办学思路、确立一般目标与具体目标	①教师、主任与校长 ②学生与家长 ③校外咨询人员 ④学校行政人员 ⑤政府部门 ⑥工作小组	①决策 ②讨论 ③咨询、建议 ④协调、服务 ⑤咨询、督导 ⑥支持、讨论、咨询
方案制订	确立工具与方法、选择课程材料与组织形式	①教师、主任与校长 ②学生和家长 ③校外咨询人员 ④工作小组	①决策 ②讨论 ③咨询、建议 ④支持、咨询、讨论

① 徐玉珍．校本课程开发的理论与案例［M］．北京：人民教育出版社，2003：86．

续表

步骤	主要议题	参与人员	角色定位
解释与实施	强化教育哲学思想和特色意识、营造条件与氛围、统筹教育资源	①教师、主任与校长 ②学生 ③学校行政人员	①决策 ②讨论 ③协调、服务
评价与修订	设计监控和交流系统、准备评价方案、追踪反馈意见、修订课程与课程开发方案	①教师、主任与校长 ②学生与家长 ③校外咨询人员 ④学校行政人员 ⑤政府部门	①决策 ②讨论 ③咨询、建议 ④协调、服务 ⑤支持、咨询、督导

（二）其他校本课程编制操作流程

我国学者的研究也呈现了多种校本课程开发的操作流程。

1．校本课程开发中教材编制四阶段

校本课程开发中教材编制四阶段包括：①准备阶段（领会精神、统一思想、分析现状、广泛调查、确定制订方案、编制人员组织等）。②编制阶段（材料的选择、具体编写）。③试验阶段（教材试用、效果反馈、试验评价）。④评议阶段（自我评价、学生评价、专家评价、教材修订）。

2．校本课程开发三阶段

校本课程开发三阶段包括：①准备阶段（成立校本课程开发领导小组、进行问卷调查、厘清思路、拟订纲要、确定项目）。②实施阶段（拟定项目、选定组长、明确人员、制订方案；修改方案，完成纲要讨论；修改纲要，撰写计划与文本，设计学生活动材料；课程文本学校审议；校内实施）。③拓展阶段（对教材内容的调整，以满足学生和社会发展的需要）。

3．民族地区校本课程开发五步骤

民族地区校本课程开发步骤为：①设立校本课程开发小组（主要为营造氛围、奠定基础）。②研制校本课程开发与管理指南（为课程开发活动创设向导）。③确定课程目标（确定课程开发计划性和方向性）。④行动研究（教师即研究者）。⑤师资培训（主要采用集中培训和阶段强化方式）。

4．校本课程开发五阶段

校本课程开发五阶段划分为：①校情分析（对学校做深入分析）。②校本课程目标设置（主要针对学生成长教育）。③校本课程组织（确定校本课程的要素、内容和类型等）。④校本课程实施（校本课程的时间安排、实施内容、教学组织形式、教学方法、课程审议等）。⑤校本课程评价（评价形式与标准）。

5．基于地域文化的校本课程开发程序

基于地域文化的校本课程开发程序包括：①情境分析（校本课程开发基础工作，有全面考察、重点关注）。②方案制订（校本课程开发理想蓝图，有确立开发方向、完善课程目标、选择课程内容）。③课程实施（校本课程开发现实努力，有地域文化与城市建设、地域文化与地方特产、地域文化与地名、家乡特色文化）。

微思考

提出一种出于自己想法的校本课程开发程序。

二、校本课程开发全域操作流程①

（一）学校任务流程

1. 建立校本课程开发机构（即成立校本课程开发委员会）

（1）人员构成，包括校长、教师、学生代表、家长代表、社区相关人士、课程专家。

（2）组织结构，包括校本课程开发领导小组、校本课程开发咨询小组、校本课程开发实施小组、校本课程开发专家小组、校本课程开发审议小组、校本课程开发评价小组、校本课程开发资源保障小组。

2. 实施教师校本课程开发培训

教师校本课程开发培训包括：①校本课程开发的政策理念。②校本课程开发理论。③校本课程开发技术。④校本课程开发的空间识别。⑤校本课程开发的评价。⑥校本课程开发的研究。⑦校本课程开发的误区。

3. 校本课程开发情境分析

校本课程开发情境分析包括：①校本课程开发情境构成要素。②校本课程开发情境分析技术。③应用校本课程开发情境分析结果。④解决校本课程开发情境要素间的矛盾。

4. 确定校本课程开发目标

校本课程开发目标包括：①校本课程开发目标内涵及特征。②确定校本课程开发目标分类。③校本课程目标取向。④确立校本课程开发目标的原则。⑤确定校本课程开发目标的基本环节。

5. 校本课程预测

校本课程预测包括：①发布校本课程开发指南。②动员教师申报开发校本课程。③审议教师申报校本课程开发方案。④规范整合拟开发校本课程。

6. 校本课程结构设计

校本课程结构设计包括：①确定校本课程结构概念。②分析影响设计校本课程结构因素。③设计校本课程结构的基本路径。

7. 确定学校开发的校本课程方案

确定学校开发的校本课程方案包括：①制订校本课程开发方案。②审议校本课程开发方案。③公布校本课程开发方案。

（二）教师任务流程

1. 确定教师开发的校本课程

教师开发的校本课程包括：①制定课程纲要。②审议课程纲要。

2. 实施校本课程

实施校本课程包括：①校本课程的备课。②校本课程的教法与学生的学法选择。③校本课程的试验。

（三）学校及教师任务流程

1. 校本课程开发的评价

校本课程开发的评价包括：①校本课程开发评价概要。②校本课程开发评价范围。③校本课程开发评价实施流程（校本课程开发评价准备、实施、反馈）。④建立校本课程开发评价体系（建

① 王机林. 校本课程开发概论［M］. 乌鲁木齐：新疆教育出版社，2007：8-214.

立促进学生在校本课程学习中能力、特长的持续发展评价体系；促进教师校本课程开发能力提升评价体系；促进学校校本课程开发发展评价体系）。

2. 校本课程开发反思与重建

校本课程开发反思与重建包括：①校本课程开发反思与重建概要（校本课程开发反思与重建的内涵及意义）。②校本课程开发反思与重建的内容框架（过程与结果的反思内容；一般与特殊的反思内容；宏观与微观的反思内容）。③校本课程开发反思的模式、途径与方法。④校本课程开发反思与重建的表达。

3. 校本课程开发的管理

校本课程开发的管理包括：①校本课程开发管理概要（包括校本课程开发管理的含义、特点、意义）。②校本课程开发管理内容（包括校本课程开发活动的管理、资源的管理、成果的管理）。③校本课程开发管理方式。

编者认为，校本课程开发的程序或步骤、阶段等，要求所在学校校长和教师根据自己学校的情况和条件等来具体设置和制定，并不一定要有一个固定化的模型或模板。只要这个程序或阶段有利于校本课程的开发建设，有利于学生在校本课程教学中真正得到所希冀的东西，有利于教师在校本课程开发中体现自身的价值，有利于学校真正能够取得培养人才的成效等，这样的校本课程开发程序或开发步骤就是好的、优质的。

案例

朝阳区某小学校本课程开发与实施方案

一、指导思想

为了全面学习贯彻全国教育大会精神，落实新的国家课程计划，推进素质教育的实施，提高学生的综合素质，培养全面发展的人才，强化学校特色，我校在切实执行国家课程和地方课程的同时，根据校本课程的目标和要求，结合学校实际，制订我校校本课程开发方案。

二、校本课程开发的目的和依据

（一）目的：构建“全面+特色”办学模式，“办一所有特色的学校”。

（二）依据：贯彻精神；办学理念；创办高质量、有特色的学校；培养德智双全、身心共健、才艺俱佳、健康快乐的学生；本校资源条件具备。

三、校本课程的总体目标

通过民族艺术教育，培养学生的审美能力、民族精神和民族自豪感，塑造学生健全的人格；培养一批复合型、科研型教师。

四、校本课程的具体目标

课程开发成员能够完成课程开发工作；充分利用本校和社区课程资源。

五、开发原则

互补性原则、可行性原则、主体性原则、全面性原则、灵活性原则。

六、设置课程的合理结构

根据学生年龄的不同，设置不同的课程；每班每学期的校本课程课时数为16课时。

七、课程实施与评价

校本课程的实施：校本课程与各学科整合；校本课程每周1课时；校本课程编辑人员参与听课、评课的指导。校本课程的评价：授课教师评价；学生评价。

八、保障措施——课程管理

建立领导机构：校本课程开发小组。

前期论证：利用资源，征集意见，确定校本课程内容；通过调查问卷确定本课程内容；将课程纲要征求意见，确定能否满足学生、家长的意愿。

培训师资：校本课程理论集中学习、交流研讨；教师专业知识培训及相关专业知识培训；撰写课程纲要。

九、校本课程的教学管理

教师认真备课，按步实施；随机听课测评；有计划、有进度、有教案；达到课时与目标；保存作品、资料；写好反思内容，总结经验；召开校本课程研讨会，展示优秀经验，解决问题，总结实施情况。

十、课程的开发

第一阶段：准备阶段

（一）成立学校校本课程开发领导小组。

（二）问卷调查。

（三）初步厘清开发思路，拟订开发纲要，确定开发项目。

第二阶段：实施阶段

（一）根据拟定项目、选定组长、明确人员分工、制订开发方案。

（二）各项目开发小组修改方案，完成纲要编制并讨论。

（三）修改纲要，开始撰写课程计划、文本，设计学生活动材料。

（四）课程文本、计划和自查表报学校审议，上报区课程审议委员会审议。

（五）区课程审议委员会审议通过后开始在校内实施。

第三阶段：拓展阶段

对教材内容的调整，以满足学生和社会发展的需要。

点评：

该校本课程开发与实施方案设计，较全面地呈现了一所学校一门校本课程开发的流程及相关研究及思考。从指导思想与目的和依据内容看，表明对校本课程开发的概念及理念有一定思考；从总体目标和具体目标内容看，表明对学生培养有明确的认识及设想；从开发原则及课程结构内容看，表明对所开发校本课程的可行性有把握；从课程评价与课程管理及教学管理内容看，表明对校本课程与国家课程融通与实施有切实的应对措施；从课程开发阶段设计内容看，说明学校校本课程开发的整体性开展，以达到全体师生的共同认识与理解。

该方案不足之处在于，从校本课程开发设计方案所显示的计划、事项、流程、阶段等流于一般学校常规课程设置的形式，从其校本课程的实施状态“校本课程与各学科整合”来看，所开发的校本课程与国家课程并无太多不同，并不能很好地体现“实践模式”或“过程模式”及其他模式所倡导的具有“创新性”课程的观念。

课后研习

一、认识与探讨

1. 总结各种校本课程开发的定义，给“校本课程开发”下一个自己认为合适的定义。
2. 如何理解“多种课程关系”？
3. 针对“课程开发全域操作流程”的设计内容进行评价。

二、练习与设计

1. 根据三级课程管理制度及其相关要求，设计一所学校的课程设置计划，需要体现培养目的、课程门类及课时安排等情况。

2. 根据自己所了解的一所学校的课程现实状况，设计该校校本课程开发的操作流程。

三、阅读与思考

1. 阅读论文《校本课程开发20年》(吴刚平. 校本课程开发20年［J］. 全球教育展望，2021.)，总结校本课程开发的脉络。

2. 阅读《学会生存：教育世界的今天和明天》(联合国教科文组织国际教育发展委员会. 学会生存：教育世界的今天和明天［M］. 华东师范大学比较教育研究所，译. 北京：教育科学出版社，1996.)，谈谈你对校本课程开发的想法。

3. 了解施瓦布和斯滕豪斯的课程模式理论观点后你有什么样的认识，并对其论点进行简评。

4. 阅读论文《乡土文化教育开发：模式与流程》(纪德奎. 乡土文化教育开发：模式与流程［J］. 当代教育与文化，2018.)，谈谈自己的看法。

第三章 校本课程与课程资源

学习目标

1. 对课程资源作多样化理解，了解其特点并对其进行自主定义和类型划分。
2. 认识思考课程资源开发的意义，了解课程资源开发的途径及理念，重点思考课程观与课程资源开发的关系。
3. 了解具体学科相关课程资源开发的内容，认识并理解校本课程资源及乡土文化课程资源的内涵。

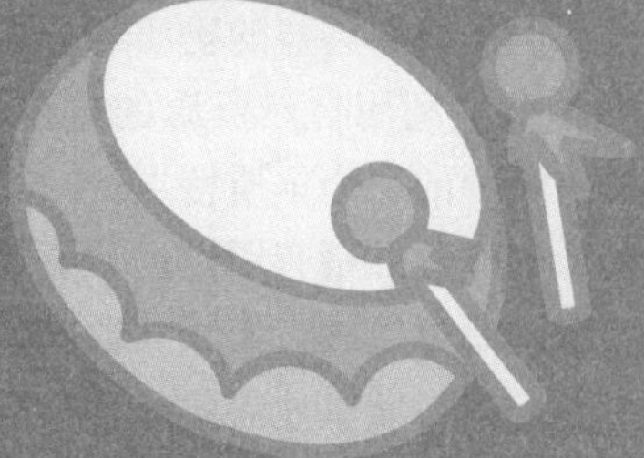

本章导读

随着我国基础教育课程改革的力度不断加大，课程资源的重要性日益显现，课程资源的丰富性和适切性决定着课程目标的实现范围和实现水平。但对于中小学乃至高等院校教师及相关教育工作者，却较少接触课程资源的概念，更少谈及课程资源的开发和利用，实际上，“课程资源”概念是在校本课程开发成为一项学校教育教学改革举措后才进入学校教师视野的。学校里的课程从一种预定的、单一的、固定化的、上定下行的“教材执行”状况，转变成一种教学过程中生成的、动态的、师生共同参与开发的“教材编制教学”状况。基于此，首先，就课程资源概念的内涵与渊源、课程资源类型划分、课程资源载体分类及课程资源特点等理论问题进行说明和阐释。其次，就课程资源开发的意义和价值、课程资源开发的观念与机制、课程资源开发的途径与原则等内容进行解说。最后，就校本课程资源与课程资源相关性、乡土文化资源分析及对应于学校教育学科的乡土文化课程资源开发进行叙述及案例讲解。

第一节　课程资源理论研究

一、相关资源类概念

相关资源类概念有资源、教育资源、课程资源、社区资源、乡土资源、乡土课程资源、乡土文化资源、乡土教育资源等。本节内容中以“资源”为重要概念，回答什么是资源、各类资源的内容及乡土文化资源在资源中的状况，并界定本教材中的核心概念“乡土文化资源”，为教材主题中乡土文化资源的开发利用提供方向和操作渠道。

（一）资源

《辞海》中的“资”指资财、供给、资助。“源”指水流所从出，引申为事物的来源。对资源的定义是：一国或一定地区内拥有的物力、财力、人力等物质要素的总称。《现代汉语词典》中对资源的界定是：生产资料或生活资料的天然来源。从上述对资源的概念解释来看，资源本属于经济学的概念，人们一般把能够产生经济价值的自然因素和物质条件认为是资源。人类要生存和发展，必须向自然界索取一定的物质与能量。这些从自然界获得、直接用于生产和生活的物质与能量称作自然资源。随着时代的发展，人们对资源概念的认识不断丰富和扩大，在社会生活中，只要能满足人们需要和利益的物质与非物质及事实等均可称为资源，也就出现社会资源的提法，是对于人们在开发利用自然资源的过程中的物质与精神财富（思想、经验和知识等）的称呼。由此可分析出资源的三个本质特点：一是多样性，即资源是以多种形态客观存在的，既有有形资源，也有无形资源。二是有用性，即资源具有一定的使用价值，可以满足人们的某种需要。三是可索性，即资源是可以被人们所获取的。从这三个特点引申开来，人们一般把可以获取并能够用来满足某一专门或专项事业需要的各种形态的物质与能量都称作资源，并用专业术语加以说明，如土地资源、人口资源、信息资源、教育资源等。①

（二）教育资源

教育资源的概念定义也有多种。一些学者认为：教育资源指教育过程中所占用、使用和消耗的人力、物力和财力的总和；②教育资源的完整含义应当包括教育领域通过社会总资源的配置所取得的所有人力资源、物力资源及财力资源的总和；③教育资源是教育的历史经验或有关教育的信息资料。当然，也有学者将教育资源简单地解释为就是在教育过程中一切可资利用的、有利于实现教育目的的资源。结合以上学者们对资源概念的理解，我们认为，教育资源也可分为物质化资源和非物质化资源，由此，就如相关学者给予教育资源广义和狭义的概念界定。狭义的教育资源指的是：投入教育活动中的具有教育意义的或能够保证教育实践进行的人力、物力和财力等可利用的各种条件的总称。广义的教育资源指的是：教育系统内部、社会环境和自然环境中一切可以用来培养人的道德情操、增进人的体力和智力发展的物质与能量的总和，其既包括人、财、物等有形教育资源，也包括保证这些因素发挥作用的政策、制度以及信息等无形资源和条件。④

（三）社区资源和乡土资源

上述校外课程资源也可称为社区资源，相对校内课程资源来说，社区资源是学校所处社区中所有的物质和精神方面的东西。学界对于社区资源的概念界定较少，仅有的数条概念也比较统一，总结归纳来说，社区资源是指一种社会资源，是一个具体社区能够掌握、支配和动员的各种现实的社会资源，可供社区需求和服务社区成员的各种因素的总和。乡土资源与社区资源的概念有重合，有学者认为乡土资源主要指学校所在社区的自然生态和文化生态方面的资源，包括乡土地理、民风习俗、传统文化、生产和生活经验等。⑤依据前文中对“乡土”和“资源”概念的解释，我们认为乡土资源就是本乡本土中自然资源和社会资源的总和。

（四）乡土教育资源、乡土课程资源及乡土文化资源

从人类文明发展的进程看，我们所谓的自然或社会资源等任何资源均源于文化。从公认的文化概念看，任何资源都具有文化性，所以所有资源也都属于文化资源。那么，乡土文化资源的概念就应该很清楚，它指的是主体所处的某一地方区域内的自然条件、社会经济和科技人文等方面的反映当地百姓精神心理的系列文化内容，具体包括地方政治、历史、地理、物种生态、文化艺术、风俗习惯、人物事迹、生活生产经验及社会科技进步等一切有价值的物质性和非物质性因素。依据上述对乡土文化资源的界定，我们可简略概括出乡土文化资源的几个特征：①地方本土特征。对于各民族群众及青少年学生来说，乡土文化资源是他们出生成长的家乡、故乡地域内的，经历了千百年历史浪淘之后沉淀下来的物质、情感及记忆；②多样融合的特征。乡土文化资源随着社会的发展，不同地区、不同民族的各种文化都相互开放、交流、引进及吸收并融合，它存在于本地区域内的一切人、事、物及环境之中，极其丰富、繁杂和多样；③区域民族特征。乡土必定与地方民族特质密切联系在一起，民族文化是乡土文化资源的主体。在多民族地区，乡土文化资源的民族特征是其必然的特征。即使同一民族处于不同的区域也会有不同的文化，区域民族文化资源的独特性及个性化是非常突出的。

显而易见，乡土课程资源概念的由来，是包含在课程资源中的一个方面的资源。有学者认

①④ 方轮，胡艳曦．城市社区教育资源开发与整合［M］．广州：广东人民出版社，2009：84.

② 朱慕菊．走进新课程：与课程实施者对话［M］．北京：北京师范大学出版社，2002：64.

③ 王善迈．教育经济学简明教程［M］．北京：高等教育出版社，2000：148.

⑤ 吴刚平．校本课程开发［M］．成都：四川教育出版社，2002：157.

为，乡土课程资源是指师生和学校所处的某一个具体的行政区域内的自然条件、社会经济和科技人文等方面的，反映群众文化心理并且带有积极意义的系列教育内容，具体包括地方历史、地理、物种生态、文化习俗、人物风情、生活生产经验及社会科技进步等一切有利于实现课程目标的物质性和非物质性的因素。[①]乡土教育资源与乡土课程资源的概念是重合的。

微思考

对教育中相关资源的几个概念进行比较。

二、课程资源的概念框架

（一）关于课程资源的定义

学界相关课程资源的研究中对课程资源的概念定义也是多样的。有学者认为课程资源是指“教育过程中所占用、使用和消耗的人力、物力和财力的总和”。还有学者认为“课程资源是课程设计、实施和评价整个课程编制过程中可利用的一切人力、物力以及自然资源的总和。包括教材以及学校、家庭和社会中所有有助于提高学生素质的各种资源”。[②]另有一些学者认为，课程资源是指形成课程因素来源与必要且直接的实施条件；课程资源是指富有教育价值的、能够转化为学校课程或服务于学校课程的各种条件的总和；[③]课程资源是指可能进入课程活动，直接成为课程活动内容或支持课程活动而进行的物质和非物质的一切；[④]课程资源的概念有广义和狭义之分，广义的课程资源是指有利于实现课程目标的各种因素，狭义的课程资源仅指形成课程的直接因素来源。[⑤]

综合上述观点，编者认为，“课程资源”的概念内涵可以以“课程”与“资源”的内涵进行叠加而形成。如前文分析，“课程”是在教育活动中所运用的文化知识内容、人类活动及其经验的集合，而“资源”是指“可以获取并能够用来满足某一专门或专项事业需要的各种形态的物质与能量”，这一含义是重在对“资”的运用上，若重在对“源”的运用，“资源”就是指“事物的来源”，也意指上述“物质与能量、文化知识、活动经验等”的来源。若以此含义将二者进行叠加，“课程资源”可以定义为“教育教学活动中所利用的文化知识内容、人类活动及其经验的来源”。

在对课程资源的概念进行认识和理解的过程中，我们需要理解并明确课程与课程资源的关系问题。学界的研究也认为课程与课程资源两者关系密切，没有课程资源也就没有课程，课程是以课程资源作为前提的。但课程不是课程资源，课程资源也不能当作课程来直接使用。课程资源中包含了许多未经教育学加工的课程资源“素材”，其必须进行教育学的加工方可成为课程利用的项目内容。课程编制及实施的质量状态，要取决于课程资源的丰富程度和对其的开发选择加工情况，并且要牵涉到课程决策和编制者的专业水平。

（二）课程资源与相关概念比较

由于相关课程的一些概念名词其内涵、意义及范畴均有共同与交叉之处，但运用情境及范畴又有不同，因此需要作简要辨析。

① 黄浩森．乡土课程资源的界定及其开发原则［J］．中国教育学刊，2009，(1)：81-84.
② 刘旭东．校本课程与课程资源开发［M］．北京：中国人事出版社，2002：137-138.
③ 范蔚．实施综合实践活动对课程资源的开发利用［J］．教育科学研究，2002(3)：21.
④ 范兆雄．课程资源如何开发［J］．西北师范大学学报（社会科学版），2002(3)：46.
⑤ 吴刚平．校本课程开发［M］．成都：四川教育出版社，2002：146.

1. 课程资源与课程内容

从总体上讲，课程内容是根据课程目标有目的地选择的各种直接经验和间接经验的知识体系，是课程的核心要素。从两个概念的内涵方面作对照，可以认为，课程内容已经成为学校教育课程的使用要素，而课程资源也是由各种直接经验和间接经验构成的知识体系之一，但还没有经过处理、选择而成为学校教育课程中的使用要素。课程内容是从课程资源中经考察、选择、提取并整理出来的且进行使用的要素。课程资源为课程内容提供考察、选择、提取和整理的各种因素。

2. 课程资源与教材

英国教育家怀特海（Whitehead）说过一句话："经验只有一种教材，那就是生活的一切方面。"[①]以此来理解课程资源与教材的关系，似乎两者是一回事，这就牵涉到教育的形式化与非形式化的状态问题。对形式化教育来说，教材其本义为教学材料，即与教学相关的或者在教学中使用的所有材料，包括课本（教科书）、教案、课程标准、教学大纲、教具、教学参考书、教学音视频案例等。但在现实教学中约定俗成地将课本（教科书）称为教材。课程资源与教材的关系和与课程内容的关系是一致的，即教材是从课程资源中经过一系列教育学的操作处理而得到的一些进入学校教育课程内容的载体。

3. 课程资源与学习活动或学习经验

在教育研究中一些学者通过研究成人的活动，识别各种社会需要，把它们转化为课程目标，再把这些目标转化成学生的学习活动并构成课程内容。有学者认为课程内容即学习活动，似乎将外显的、动态的学习活动作为课程内容，是把学生的直接经验和探究活动看成课程内容的主体，这并不符合课程内容也包含静态的及人类积累下来的知识经验集合等，把课程内容等同于学习活动是有一定的局限性的。同样，课程资源是学习活动的对象，但学校活动主要以从课程资源分析出的课程内容为对象。

在学界关于课程的概念内涵中，将学习经验作为课程内容的同义词，也需要将其与课程资源进行区别。学习经验强调学生对课程的理解、体验和在已有认知结构的情感特征方面对课程内容的支配作用。由于教与学中以学生为主体的理念使然，教学过程中注重学生的状态，将课程内容偏重于学生的经验获得；也由于课程资源的广泛性，与学生自身的经验获取更具有联系的直接性，则容易使课程内容、课程资源与学习经验等同。但需要指出的是，教与学中，学生的学习获得不但是学会的，也是教会的，不能偏颇于其中一个方面。由此，课程资源与学习经验存在关系但绝非相同。

微思考

给"课程资源"一个自主定义。

三、课程资源的类型划分

由于学界对课程资源内涵定义的研究尚有一些分歧，因此在对课程资源的类型、范畴、功能、对象及相关属性或维度方面也存在不同的划分。

（一）泰勒的课程资源类型观点

美国课程论专家泰勒（Tyler）根据他的课程理论中课程设计的程序，将课程资源划分为四种类型，即目标资源、教学活动资源、组织教学活动资源、制订评估方案的资源。

① 华东师范大学教育系，杭州大学教育系．现代西方资产阶级教育思想流派论著选［M］．北京：人民教育出版社，1981：116.

（二）我国学界对课程资源类型的划分观点

1. 课程资源的功能性类型

按照课程资源的功能性特点，可以把课程资源划分为素材性课程资源和条件性课程资源。所谓素材性课程资源就是课程的素材或来源，比如知识、技能、经验、活动方式与方法、情感和价值观等。所谓条件性课程资源就是作用于课程但不是形成课程本身的直接来源，但它在很大程度上决定着课程的实施范围和水平，比如直接决定课程实施范围和水平的人力、物力和财力，时间、场地、媒介、设备、设施和环境，以及对于课程的认识状况等因素。

2. 课程资源的空间分布类型

按照课程资源的空间分布类型不同，可以把课程资源分为校内课程资源和校外课程资源。就利用的频率和便利程度以及校本课程开发状况来讲，校内课程资源应该占据主要地位，校外课程资源则更多地起到一种辅助作用。但就校本课程开发中乡土文化资源的发掘利用来讲，校外课程资源所占分量较多。

3. 课程资源的形态类型

按照课程资源的表现形态特点，可以把课程资源分为物质课程资源和人力课程资源。物质课程资源往往是有形的、固定化的；人力课程资源则是无形的、潜隐和变化不确定的。在学校教育范畴内，人力课程资源所依赖的“教师和学生的知识结构、主动精神和人格品质”等更多的是一种发展性的、生成性的资源。

4. 课程资源的学科类型

按照课程资源在学校课程中的学科表现形态，可以把课程资源分为语文、数学、英语、科学、体育、音乐、美术等学科课程资源。

5. 课程资源的存在方式类型

根据课程资源的存在方式，可以划分为显性课程资源和隐性课程资源。显性课程资源包括进行教育活动的设施与条件；隐性课程资源包括能对教育活动施加影响的情境关系及精神内容。

6. 课程资源的呈现方式类型

根据课程资源的呈现方式，可以划分为文字资源、实物资源、活动资源、信息化资源等。

7. 课程资源的管理权限类型

依据国家关于课程资源的管理权限，可以将课程资源划分为国家课程资源、地方课程资源、学校课程资源（校本课程资源）。

8. 课程资源的载体形式类型

课程资源的载体形式是指素材性课程资源所依存的物化表现形式，即素材性课程资源总是以一定的载体形式为依存而表现出来的。根据课程资源与人的关系可以把课程资源的载体形式划分为生命载体和非生命载体两种形式，因此课程资源可分为生命载体形式课程资源与非生命载体形式课程资源。生命载体形式课程资源是指掌握了课程素材且具有教育教学素养的教师、教育管理者、学科课程专家等教育研究人员，还包括学生、家长和其他社会人士。非生命载体形式课程资源主要表现为各种各样课程材料的实物形式。

四、课程资源的特点

课程资源的概念内涵有多种理解，课程资源的类型形式有多种划分，课程资源的领域、项目、内容纷繁多样，这也说明课程资源内容丰富、形态多变、类别多样，如此，也需要对课程资源的特点进行一定的分析，以利于加强对课程资源的认识。学界研究中关于课程资源的特点表述有以下几点。

（一）课程资源在形态上的多样性

课程资源涉及学生学习与生活环境中的所有方面，课程资源在形态上的多样性表现在品种多样、形态多样、价值多样、类型多样、方法多样、运用途径多样等方面。

（二）课程资源在性质上的多质性

现实中同一资源对于不同课程有不同的用途和价值。由于课程对象（学生）成长发展的复杂性，同一课程资源的展现能给予学生不同层次、不同角度、不同阶段、不同欲求等诸方面的内容供其选择，因此课程资源具有多质性的特点。

（三）课程资源在进入方式上的间接性

有一部分课程资源可以直接进入教学活动，但还有一部分课程资源想要变为现实需要进行选择、改造和组织，以便于使其与学生的心理发展逻辑和课程目标保持统一，比如隐性课程资源中的师生交往方式、校园文化、学生的学习态度及情感等。

（四）课程资源在价值取向上的潜在性

在课程设计、实施和评价的过程中，课程价值得以实现。在这个过程中，课程设计者要根据课程目标、课程标准和价值导向对课程资源进行筛选、取舍等，而课程资源在此则体现了其固有的价值性。

（五）课程资源在开发上的具体性

不同的地域、不同的文化背景、不同的学校状态及每个人个性的差异都会影响课程资源的开发利用，这体现了人类个体对课程资源利用的有限性和局限性，说明了开发利用中出现的个体差异。

（六）课程资源在开发过程中的动态生成性

人类所处于的自然环境和社会环境中，各类资源自身及其相互之间的作用具有动态生成的特点。随着人们对客观/主观、直接/间接、课内/课外、校内/校外、显性/隐性、物质/精神等课程资源的不断开发和利用，资源之间会出现互利互惠、互动互促、相互转化、共生共变等局面，形成课程资源的动态变化和不断交替、循环生成的状态。此状态也符合生态学的观点。

综合上述课程资源的各种类型观点以及课程资源的特点分析，我们认为现有课程资源类型的划分都对国家《基础教育课程改革纲要（试行）》中的内容精神进行了完善的解读并与之保持一致；课程资源的特点涵盖了学校教育的全方位影响因素，这些认识和理念明确了课程资源开发利用的范畴和维度，提高了办学者对课程资源认识的广度、深度和高度，促使学校需要根据自己的现状与条件，树立对课程资源更合理与科学的观念，拓展、整合学校能利用的课程资源，从而对学校课程的实施起到良好的作用。同时，也加强了教育者对教育的理解，对教学、课程、培养目标及学生成长等方面的认识，也加深了对教师专业的思考，促使教育者在校本课程开发这一重要的教育改革中发挥出更强的力量。

微思考

就课程资源的类型划分理论，设想自己所编制的校本课程资源的类型划分。

第二节　课程资源的开发利用

一、课程资源开发的意义

依据前文对课程资源相关情况的理论分析，我们知道，课程资源在现实生活中是普遍存在的。而对课程资源的开发利用，也不仅仅由任课教师承担，它是由所有的教育工作者、学生、社会人士共同承担的。当然，作为一项重要的教育学术活动，课程资源开发必须有一定的开发利用依据，既包括教育方针、教育目的、培养目标和课程标准以及教学目标等，也包括教育规律、教学原则和教学方法、教学对象等。同时，课程资源开发还需要对选择的“原始”资源进行加工整理和科学处理，突出其在学校课程中的教育功能，以形成学校课程的资源库。总之，为了提高教育教学的质量，培养有用人才，发展学生潜能，课程资源的科学开发，无论在国家课程、地方课程与校本课程建设中，均具有非常重要的意义。

（一）保证课程资源与培养目标的一致性

培养目标的确定有一定的时代与社会背景，而且会随着时代变迁和社会变化而不断发展变化。这些时代与社会背景及产生的变化本身都是课程资源，因此课程目标的确定依赖于课程资源的状况，它们之间有着内在的、根本的联系。

（二）提高课程资源的品质

课程资源的开发实际上是对纷繁复杂的课程资源的一个开采、冶炼、提纯的过程。为了实现教育目的和达到培养目标，必须清理、摈弃、消除种种不利、不良、不纯的干扰因素，提高教育质量的节点在于提高课程资源的纯度和品位，增强其对于教育目的和培养目标的利用价值。

（三）促进规范高效的课程资源开发机制的建立

在全球化、信息化时代，对教育发展问题需要积极应对，深度研究，科学开发并积累各种课程资源，完善课程资源体系，建立规范的课程资源开发机制，保证教育课程在时代、社会、人才及各项事业中的适应性，如此才能为教育的发展提供坚实的基础。

（四）有利于教师专业发展、学生个性培养和学校办学特色的形成

教师是课程开发和实施中最为关键的角色，教师的专业发展是在课程开发和实施中实现的，课程资源开发与教师的专业能力提升关系密切；纷繁多样的课程资源开发，为学生提供多样化、多元化的信息，适应于学生的个性化成长。同时，能对学校特色发展提供切入点，因为学校的办学特色凸显的主要途径、形式和内容都基本表现在所运用的课程资源方面。

（五）有利于提高欠发达地区、乡村及民族地区的教育质量

我国地域辽阔，存在南方北方、东部西部、城市乡村等多类型差异。由于各种原因，欠发达地区教育方面无论是人力、物力还是财力均比较薄弱，教育水平和质量较低，整体上看教育状态相对落后。积极开发和利用课程资源，切实落实“三级课程”管理体制，开发适合于此类地方教育的各类课程资源，可以丰富和完善此类地方学校课程，为学生知识的增长、技能的培养、情意的发展等方面创造条件，从课程方面来提高学校教育的水平和质量，也可成为此类地方提高其教育水平、提升其教育质量的有效途径。

（六）提升课程的适切性

国家课程是对国民素质达到的一个基本的、统一的水平要求，关注学校教育的“共性”以保证各地教育质量的基本平衡，但不能照顾到各地区之间的差异性和学校教育情境的多样性，从而也就不具备很强的适应性。由此，开发和利用当地丰富的课程资源，开发地方课程和校本课程，对于发挥地区本土优势，保存和传承地方民族优秀文化，补充国家课程的不足，提高课程的适切性具有重要的意义。

二、课程资源开发的观念与筛选机制

（一）课程资源开发与课程观

课程资源开发与开发者持有的课程观是密切相关的。由于课程的传统历史性决定了其发展的态势，课程及其资源内容往往局限于书本知识，这样课程资源基本包括一些与学校教育及课程有关的物料与设施，如书籍、绘画以及图书馆、博物馆等。在有关学者的研究中，区分出了以下几种课程观。①百科全书式课程观。这是一种传统课程观，把课程理解为学科，强调课程的知识系统、类型、积累、保存和传递功能。由此，传统课程资源的开发和利用基本局限于教材，而忽略其他广泛的各类有关教育影响的资源，课程资源的视野较为狭隘。②功利主义课程观。与百科全书式课程观一样，功利主义课程观把课程理解为学科，但它强调课程中对社会实用人才的培养作用，比较重视课程资源中有利于人才在社会中必须具备的素养和知识等内容，且非此不教和不学。这样的课程资源观念限制了教育者对课程资源的认识及开发利用，无法充分落实课程资源的价值和实现高远的教育目的。这种课程观中课程资源的开发主体是不在学校中的课程专家和学科专家，这也使得其他重要的课程资源开发主体，如教师、学生、社会人士等被排除在课程资源开发之外，开发主体的局限也使课程资源的开发受限。③以杜威为代表的进步主义课程观。此课程观认为课程是经验，强调情境对儿童的重要性。此课程观让教育者意识到，儿童的经验世界是课程资源开发的重要领域。④革新主义课程观。受到一些哲学思想（如存在主义、社会批判理论、后现代主义等）的影响，此课程观强调课程资源的内生性，认为教师、学生与课程三者之间的交互创生是具有内生性课程资源的开发主体和重要载体，是教育影响产生的主要源泉。

随着时代与社会的变迁，人们对教育的认识会更加全面，对课程的理解会更加深刻，也会对课程资源的研究更加充分，会以更广阔的视野来看待课程及课程资源的开发，会更利于教育及课程目标的实现。

（二）课程资源开发的筛选机制

课程资源的内容是极为丰富的，面对海量的资源信息，怎样进行课程资源的选择与整合，并不是一件简单的事情。原则上凡是有助于实现教育目的，能激励学生学习成才的资源都应该开发和利用。但怎么确定哪些资源有意义和有价值，哪些资源必须舍弃，这就必须要有一定的筛选机制进行过滤才能确定。学界相关的研究理论认为，课程资源必须利用三个“筛子”来筛选过滤，而后确定课程资源是否有价值并值得开发利用。

第一个“筛子”是教育哲学。实际上这是指课程资源开发者及课程专家、校长、教师及相关社会人士所持有的教育哲学。其中重要的是直接进行课程资源开发的主体（前三者）要有自己明确的教育哲学观念。表现在课程专家的教育哲学即教育理念，表现在校长的教育哲学即办学理念，表现在教师的教育哲学即教学理念或培养学生的理念。综合来讲，教育哲学的内涵要使所开发的课程资源有利于实现教育的理想和办学的宗旨，反映社会的发展需要和进步方向。

第二个“筛子”是学习理论。实际上这是要求承担课程资源开发的主体（前三者）要精通教育理论、心理科学理论并善于了解学生，把握其群体与个体心理发展规律和特点。做到这一点能保证课程资源与学生的内部条件相一致，符合学生身心发展特点的课程能取得良好的教育效果，能充分实现预期的教育目标。

第三个“筛子”是教学理论。即所开发的课程资源要与教师教育教学修养的现实水平相适应。作为课程资源开发者，要具备较深厚的教育教学理论和高超的操作技能以及深刻的研究观念，还要有较丰厚的教育教学实践经验和丰富经历。

编者认为，课程资源的开发利用还需要通过社会生产关系、文化学说、现代信息技术以及对于人类未来的视野等诸方面的“尺度”或“筛子”进行“测量和筛选”，当然，上述三个“筛子”是与课程资源开发者比较接近的，是主要的选择。

因此，开发课程资源，必须反映教育的理想，必须以实现教育目的为宗旨，必须满足社会发展需要和学生发展需求，必须适切学习内容的整合逻辑和师生的心理逻辑。正如美国课程专家泰勒所言：“只有通过利用每一种经验可能会产生的多重结果，才有可能使教学更有效。”[①]

—— 微思考

针对课程资源开发，设想第四个“筛子”。

三、课程资源开发利用途径与原则

（一）课程资源开发利用途径

综合当下学界的相关研究，课程资源的开发利用途径通常有以下五种：①开展当代社会调查，不断地跟踪和预测社会需要的发展动向；②审查学生在日常活动中以及为实现自己目标的过程中能够从中获益的各种课程资源；③研究一般青少年以及特定受教学生的情况，以了解他们已经具备或尚需具备哪些知识、技能和素质；④鉴别和利用校外课程资源，包括自然与人文环境，各种机构、各种生产和服务行业的专门人才等资源；⑤建立课程资源管理数据库，实现分享共享，提高使用效率。

（二）课程资源分类的开发途径

以课程资源类型划分，可以分为以下六种开发途径：①与教材内容相关的课程资源开发途径；②以教师为主体的课程资源开发途径；③以学生为主体的课程资源开发途径；④学校有组织的课程资源开发途径；⑤社会课程资源开发途径；⑥信息化课程资源开发途径。[②]

（三）学校教师及其教学活动类课程资源的开发途径

学校教师及其教学活动类课程资源为微观层面的资源，学校教师可以方便利用此类开发途径。综合学界的研究，此类途径有以下七种：①调查研究学生的兴趣类型、活动方式和方法；②确定学生的现有发展基础和差异；③为学生提供反馈材料；④安排学生从事课外实践活动；⑤制定参考性的技能清单；⑥总结和反思教学活动；⑦发挥网络资源的作用。

① 泰勒．课程与教学的基本原理［M］．施良方，译．北京：人民教育出版社，1994：31.
② 石鸥．课程改革的若干问题［M］．广州：广东教育出版社，2004：263.

（四）校外课程资源开发利用的途径

校外课程资源开发利用的途径主要有校外图书馆、科技馆、博物馆、网络资源、社区资源、地方乡土文化资源及社会机构等。

（五）课程资源开发的原则

课程资源种类繁多，形式多样，性质多元，如何有效、正确地开发和利用还需要遵循一定的原则，否则会影响课程资源的利用程度。从不同的视角进行开发和利用课程资源，其原则模式有以下几种。

1．以需求层面确立原则

有优先性原则、适应性原则、教师培养优先原则、开放性原则、个性原则。

2．以经济状况确立原则

有经济性原则、针对性原则、目标明确原则、量力而行原则、因地制宜原则。

3．以管理层面确立原则

有以学校为中心原则、公平与效率兼顾原则、以市场配置为主计划调节为辅原则、集权与分权相统一原则。

4．以教师开发与利用课程资源层面确立原则

有以课程物质资源开发原则（包括教材、网络资源、各类技术等）和课程人力资源开发原则（包括教师、学生、师生互动等）。

5．以课程资源开发方式与策略层面确立原则

有实践—体验式、问题—探究式、情境—陶冶式等策略原则。

6．以课程资源开发模式层面确立原则

有教材的二次开发模式原则、以教师为主的开发模式原则、以学生为主的开发模式原则、以学校为主的开发模式原则、以社会为主的开发模式原则。

课程资源多层次、多维度的开发和利用有助于资源有效、合理地取舍。随着课程资源开发与利用途径的增多，各资源之间出现了互利互补的现象，充足的资源为课程目标的实现奠定了良好的基础。

四、课程资源开发中需要注意的问题

在相关教育及课程理论当中，关于课程资源开发的理念、原则、途径、方法等论述及指导意见是比较多的，相应地，在教师教育课程与教学中，包括继续教育校本培训中也将这种指导意见贯穿了进去。但在课程资源开发的实践中，还是存在许多问题：对课程资源的认识不足、有较大差异和“重物轻人”误区；在课程资源开发中轻视教师和学生的作用，过于重视专家和教材的作用；课程资源开发中缺乏教育哲学思想和思考；重视“主课”资源开发而忽视“副课”资源开发；等等。

针对课程资源开发中存在的问题，学界研究中也提出以下几种对策建议。①教师专业化加强与提升的政策措施的实施。②教育管理尤其是课程管理的权力分享与资源配置需要继续优化。③社会对教育认识观念的成熟化与学校教育环境氛围的改善。④课程资源的建设必须纳入学校课程改革计划，要在教育改革政策方面给予课程资源开发以支持。⑤课程资源开发中需要注重“三趋势”，即关注实践，加强教育教学实践中课程资源的开发利用；关注课堂，重视课堂教学中动态生成的课程资源；关注文化，推动课程资源的文化建设。

—— 微思考 ——

课程资源开发中存在的问题或要避免的问题有哪些?

第三节　校本课程资源开发分析

一、校本课程资源概述

（一）课程资源与校本课程资源

课程资源与校本课程资源并不是两个范畴，二者之间几乎不存在差异。只是在校本课程开发中将课程资源的开发针对校本课程这一有限制的框架范畴之内，会将某些课程资源作为着力点而有所倾斜。如前文所述，无论国家课程，还是地方课程与校本课程，在课程资源的层面上三级课程的资源重合与整合是一个现实状况也是现实需要，是校本课程资源开发的重要策略。

（二）校本课程资源的内涵

相对于国家课程、地方课程，校本课程资源也是极为丰富多样的，课程资源理论中的视角、层次及类型划分理论同样适用于校本课程资源的各类划分。在类型上校本课程资源可以分为有形资源和无形资源两大类。对于资源的开发方式，不同学校可采用不同的开发方式，资源多元化也决定校本课程形态的多元化。另外，相对于国家课程，地方课程与校本课程在课程资源开发模式方面有：地方课程与校本课程资源整合方式；综合性乡土教育资源开发模式；综合实践活动课程资源地方化与校本化开发模式等。并且提出校本课程资源整合开发及研究的五种策略：资源整合、资源更新、资源共享、校本开发和理论框架。[①]校本课程资源不能仅限于本校优势的资源，学校作为主体对各种资源（包括地方文化）应做出一种积极选择和开发。地方文化不仅是校本课程开发不可或缺的重要资源，而且也是校本课程开发的重要意义和价值所在。[②]针对校本课程资源的内容，有学者认为包括校内课程资源，其中有教师资源、学生资源、教育管理资源、教学设施设备资源等；社区课程资源，其中有社区文化资源、社区人力资源、社区物质环境资源、社区管理资源等。在校本课程资源开发利用的原则方面，美国课程专家泰勒关于学习经验选择的观点可以成为直接启示。此理论观点认为：①为了达到某一目标，学生必须具有使他有机会实践这个目标所隐含的那种行为的经验。②学习经验必须使学生由于实践教育目标所隐含的那种行为而获得满足感。③学习经验所期望的反应，是在学生力所能及的范围之内的。④许多特定的经验可用来达到同样的教育目标。⑤同样的经验往往会产生多种结果。同时，泰勒还强调，能有效地达到目标的经验很多，特征不一。但重要的策略是将注意力放在一些主要的特征上，即学习经验是否有助于培养思维技能、有助于活动信息、有助于形成社会态度、有助于培养兴趣，要突出优先性和适应性。[③]而如何才能把握这些原则，即要使用课程资源开发的三把“筛子”（即教育哲学、学习理论、教学理论）。当然，校本课程资源开发原则，除上述原则外，还必须有适应各类地区、各种族群、各色文化、各个学校等一系列的差异与不同，即有地域多元化原则、民族多元化原

① 张廷凯. 校本课程资源开发的整合策略和案例分析［J］. 教育科学研究，2007（1）：24.

② 刘正伟，李品. 论基于地方文化的校本课程开发［J］. 教育发展研究，2006（9）：18.

③ 泰勒. 课程与教学的基本原理［M］. 施良方，译. 北京：人民教育出版社，1994：23.

则、文化多元化原则，学生认知风格与成长规律多样化原则、学校多样化原则等。在针对具体学校的校本课程资源开发原则方面，要坚持有趣原则，让学生热情求知；保证真实原则，贴近学生生活；注重低成本原则，保障学校教学持续可行。①

（三）乡土文化资源作为校本课程资源

校本课程资源开发不能仅限于本校优势的资源，学校作为主体对各种资源（地方文化）应做出一种积极选择和开发。地方文化不仅是校本课程开发不可或缺的重要资源，而且是校本课程开发的重要意义和价值所在。相关校本课程开发的调查研究表明：针对校本课程特色及质量的认识方面，93.3%的教师认为校本课程的特色在于适合学校和学生实际；74.1%的教师认为形成校本课程特色的条件在于学校有良好的校风传统。针对校本课程特色如何体现方面，76.1%的教师认为应体现在课程资源利用上。针对校本课程开发中课程资源利用方面，72.8%的教师认为在于学校利用了本地区的风景名胜、民俗风情；66.8%的教师认为在于本校利用了本地区的文化设施；66.1%的教师认为在于利用本校的历史传统。②由此看来，乡土文化资源作为校本课程资源主要的优势在于：课程内容与学生的个体经验相关联，利用学生学习情感的激发和学习过程的参与，教师便于进行课程资料的挖掘搜集，课程内容的编制设计，执教人员和教学环节的安排，是教师进行行动研究的主要形式；校本课程特色和学校办学特色能较好地体现，能精准表现校本课程与国家课程、地方课程的区别。

微思考

学校办学特色与乡土文化进入校本课程有什么关系？

二、对应于学科的校本课程资源开发③

所开发的课程资源要进入到学校所设置的课程之中，一方面，学校实行的国家课程给予了一定的时空条件，而相对应的学科给予了一定的开发思路及取向。另一方面，学校将要开发的校本课程也可能与现有的国家课程形态相仿，或可能呈现独立创新状况，无论怎样均给予课程资源开发一定的时空条件与开发思路及取向。因此课程资源会呈现为一定的学科形态，由于学科特色的不同，相应地，课程资源种类也有所侧重，但大致都涵盖了所有的课程资源种类。教师或相关开发者在某一学科内进行课程资源的开发与利用，其实就是一种校本课程开发活动，这其中既有相应的课程选择和课程补充，也需要某种程度的课程整合，甚至开发程度更高的课程改编、课程拓展和课程创编都可在内。教师个人、教师小组、教师全体以及教育管理者、校外人士相关的合作等都可以在学科教学中进行课程资源的开发和利用。通过学科课程资源的开发与利用，教师既能够创造性地实施国家课程，也可以开发出与学科相近的某种校本课程。各学科课程标准中对课程资源的开发与利用的建议，不仅强调了相关的课程资源的种类，而且暗示了一定的校本课程开发的活动方式。

接下来将选取小学中具有代表性的语文、数学、英语、科学、体育五门学科进行相关校本课程资源开发和利用的介绍。

① 高慎英. 小学校本课程开发［J］. 北京：高等教育出版社，2006：135.

② 范蔚，李宝庆. 校本课程论发展与创新［M］. 北京：人民教育出版社，2011：54.

③ 高慎英. 小学校本课程开发［J］. 北京：高等教育出版社，2006：131-167.

（一）语文课程资源的开发与利用①

语文课程资源包括课堂教学资源和课外学习资源。例如：教科书、教学挂图、工具书、其他图书、报刊、电影、电视、广播、网络，报告会、演讲会、辩论会、研讨会、戏剧表演，图书馆、博物馆、纪念馆、展览馆，布告栏、各种标牌广告等。自然风光、文物古迹、风俗民情，国内外的重要事件，学生的家庭生活，以及日常生活话题等也都可以成为语文课程的资源。

语文课程资源的开发与利用的思路及要求：

（1）各地区都蕴藏着自然、社会、人文等多种语文课程资源，要有强烈的资源意识，去努力开发，积极利用。

（2）学校应积极创造条件，努力为语文教学配置相应的设备；应争取社会各方面的支持，与社区建立稳定的联系，给学生创设语文实践的环境，开展多种形式的语文学习活动。

（3）语文教师应高度重视课程资源的开发与利用，创造性地开展各类活动，增强学生在各种场合学语文、用语文的意识，多方面提高学生的语文能力。

（二）数学课程资源的开发与利用②

数学课程资源是指依据数学课程标准所开发的各种教学材料以及数学课程可以利用的各种教学资源、工具和场所，主要包括各种实践活动材料、多媒体资源、计算机软件及网络、图书馆，以及报纸杂志、电视广播、少年宫、博物馆等。教材编写者、学校管理者、教师和有关人员应因地制宜，有意识、有目的地开发和利用各种资源。

数学课程资源的开发与利用的思路及要求：

（1）实践活动中的各类材料，即与数学相关的实物材料和设备用具，如计数器、钉子板、立体模型、度量测量器具、算术玩具及校园设施等，供学生开展实践活动。

（2）音像资料与信息技术，可以开发数学类软件及制作光盘、U盘等音像资料，广泛使用计算机、多媒体、互联网等信息技术，并利用设备条件进行数学“模拟实验”等实践活动，利用设备条件与其他学校及机构进行交流和共享资源，这些都是很好的数学课程资源。

（3）其他学科的资源，如自然现象、社会现象和人文遗产等，可以利用其创设情境，解决相关数学中的问题。例如：可以展现细胞分裂的过程，使学生理解平方的概念；可以让学生收集和分析数据，研究影响单摆周期的因素；可以从数学角度研究环境保护问题。

（4）智力资源，及学校和社会上的智力资源，如邀请相关专家为学生和教师作报告；就数学问题向专家或有关部门人士请教；查阅有关数学教育的国内外资料；关注数学界相关事件等。

（三）英语课程资源的开发与利用③

英语课程资源包括英语教材以及有利于发展学生综合语言运用能力的其他所有学习材料和辅助设施，特别是广播影视节目、录音录像资料、直观教具和实物、多媒体资料、各种形式的网络资源、报纸杂志等，还要充分利用图书馆、语言实验室、音像设备等基本教学设施，充分利用信息技术、互联网络。计算机和网络技术为个性化学习和自主学习创造了条件。通过计算机和互联网络还可以建立自己的英语教学网站，开设网络课程。学校应该鼓励和支持学生参与课程资源的开发。可以组织学生建立班级图书角或图书柜，鼓励学生制作班级小报、墙报，鼓励学生交流相关英语学习资源。

①②③　中华人民共和国教育部．全日制义务教育语文课程标准（实验稿）[M]．北京：北京师范大学出版社，2001.

（四）科学课程资源的开发与利用[①]

科学教育的课程资源从空间上可分为学校资源、家庭资源和社区资源三类；从性质上包括人、物、环境三大资源。

1. 学校课程资源

学校课程资源的开发利用，主要包括实验室、科学教室、图书馆、阅览室及其配备资料，学校建筑、走廊的环境布置，花草树木、生物角、科技景点等。学校课程资源开发利用的途径和方式有：注意学校图书馆的藏书结构，增添科技等多类藏书；更新科学教育设备；充分利用校内土地，开辟科技、劳技教育基地（如百草园、气象站、饲养园地等）；在校园内设计并建立科技景点（如太阳钟、风力发电机、科技雕塑等）；鼓励在科技方面有特长的教师积极开发有关的校本课程。

2. 家庭课程资源

家庭课程资源的开发利用，主要包括家长的阅历与职业背景、家庭饲养的动物或种植的植物、家庭科技藏书等。家庭课程资源开发利用的途径和方式有：丰富家庭的科普读物，关注科技资讯信息，引导孩子建立自己的小小图书馆并提高其利用率；鼓励家长和孩子一起对家中的动植物进行一些简单的科学探究活动；家长尽可能带孩子接触大自然，接触社会，进行社会实践。

3. 社区课程资源

社区课程资源的开发利用，包括科技工作者、工厂、农场、田园、科技实验基地、高新企业、植物园、动物园、科技场馆（如图书馆、科技馆、博物馆、少年宫、农技站等）、科研院所等。社区课程资源开发利用的途径和方式有：开展改善社区环境的科技活动；与社区科研、企事业单位建立联系，共建科技活动场所，开展现场科技教学活动；聘请科技人员和专家担任学校科技活动的指导教师，聘请家长中的科技工作者定期向学生做科普讲座；组建学生科技团队，利用社区资源开展科普宣传和实践活动。

（五）体育课程资源的开发与利用[②]

（1）体育人力资源的开发。除体育教师外，还有班主任、有体育特长的教师和校医等，在校外还有社会体育指导员和家长等人员，应充分发挥他们的作用。

（2）体育设施资源的开发。充分发挥体育器材的多种功能；制作简易器材；改造场地器材，提高场地利用价值；合理布局及使用学校场地器材。

（3）课程内容资源的开发。比如，现有运动项目的改造；新兴运动项目的引用；民族、民间传统体育资源的开发。

（4）课外和校外体育资源的开发。这里所说的课外泛指早晨上课前、课间和课外体育锻炼时间等，各地要开展课前和课间体育锻炼活动。校外体育资源包括家庭、社区、少年宫、业余体校、体育俱乐部、节假日体育活动和竞赛等。

（5）自然地理领域中体育资源的开发。比如：利用空气，可以进行有氧运动（散步、慢跑等）；利用阳光，可以进行日光浴；利用水，可以进行游泳。

（6）体育信息资源的开发。比如，利用各种媒体（如广播、电视、网络）获取体育信息，不断充实和更新课程内容。

---

① 中华人民共和国教育部. 全日制义务教育科学（3～6年级）课程标准（实验稿）[M]. 北京：北京师范大学出版社，2001：42.

② 余文森，吴刚平. 关注资源，学科与课堂统整［M］. 上海：华东师范大学出版社，2005：164-167.

—— 微思考

校本课程资源开发有什么特点？

课后研习

一、认识与探讨

1. 结合自己的认识，谈谈对教育哲学与课程哲学的理解。
2. 针对如何开发校本课程资源，谈谈自己的认识。
3. 关于乡土文化在校本课程开发中的意义或在学校办学中的重要性，你有什么样的想法？

二、练习与设计

1. 请列出语文和数学课程资源的开发内容，进行两者的比较与对照后可以反映出课程资源开发中的哪些问题？

2. 就自己任教（或学习方向）的学科课程，撰写一个课程资源开发的计划。

三、阅读与思考

1. 深入思考课程资源筛选机制中的项目，并谈谈自己的认识。

2. 阅读并分析《课程与教学的基本原理》（拉尔夫·泰勒. 课程与教学的基本原理［M］. 罗康，等，译. 北京：中国轻工业出版社，2008.）中相关课程资源的理论。

3. 阅读论文《基于校训的校本课程开发个案探究》（郑东辉. 基于校训的校本课程开发个案探究［J］. 课程教材教法，2018.），谈谈你对此文的观点有何看法。

第四章

乡土文化理论研究

学习目标

❶ 认识乡土文化及相关文化类概念的多种研究观点，了解乡土文化形成及其影响因素、表现特征和类型划分，把握乡土文化内涵并予以自主定义。

❷ 了解乡土文化与文化全球化的关系，把握乡土文化的意义、价值及其构成要素和内容。

❸ 理解乡土文化与学校课程、国家课程的关系，并有一个自主认识。

本章导读

学校教育培养和塑造青少年一代的活动实际上就是文化传承的过程，而课程（主要指其中的知识）是学校教育进行文化传承的主要工具。课程中的知识内容在培养人才的目标观照下是包罗万象的，具有文化的特点和文化的内涵，并充分体现着不同历史时代、不同地理区域、不同种族民族、不同群体阶层的文化价值选择及要求。这种文化的价值和要求在学校教育课程中的表现会触碰知识价值观中“什么知识最有价值”和“谁的知识最有价值”问题，构成课程文化有代表性的关键问题。而乡土文化似乎在直面和回答这一问题，答案也似乎就在上面那句话中。但问题可能并不简单，由于人类社会及人才成长和培养的复杂性，我们需要就社会、教育、课程、文化、乡土、知识等方面进行较深入的探究。首先，就乡土文化的概念、内涵、形成渊源、影响因素及表现特征等方面的理论内容进行介绍；其次，对文化全球化的态势与乡土文化的关联、乡土文化的意义与价值和资源要素进行阐释；最后，对乡土文化与国家课程、学校课程的关联进行阐述。

第一节　乡土文化研究概述

一、相关文化类概念

相关文化类概念有文化、地域文化、乡土文化、课程文化、民族文化等，本章以“文化”为核心概念，文化是人文社会科学研究的基本问题。在此主要回答什么是文化、各类文化的内涵及乡土文化在文化中的位置等问题。

（一）文化

在西方，文化一词来源于拉丁文cultura，原义是指农耕及对植物的培育。后逐渐引申为对人的品德和能力的培养。在我国，“文”指纹理、文字、文章，进而引申为美和善，又指礼乐制度、法令条文等。“化”指生成、造化、教化、教行等，也指事物形态和性质的改变。最早的文化概念由泰勒（Tyler）提出，他认为：“文化就其广泛的民族学意义来说，是作为社会成员的人所习得的包括知识、信仰、艺术、道德、法律、习俗以及任何其他能力和习惯的复合体。”[①]《辞海》的界定是：从广义来说，文化指人类社会历史实践过程中所创造的物质财富和精神财富的总和。[②]《中国大百科全书》（哲学卷）中对文化的界定是：广义的文化总括人类的物质生产和精神生产的能力、物质的和精神的全部产品；狭义的文化是指生产能力和精神产品，包括一切社会意识形态，有时又专指教育、科学、艺术、卫生、体育等方面的知识设施，以与世界观、政治思想、道德等意识形态相区别。[③]若以民族学和教育学来看，文化是人们在体力劳动和脑力劳动过

① 林耀华．民族学通论［M］．北京：中央民族大学出版社，1997：382．
② 辞海［Z］．上海：上海辞书出版社，1980：1533．
③ 中国大百科全书（哲学卷）［Z］．北京：中国大百科全书出版社，1982：924．

程中创造出来的一切财富，包括物质文化和精神文化，以及人们所具有的各种生产技能、社会经济、知识、风俗习惯等。[①]在我国教育学界，文化被认为有广义和狭义之分，广义的文化是指人类后天获得的并为一定社会群体所共有的一切事物。它包含三个层面：物质层面、制度层面和精神层面。狭义的文化是一定社会群体习得且共有的一切观念和行为。把文化更多地看成一个受价值观和价值体系支配的符号系统。[②]本书采纳上述两种文化定义。

（二）地域文化

地域文化的概念通常作为一个专业术语来使用。在民族学、人类学、文化学、社会学及政治学方面运用较多。在人类文化学研究范畴中，地域文化用来指称某一地域内人们为了适应当地的自然、社会环境而创造的文化个体。[③]据《国际社会科学百科全书》中对地域文化的界定：是指在一个大致区域范围内持续存在的文化特征。[④]因此地域文化具有空间特征，因为文化总是先在某一地域之内产生，然后再逐渐传播，所以会有文化空间的诸多概念，如“文化圈”“文化区”“文化丛”等。在世界范围内，存在着许多历史远近、大小不一、根源深浅、特征鲜明的地区文化单元，这些文化可能相对独立，也可能相互联系，或衍生、或包含、或从属，需要按照研究或应用的目的进行梳理和定位。若不论文化的内容，地域文化的关键点在“地域”一词上，《现代汉语词典》中对地域的解释是“本乡本土”，表明地域又等于乡土，地域文化也等同于乡土文化。然而这也使地域这个概念与地区不同，地区的概念较为模糊，有较大弹性。但地域则依据文化上的同质性和凝聚力标准表现为一定的地区，并且可以明确地区分相邻或不相邻的地区。由此看来，地域文化与乡土文化虽名词不同，但内涵和本质应该是相同的，因为地域文化和乡土文化均具有相对明确的空间范围和特定的内涵，不能随意划分和定夺，其独特性既有文化特点也有地方特点。

（三）课程文化

何谓课程文化？美国学者帕梅拉（Pamela）在其著作《课程文化》中提出：课程文化是要把课程看成文化，因为课程的所有方面都反映着文化。课程取向对于学习者有六种文化，分别是工作和生存训练、承接圣典、发展自我和精神、建构理解、思考民主主义、正视主导秩序。[⑤]我国学者也提出一些课程文化的概念，有学者认为：学校课程文化是指按照一定社会对下一代获得社会生存能力的要求，对人类文化的选择、整理和提炼而形成的一种课程观念或课程活动形态。[⑥]还有学者在分析了课程和文化的内涵和本质后认为，课程和文化都是主体发展的资源，二者的共同点就是发展资源，而课程文化的实质即主体发展的文化资源。并进一步分析了课程文化的属性，认为课程文化是一种主体文化、潜在文化、中介文化等，并具有社会性、民族性、融合性、人本性、系统性、个性化、自觉性、实践性、传承性、创新性等特点。[⑦]

（四）民族文化

在文化概念的界定中，我们已经明确了文化为人类所创造，同时文化又陶冶和塑造了人类本

① 林耀华．民族学通论［M］．北京：中央民族大学出版社，1997：384.
② 郑金洲．教育文化学［M］．北京：人民教育出版社，2000：4.
③ 李素梅．中国乡土教材的百年嬗变及其文化功能考察［M］．北京：民族出版社，2010：53.
④ 夏志芳．地域文化·课程开发［M］．合肥：安徽教育出版社，2008：1.
⑤ 帕梅拉．课程文化［M］．余强，译.杭州：浙江教育出版社，2005：14-22.
⑥ 裴娣娜．多元文化与基础教育课程文化建设的几点思考［J］．教育发展研究，2002，（4）：35-38.
⑦ 金志远．课程文化：实质、属性与特征［J］．教育学，2006，（4）：92-94.

身这个原理。我们也知道，人类有多种类型的文化，并且据此形成了具有不同文化特征的群体，即民族。可以认为，一个群体之所以能成为民族，最根本的莫过于形成自己特有的文化，这些相对稳定且具有特点的文化，毫无例外都会体现在每个成员的实际生活中，体现在他们的思维方式和行为方式上，体现在他们所创造的物质产品和精神产品上。与此同时，这些具有特点的文化，还会以各种方式在这个民族中流传下去，世代相继地产生影响，从而形成本民族的文化传统。于是，文化特点和文化传统便成为区分民族的一个重要标志。①

微思考

给“课程文化”一个自主定义。

二、乡土文化的内涵

（一）乡土文化、地域文化及传统文化

“乡土文化”一词由“乡土”和“文化”构成，究其两词本身的含义已不简单，因此“乡土文化”内涵极为复杂，在时间跨度与地理范畴方面差异较大，内容类型多样。以前文相关概念的叙述为界定，“乡土文化”与“地域文化”“地方文化”“本土文化”等概念其内涵交叉，较为接近，有时可以通用，但与“传统文化”“历史文化”等差异较大。

以“乡土文化”与“地域文化”为例，我们认为，乡土文化与地域文化的内涵和本质应该是相同的，因为乡土文化和地域文化均具有相对明确的空间范围和特定的内涵，不能随意划分和定夺，其独特性既有文化也有地方特点。但“乡土文化”相对“地域文化”还是具有自身的一些独特状态。一是“乡土文化”划分依据没有“地域文化”严格。“地域文化”依据各个文化要素及其相互之间的联系进行区分。在“地域文化”研究领域，它是一个由紧密联系、具有因果联系的各个文化要素整合而成的文化复合体，各自有不同的文化内涵，而各个文化内部的各文化要素和文化形态是融为一体的。“乡土文化”的划分标准没有这么严格，在现实状态下，多依据行政区划划分。二是“乡土文化”在空间范围上与“地域文化”不同。“地域文化”的空间范围有着较为明确而稳定的界定，不能任意而定。但“乡土文化”的空间范围具有伸缩性，可根据具体需要灵活处理。②因为对一个人（或一个群体）来说，“乡土文化”的空间范围可以界定为其个体（群体）具体居住的一个村（乡镇），也可以是一个社区（县市）等。需要注意的是，如果在现实的乡土教育领域，人们往往会忽略“乡土文化”的主体状况而将行政区划作“乡土文化”的空间范围，与“地域文化”的空间范围就可能一致。但有可能在一个行政区内存在多个“地域文化”，在一个地域文化中也存在多个“乡土文化”。由此看来，乡土文化与地域文化是通用的。

再以“乡土文化”与“传统文化”为例，乡土文化与传统文化词名不同，实际上区别差异也较大。所谓相同，只是二者都属于文化范畴，在项目内容上有部分重合。先看传统文化的概念定义，对“传统文化”的概念也有不同的理解。有学者将其定义为：传统文化反映社会以往历史阶段的政治和经济状况，是具有各种知识价值的精神成果的总和，它包括古代哲学、科技思想、文学、艺术、思维方式、习俗等，并形成一个具有内在联系的有机整体。③有学者认为，传统文化是指古人创造的可供今人继承的文化成果。还有学者认为，传统文化就是一个国家自古以来形形

① 林耀华. 民族学通论［M］. 北京：中央民族大学出版社，1997：399.

② 李素梅. 中国乡土教材的百年嬗变及其文化功能考察［M］. 北京：民族出版社，2010：215-216.

③ 徐仪明. 中国文化论纲［M］. 郑州：河南大学出版社，1992：6.

色色的文化现象的总和。从概念定义内涵可以看出，传统文化所指区域范畴一般来说是一个国家或世界，范畴广大；而乡土文化恰好在这一点上形成对照，它的区域范围一般较小。但乡土在地理范畴方面具有相对性，其最大范畴也可以指一个人或族群的家乡——国家。传统文化在时间跨度上看，特指以往、过去的历史阶段，距现代较为久远，一般指古代，时间跨度较小；而乡土文化的时间跨度较大，可以包括古代、近代和现代。从概念内涵可以看出，乡土文化与传统文化所包括的项目内容基本是一致的，即均为人类社会所创造的文化财富，有精神的也有物质的，这一点是由文化的属性所决定的。因此我们认为，乡土文化中有传统文化，传统文化中也存在乡土文化，但二者又存在时间跨度与地理范畴方面的较大差异，不能通用和混淆。

（二）对“乡土文化”的不同理解

乡土文化原是人类文化学科体系范畴内的重要分支。它是指在一个大致地理区域范围内持续存在的文化特征。然而，随着乡土文化研究的增多，不同的学科、不同的学派、不同的学者及不同的视角对“乡土文化”的内涵产生了多样的理解和定义。

有学者研究认为，乡土文化是指“生活在一定区域的人们，在长期的生产生活中，创造出来的影响人们行为方式和价值观念的物质文化和精神文化总和。”[①]还有学者认为，乡土文化是在一个特定地域内发端、流行并长期积淀发酵，带有浓厚地方色彩的文化形态，它是本土民族得以发展的精神动力与信仰体系。[②]另有学者认为，乡土文化是可以被社会行动者中的乡村农民这一特殊群体共同习得的思想、观念和习俗的总称；乡土文化是由乡村农民顺应社会背景和具体生活环境建构出的行为原则和关系模式，它可以体现为信仰、价值观念、社区精神、道德规范、行为准则、公众制度、历史传统、风俗习惯、生活方式、文化环境和特定象征等大文化的特征。[③]

编者从乡土文化的词语构成情形进行分析，认为可以将“乡”“土”“文”“化”四个字分开剖析而后再整合理解。我们知道，“乡”指一个具体的地方，有家乡之称。而家乡是一个人所归属的家族居住、生活延续血脉的地方，它往往与人们出生、居住、生活和死后埋葬在此的状态有关，并且还寄寓了人们对家乡的一种情感，称为“乡情”，和同乡都是“乡亲”，天然地有一种情感联结。而“土”是指人们脚下的土地，是人赖以生存的物质基地，并且还蕴含着一种人生接地气的感受，表示人生有根有源。另外，“土”也指一个人具体生活的地方并含有原始、落后之意，有“土著”的说法。“文”则指“文字”“文明”和“高尚”“先进”等意义，表达出人类的进化发展状态，但也有时代的相对性，往往是与此前时代相比较而“文明”。但“文”的相互比较基本发生在同时代的不同族群身上，这就导致所谓人类文明差异的情况。“化”本是动词，运用在一种事物发展变化的过程当中，但与“文”结合为“文化”就成为名词，表示人类创造的一切事物及精神。依据这样的理解，结合学界的研究，编者将乡土文化概念定义为：乡土文化是人们对“生于斯长于斯”的家乡所衍塑的情感记忆和此地方所有的文化内容。

三、乡土文化的形成

（一）乡土文化形成的影响因素

在乡土文化形成的过程中，主要有以下两个方面的影响因素。一是自然地理环境，是乡土

① 纪德奎．乡土文化教育开发：模式与流程［J］．当代教育与文化，2018（1）：20.

② 葛孝亿．农村教师专业发展范式转换：地方性知识的视角［J］．中国教育学刊，2012（5）：24.

③ 李友梅．快速城市化中的乡土转型［M］．上海：上海人民出版社，2007：2.

文化形成的基础。其中的地形地貌、天文气候等自然状态影响甚至决定了此地方人们的生活方式、生产方式、生活习惯等一系列行为，也影响决定着此地方人们的文化样式。二是人类历史发展状态，是乡土文化形成的重要因素。文化的形成发展是一种历史进程中的积淀现象，乡土文化的形成是此地方人们的历史发展的结果。不同的地方（指乡土之意中的地方）形成不同的乡土文化。

（二）乡土文化形成的模式

乡土文化（也包括地域文化）形成的状态、特征以及相关影响因素多样，以文化形成的模式将乡土文化的内容综合起来进行解释主要有以下六种。

1. 历史渐进式

从时间角度来讲，人类的发展是历史渐进发展的结果，乡土文化的形成也是此地方历史渐进发展而形成的。例如，泰州地方乡土文化的形成，自汉唐以来，主要历经四个时期。第一个时期为汉唐时江淮地区的经济中心；第二个时期是宋元时期由经济中心向政治和文化重心转移的时期；第三个时期是明清时江淮地区经济文化中心的时期；第四个时期是近现代以来红色政权诞生的重要基地。总之，一个地方乡土文化在产生、发展、形成过程中是具有历史性、多维性、多元性的，是多种文化渐进发展、持续交流和重组形塑的结果。

2. 文化转折式

地方乡土文化在历史发展过程中会经历一系列的变化，对于地方的主流文化，会有外来的强势的文化潮流对其形成冲击，进而取代或被融合而产生转折变迁，从而生成具有新的特征的地方乡土文化。

3. 人文生成式

只有地方与人类共同存在，乡土文化才具备最基本的生成条件，一个没有人类生存活动的地方是不可能有乡土文化的。有些地方，在一定的时代由于特殊的原因而产生了巨大变化，人类的生产生活发生根本性变革，从而生成新的地方乡土文化。例如，泰州地方乡土文化的内容在新中国成立前后变化明显。在经济产业方面，泰州从小农经济模式转变成现代工农业产业模式。

4. 环境封闭式

某一地方由于地理环境、气候条件等因素交织影响，该地方在较长的一段时期相对于其他地方处于封闭状态，由于地方内部的社会生活状态基本能达到自给自足和自我循环，因此经过时间的沉淀、历史的累积，会逐渐形成独具地方特点的乡土文化。

5. 家族谱系式

在一个特定地方某一家庭经繁衍形成家族，家族经长期的延续扩大成为族群。此地方因为族群的生息而成为与其他地方及其族群相对有别的地方，这种区别包括语言、习俗、生产生活状态等，再加上此地自然环境所具有的一些独特性，就会形成此地的乡土文化。

6. 自然生成式

自然生成式主要指一个地方所具有的自然地理环境特点影响此地人们的行为及精神而形成此地的乡土文化。以泰州为例，泰州地区河流纵横，水网密布，有“鱼米之乡”之称，因此泰州地方乡土文化的特性中具有“水文化”“渔文化”“水稻文化”“船文化”等。

以上乡土文化形成的模式只是说明了某一地方乡土文化形成过程中的主要影响因素，实际上其形成因素是多样复杂而非单一指向的。可以说，一个地方乡土文化的形成是多种因素交织并复杂化进展即综合作用下的结果。

四、乡土文化的特征及分类

（一）乡土文化的特征

关于乡土文化的特征，学界的研究观点也有不同的说法，有学者认为，乡土文化的特点有两点：一是它姓“乡”；二是它生在“土”里，乡土文化对应于城市文化。[①]还有学者认为乡土文化的特性有三个方面，即浓厚的“地方性”色彩；乡土文化较为稳定；是“伦理本位”的文化。[②]另有学者认为，乡土文化具有六大特征，一是地域性，特定地域的人们行塑积淀的文化内涵；二是丰富性，既表现在不同乡土的文化多样，也表现在同乡土中文化内容项目的丰富多彩；三是亲缘性，是指乡土文化是乡土中的人们对乡土的依恋和人们之间的眷恋；四是稳定性，乡土文化稳定而持久，不易改变，这与之久远的历史形塑有关系；五是动态性，乡土文化仍然在发展变迁，会丢弃某些文化内容，会接受或形成某些新的文化内容；[③]六是民本性（民族性），乡土文化植根于民众之中，为民族所有，为乡民所享，为众人所寄托，为百姓所信仰，它还为人民生活服务。

综合上述研究观点，编者认为，乡土文化的特征可以概括为五个“本位”特性：一是“地方本位”，乡土文化局限于一个相对其他地方有边界的地方；二是“情感本位”，“乡情”是乡土文化构成中的重要元素；三是“伦理本位”，乡土文化有自己的乡村伦理与道德规范；四是“血缘亲缘本位”，这是乡土文化建构形成的一个重要根源；五是“历史本位”，乡土文化绵延不绝，其形成源于古代，呈现于现代，影响和朝向于后代，历史变迁进展的痕迹在乡土文化中表现显著。

（二）乡土文化的分类

关于乡土文化的分类，学界相关研究主要有以下三种。①乡土文化可以分为两种类型，即物质形态类型，包括乡土建筑、乡土景观、历史遗迹等有形文化形式；非物质形态类型，包括传统风俗、民间艺术、传统手工艺等无形文化形式。[④]②乡土文化可以分为三个层面，即精神层面的乡土文化，包括宗族文化、孝道文化等传统文化；物质层面的乡土文化主要为村落；行为层面的乡土文化主要是民风民俗、生活习惯、传统节日等。[⑤]③乡土文化可以分为四个种类，一是物态文化，包括自然景观和人文景观；二是制度文化，包括各种村规民约和非正式组织；三是行为文化，包括民间艺术文化和风土人情文化；四是精神文化，包括乡村伦理与道德规范等。[⑥]

编者认为，综合上述理论，乡土文化还可以有更全面的概念阐释，有更科学的形成解释、更多的特征分析和更复杂的类型划分，比如乡土文化的分类，按文化存在的时间划分，可分为传统乡土文化与现代乡土文化；按表现形态划分，可分为物质乡土文化与精神乡土文化；按文化门类划分，可分为文艺类乡土文化、技术类乡土文化、知识类乡土文化、情感类乡土文化、仪式类乡土文化等。

微思考

如何理解“乡土文化”？试着给予其一个自主定义。

① 程莲雪．乡村学校在乡土文化传承中的价值及其实现［J］．教学与管理，2021（11）：34.
② 李帆．乡土文化的现代性嬗变及其学校应对［J］．教学与管理，2020（8）：23
③ 李素梅．中国乡土教材的百年嬗变及其文化功能考察［M］．北京：民族出版社，2010：210.
④ 卢渊．乡土文化在“美丽乡村”建设中的保护与传承［J］．西北农林科技大学学报，2016（5）：34.
⑤ 孙喜英．时代境遇变迁中乡土文化的规约与走向［J］．河南师范大学学报（哲学社会科学版），2017（8）：43.
⑥ 王筱琪．乡土文化导向下村庄内生发展策略研究［D］．苏州科技大学，2019：23.

第二节 乡土文化的理论构想

一、乡土文化与文化全球化

（一）文化全球化的含义

“文化全球化”是在全球化发展趋势的映照下引发的关于文化传播、文化冲击、文化碰撞以及文化创新、文化安全等方面的意识思想和现实潮流。学界关于“文化全球化”有众多的研究观点并引发相关争论。有学者认为，全球化正在改变世界，这种改变与人类社会对文化安全的诉求不吻合，“正如物种的安全性是由物种的多样性所决定的一样，人的安全性也是由人的属性和人的文化的多样性决定的。”①还有学者认为，全球化从显性方面看，主要发生在经济领域（如科技、资本和劳动力等）的全球流动，但在很大程度上文化领域的国际交流、合作及相互影响是隐性的，但恰恰这种隐性的文化流动是存在着巨大的“风险”的。这种“风险”表现为，文化传播与交流中的相互影响实际上基本成为“主流文化”（或强势文化）对“非主流文化”（或弱势文化）的冲击、压制、消弭和替代。在人类发展历史上，两种文化相互交流而相得益彰、共同发展的状态似乎不常见。因此，“文化全球化”的提出及阐释引发学界的争论，使“本土文化”“地方性知识”“民族文化”“乡土文化”及“地方文化”等上升为关注焦点。对此有学者认为，在文化方面，全球化既可以产生最好的结果，也可以产生最坏的结果，最坏的结果是加速每种文化对自身源头的忘却，从而导致一些文化的消失。

（二）文化全球化的影响

大多数国家和民族都具有自己独特的文化，民族地方乡土文化资源是一个国家和某个民族进步与发展的源泉。但“文化全球化”对于大多数经济相对欠发达，文明发展相对落后的发展中国家来说是一个文化危机。这种文化危机主要表现在，“文化全球化”使本国的民族地方乡土文化资源遭受毁坏及泯灭，许多口耳相传、言传身教的原始文化情感记忆将会随着传承人的消失而不复存在，使这个国家的人民或族群面临文化枯竭的危险。

消除文化危机的根本出路是人类要建立对文化，尤其是对民族地方乡土文化的正确认识，即要将人类历史文化纳入人类社会的发展体系，改变文化是经济发展附庸的地位，认识到经济繁荣也是人类文化发展的一部分。假如没有人文背景的支撑和发展，只会出现“没有灵魂的经济增长而已”。

（三）文化全球化背景中的地方乡土文化资源开发

地方乡土文化资源，是指人类为了改造和完善自身赖以生存的环境，在利用自然维系社会规范和塑造人类自身实践过程中创造的物质文化、制度文化和精神文化资源。②它体现国家民族最本质的特性，代表着国家民族的物质与精神文明状态。地方乡土文化本身的性质决定了其在人类文化发展过程中，有发展的机会，也有消失的危险。相关研究表明，人类历史上许多文明文化消失在历史长河中。目前，我国政府也在强调文化安全，通过开拓视野，更新理念，正视现实，制定政策措施，提高人们对民族地方乡土历史文化资源的重视，自觉保护发掘民族地方乡土文化资源意识，增强民族地方乡土文化自信心与自豪感。

地方乡土文化资源开发利用途径很多，但是目前就国际现状来看，通过进入文化产业及相关产业的现代载体才能获得更大范围的展示推介平台。文化产业及相关产业也是目前国际间文化交

①② 郭淑梅．黑龙江历史文化资源战略研究［M］．哈尔滨：黑龙江大学出版社，2012.

流互动的重要形态，是国际间文化利益争夺的主要领域，其“本土化”的经济领域标牌“抢注”意识越来越强就是一个明证。只有在影视业、传媒业、动漫业、出版业等文化产业领域及旅游等相关产业领域进行地方乡土文化资源的成果转化，其文化资源才可能实现传播与流通的效能，达到影响越来越大的目的。

微思考

如何理解“全球文化或世界文化”？乡土文化与其的关系是什么？

二、乡土文化的意义与价值

乡土文化的意义与价值可以从国家、地方、人文教育三个层面来体现。

（一）国家层面

在国家层面，乡土文化的意义与价值体现在以下三个方面。

（1）理念与思路，在民族地方乡土文化资源的保护、挖掘与利用方面的历史必要性与时代紧迫感的明确。正如我国著名社会学家、民族学家费孝通先生所言：生存在一定文化形态中的人们只有对自己的文化有自知之明，才能对自身的发展历程和未来有充分的认识。[①]即要通过文化反思走向文化自觉，实现文化自信。

（2）文化自觉，塑造和提升公民文化品格要求的清晰化。每一个成熟的民族、国家和地区都有自己特殊的文化品格和精神气质，这种文化品格和精神气质正是以深厚的历史文化积淀为基础，同时又成为民族精神、国家精神和区域人文精神的内核。挖掘与开发民族地方乡土文化资源，就是要更清晰、更准确地揭示民族地方乡土文化内涵，让地方人民增强文化归属感，不断提高对民族地方乡土文化的自豪感、自觉力与自信心，从而塑造和提升地方民族民众的文化品格与精神气质。

（3）文化软实力，文化发展的信念的增强，文化的力量熔铸于民族的生命力、创造力和凝聚力之中，它是一个国家经济发展和社会进步的内在驱动力量。

（二）地方层面

在地方层面，乡土文化的意义与价值体现在以下三个方面。

（1）乡土文化是实现地方经济社会协调发展的必然要求。从大的历史跨度来看，一个地方的落后，首先是文化的落后；一个民族的觉醒，首先是文化的觉醒；一个地方的发展，不能忽略文化的发展。

（2）乡土文化与地方品格。用具有地方品格，同人们血脉相连的乡土文化精神凝聚乡亲百姓，激发其热爱家乡、奉献家乡的积极性与创造性。

（3）丰富和提升地方的文化品位、文化内涵及文化吸引力。

（4）打造地方特色的文化产品，实现文化生产力的直接转化，创造新的经济增长点。

（三）人文教育层面

学界相关研究中有学者认为，开发乡土文化资源，使其进入学校教育课程中，具有以下三个方面的意义与价值。①乡土文化课程有助于传承乡土文化，改变乡土文化缺失的现状，让乡土传统文化不断传承和发展。②乡土文化课程有助于健全学生人格，树立其终身发展的精神支柱，使

① 费孝通．费孝通论文化与文化自觉［M］．北京：群言出版社，2007：49.

其有足够的精神支撑面对未来生活的挑战。③乡土文化课程有利于复兴乡土文明，激发地方社会生活的活力。[①]

还有学者认为，乡土文化在学校教育中有两方面的价值，一是在教育课程中传承乡土文化能落实乡村振兴战略；二是在教育课程中传承乡土文化能避免乡土文化与乡村学校文化相疏离。[②]

综上来看，乡土文化的意义和价值是多方面的，有其现实利用的重要性和传承发展的必要性。乡土文化伴随着我们人类以往的生活，也必然要伴随我们现在甚至未来的生活。

三、乡土文化的资源要素构成

学界相关研究认为，主要有以下三个角度体现乡土文化的资源要素。

（一）“文化主体”的角度

从“文化主体”的角度认识地方乡土丰富的文化资源的重要性，以泰州市地方乡土文化为例，在一地一方可供挖掘的乡土文化资源可分为以下四个方面。

（1）文化基础设施与机构资源。如广播电视业、报业、出版业、博物馆、图书馆、文化馆、剧场、影院等，市京剧院、市文工团等知名艺术院团；还有市广播电台、市电视台等地方媒体资源。

（2）文化人力资源。以泰州为例，泰州各市区乡镇文学、艺术、影视表演和创作、新闻出版等领域都有一批优秀人才，特别是有一支实力雄厚、影响广泛的“外流人才”队伍，如陈德林、徐文藻、孙佳、王蔷等从泰州走出去的优秀人才活跃在区域内外乃至省外、海内外文化艺术的各个领域。

（3）文化活动资源。以泰州为例，泰州各市区有“三水音乐会”“国际艺术节”“银杏节”“会船节”“城市之光”“金色垛田”等丰富多彩的群众文化活动以及各地异彩纷呈的主题文化活动。

（4）文化题材资源。以泰州为例，将泰州的文化题材进行整理，可以梳理出历史源流、民族民间、文化交流、红色历程、文化名人、流域文化、重大历史事件、开发建设、历史文献、地域风情十大系列。

（二）“文化风情”的角度

乡土文化表现出浓郁的地方乡土文化风情，主要由以下要素构成，如图4-1所示。

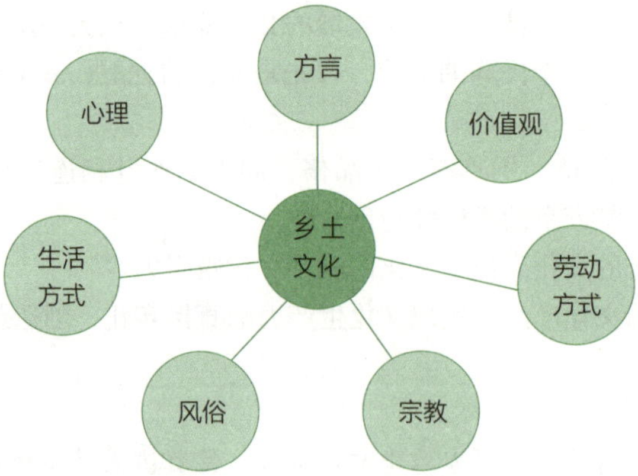

图 4-1 地方乡土文化要素构成示意图

① 袁利平，温双．乡土课程开发的文化价值与实践选择［J］．中国教育学刊，2018（5）：80-85.

② 岳伟．新时代乡土文化融入乡村学校文化的内在逻辑与实践框架［J］．教育科学论坛，2022（8）：5.

其中方言、风俗和宗教是较为重要的元素。方言是一个特定地域所通用的语言，特色鲜明，是乡土文化的重要载体，也是构成乡土文化最显明的特征。风俗是一个地方人们的习惯、信仰和喜好，在生活的各个领域表现出来的文化现象。风俗主要表现出地域性、历史性、传承性、变异性等特点。宗教会渗透到乡土文化之中，也是乡土文化中的重要元素之一。①

（三）“开发主体”的角度

乡土文化资源对于中小学、城乡社区来说，由参与乡土文化资源开发的主体所开发、提供的资源也呈现多要素的特点。

城乡社区——以主任（村民委员会主任）为代表；学校——以校长为代表；教育者——以各科任教老师为代表；社会专业人士——以名士为代表；教育辅助机构——以学科课程专家为代表；市民（农民）——以能力者为代表；学生——以能力者为代表；家长——以专长者为代表；公务员——以专长者为代表；社会机构——以领导为代表；企事业机构——以专业技术者为代表；研究机构——以研究员为代表。

乡土文化资源要素可以按照上述诸多“开发主体”进行划分，可分为城乡社区资源、学校资源、教育者资源、社会专业人士资源、教育辅助机构资源、市民（农民）资源、学生资源、家长资源、公务员资源、社会机构资源、企事业机构资源、研究机构资源。

（四）“开发渠道”的角度

乡土文化资源存在于本地区域内的一起事物及环境之中，可以说无处不在、无时不有，因此乡土文化资源开发渠道也是多样的。

从国家统一课程和地方课程教材中分析；在地方相关部门收集分析；从相关文本材料（如书籍、报刊、文件、档案等）中收集分析；在当地文物考古及博物馆、展览馆发掘；利用网络平台收集分析；从相关专业人士讲解、报告、口述、记录中分析；对各类主体调查、访问、参观、考察发掘获取；在国际、校际、地际和人际交流中获取。

乡土文化资源要素按照上述“开发渠道”进行划分，可分为教材资源、部门资源、文本资源、文物资源、网络资源、报告资源、考察资源、交流资源。

（五）地方社会综合性的角度

以泰州地方乡土文化资源为例，可以将其要素划分为自然类资源、历史文化类资源、社会经济类资源和民间体育类资源。

（1）自然资源类：包括植物、动物、物产、矿产、自然景观、地形地貌等。

（2）历史文化资源类：①生活文化类，包括服饰文化、饮食文化、建筑文化、交通文化等。②婚姻家庭人生礼仪文化类，包括婚姻习俗、家庭伦理、人生礼仪、丧葬文化等。③民间艺术文化类，包括文学艺术、音乐舞蹈、戏剧曲艺、美术工艺等。④禁忌文化类，包括传统社会生活惯习与忌讳风俗文化等。⑤历史遗迹文物类，包括古建筑、古籍、古文物、地名、历史名人、历史事件旧址等。⑥红色文化资源类，如海军诞生地纪念馆、革命烈士陵园、朱履先故居等。

（3）社会经济资源类：①科技工艺类，包括天文历算、民间手工艺、名医草药、器物制作等。②节日文化类，包括宗教节日、农事节日、纪念节日、文化旅游节日、庆贺性节日、生活社交节日等。③地方社会类，包括图书馆、档案馆、文化馆、博物馆、纪念馆、科技馆、少年宫等。④经济发展类，包括水利资源、物产资源、工农业及第三产业资源、旅游资源等。

① 夏志芳．地域文化课程开发［M］．合肥：安徽教育出版社，2008：20.

（4）民间体育资源类：包括各地民间特有的运动竞技和体育项目，如舞龙、舞狮、跳马灯、抖空竹等。

微思考

谈谈自己的家乡和自己所熟悉的乡土文化。

第三节　乡土文化与课程

一、乡土文化与学校课程

（一）乡土文化对学校课程的影响

乡土文化对学校课程的影响可分为无意识的影响和有意识的影响，具体体现在以下三个方面。

（1）乡土文化在学校课程中的定位。主要有乡土文化是主体自我和对象自我之间的桥梁；乡土文化是儿童和教师之间的桥梁；乡土文化是儿童和课程之间的桥梁。

（2）乡土文化对学校课程的诉求。主要有乡土文化要求课程体现价值取向；乡土文化要求课程体现生活情境；乡土文化要求课程体现地方乡土特色；乡土文化要求课程体现合理观念（尊重乡土文化特色、把握乡土文化品性）。

（3）乡土文化要素对学校课程的影响。主要有乡土文化的质量影响学校课程；乡土文化的变迁影响学校课程；乡土文化的行为方式和思维方式影响学校课程。

（二）学校课程对乡土文化的影响

学校课程对乡土文化的影响，源于学校课程的文化学意义，学校作为文化的“集散地”，不仅集聚了文化也播撒了文化。如今教育对人的影响越来越大，学校课程本身就可以视为乡土文化的“源流”，它所具有的课程魅力会改变学生的价值判断、行为取向、生活态度、文化选择等。此类影响主要有以下四个方面。

（1）学校课程积淀乡土文化。学校课程具有生成乡土文化的作用，学校课程积淀乡土文化具有整合性，通过文化传承来实现积淀和整合。

（2）学校课程传承乡土文化。由于学校课程本身的特质，使得通过学校课程传播乡土文化有极大的优越性。同时，积淀、传递文化也是一种选择、改造文化的过程。

（3）学校课程选择乡土文化。乡土文化遗产是历史的产物，经选择的乡土文化精华被编入课程教材，再传授给学生。这种选择主要受到人们价值观的制约，需要建立公正科学的文化参照系统。

（4）学校课程创造乡土文化。学校课程具有创造文化的功能，此功能集中表现在促使整体性乡土文化的更新上。由于乡土文化较主流文化更具灵活性，学校课程对乡土文化可以给予创造或改造。①

（三）乡土文化与学校课程的交互作用

学校教育因人类文化而生，文化因学校教育得以积累与传承。而教育课程建设的重要基础是

① 夏志芳．地域文化课程开发［M］．合肥：安徽教育出版社，2008：74.

文化。教育课程又使文化得以更新、改造并形成新的文化。课程是文化发展和创新的重要手段，若离开课程，文化如同一条河流被堵塞就会枯竭。同样的道理，乡土文化与学校课程的关系也是非常密切的。学校课程纳入乡土文化使教育目的更加鲜明与适切；乡土文化进入学校课程得到活化与传承，并能被发扬光大。乡土文化与学校课程二者是互为因果，互为目的，互为条件的，二者之间的交互作用使之都得到有利的促进，达到其自身发展的目的。

二、乡土文化与国家课程

教育部在《2001—2010年全国基础教育课程改革的目标》中明确指出，要“改革教材忽视地域与文化差异，脱离社会发展、科技发展与学生身心发展规律的倾向，深化教材多样化的改革，提高教材的科学性和适应性”。继而，国家的基础教育课程管理体制也实施“国家—地方—学校”三级课程管理政策，这是我国教育改革中基础教育课程改革的重要组成部分，也为在国家课程中融入乡土文化元素提供了有力的理论指导和制度保障。

乡土文化融入国家课程，对应了在校本课程开发中的一个重要理念，即“国家课程校本化”。将“国家课程校本化”，此理念及举措或许是一种较好的方式策略。有学者从以下几个方面进行了相关分析。

（一）国家课程中融入乡土文化的目标诉求

为什么要把乡土文化融入国家课程，要达到什么样的目标诉求？对此有两个方面的考量：一是在内容层面，乡土文化要通过课程形式让未来的社会公民了解地方乡土文化的内容，既了解本土文化的精髓，也了解异域文化知识，拓宽人文及科学知识并具备广阔的文化视野；二是工具层面，以地方乡土文化为工具，既传承和发展地方乡土文化精神，又增进家国意识与民族情感。

（二）国家课程中融入乡土文化的价值取向

何地的乡土文化最具教育价值？何种乡土文化最具有教育意义？对乡土文化的选择要根据课程决策与开发者的价值取向进行取舍。以课程哲学观的相关理论为例，有三个方面的价值取向。一是知识中心的价值取向，以知识为中心的课程倡导学生必须学习基本的知识技能。对应于乡土文化则选择获得人们公认的、具有地方影响力的乡土文化及其核心内容。由此，乡土文化更多体现为学生学习的“材料”。二是社会中心的价值取向，课程内容是社会问题，合理选择与学生生活密切联系的乡土文化作为课程内容，恰当地引导学生思考分析及探索社会生活问题就成为课程目的。三是学习者中心的价值取向，学习者中心的课程注意关注个体、强调个性，通过融入乡土文化可以适切学生个体差异、地区差异给课程开发带来的困惑。由于地方乡土文化的复杂性和差异性，满足学生个体的兴趣和需要，充分发展其个性，成为教育的一种崇高而理想的目的。[①]

或许在现实教育实践中，将乡土文化融入国家课程中，对于实现“国家课程校本化”是一剂良方，对于培养既具有国家意识又具有地方知识的理想人才方面是一种良策，但在主流文化及其统一知识与乡土文化及其地方知识之间，在上述三种价值取向之间，课程决策开发者和教育者很难进行一种两者或三者兼顾且使之平衡的课程教育教学方式，时常会出现顾此失彼而有所偏颇的问题。课程决策开发者作为研究者和实验者，需要不断尝试实践试误，综合考虑各种影响因素，寻求一种适合的组合策略。

① 夏志芳. 地域文化课程开发［M］. 合肥：安徽教育出版社，2008：128.

微思考

国家课程与学校课程的关系是怎样的？乡土文化与“国家文化或主流文化”的关系是怎样的？

课后研习

一、认识与探讨

1. 关于乡土文化的内容，结合自己的体验谈谈你的理解。
2. 除了本书中所提到的，你认为乡土文化的层面或类型还有哪些？
3. 关于课程内容选择的价值取向，谈谈自己的想法。

二、练习与设计

1. 就“文化主体”和“文化风情”角度，设计一个关于家乡乡土文化内容的图表。
2. 根据自己家乡“乡土文化”的内容，设计一个学校的校本“乡土文化”课程计划。

三、阅读与思考

1. 全球文化、乡土文化、民族文化等概念之间是什么关系，该如何理解及处理三者之间的关系。
2. 国家课程、校本课程中的乡土文化形态是怎样的，比较二者的情况。
3. 关于乡土文化的形成问题，谈谈自己的想法。
4. 阅读《地方性知识》一书（格尔茨．地方性知识［M］．王海龙，等，译．北京：中央编译出版社，2000.），关于“地方性知识”谈谈自己的想法。
5. 阅读论文《课程知识的地方性质》（李长吉．课程知识的地方性质［J］．课程教材教法，2019.），写一则随笔。

第五章 乡土文化与校本课程

学习目标

❶ 了解乡土文化进入校本课程的意义的相关研究观点；掌握乡土文化资源的类型与范围；认识乡土文化校本课程开发的多种模式，重点掌握“文化情境”乡土文化校本课程的开发模式。

❷ 掌握“乡土心理效应”的内涵，领会“乡土心理效应”的四大表征；理解乡土课程资源开发的学理观点。

❸ 了解乡土文化校本课程开发的五大流程策略，结合案例掌握流程的操作内容。

本章导读

校本课程是我国三级课程管理体系中的一个重要课程领域，作为对国家课程的调节、补充与拓展的校本课程，以学校为本位，以教师和学生为主体，由学校自主决策、设计和实施的课程。而校本课程开发是指学校为达成教育目的或解决学校的教育问题，以国家及地方制定的课程纲要的基本精神为指导，根据学校的教育宗旨，依据学校自身的性质、特点、条件及可利用和开发的资源，以学校教师和学生为主体，由学校相关人员如校长、行政人员、家长、社区人士以及课程专家自主参与或合作开展的，旨在满足本校学生学习需求和发展要求的一切形式的课程开发活动。这是一个持续动态的课程创生过程。关于校本课程及其开发的研究、设置及实施是目前世界各国教育改革的一个新领域。我国当下的教育课程改革中，校本课程及其开发也是一个重要方面。应该说，校本课程之所以引起教育界的重视，关键地方还在于其对地方、学校和学生的适切性，在促进学生个性的发展、教师个体专业成长发展及学校办学特色的形成诸方面具有重要的意义。

以学校为本，以学校为基地，以学校学生为对象，使得校本课程的资源内容须以学校所处地方的各类资源内容为主。每一所学校都处在一定的地方范围内，或多或少会受到地方自然、地方经济、地方文化的影响。因此，地方乡土文化是校本课程开发的主要及重要资源。在教育改革即学校课程改革中，地方乡土文化作为显性内容直接被开发为校本课程，或作为精神、理念、价值观等隐性内核融入校本课程中。

第一节　乡土文化与校本课程理念分析

一、在校本课程开发中融入乡土文化的意义

学界相关研究中对乡土文化进入校本课程，从功能、作用、价值及意义等不同用语方面进行研究阐释，主要有以下几种观点。

（一）校本课程中乡土文化的功能

乡土文化对于儿童的发展和社会文化的可持续发展均具有重要的意义。在校本课程中融入乡土文化有助于形成儿童的自我意识；为儿童的文化创新提供可能并促进个体的个性发展；乡土文化能缓解儿童和课程之间的对抗；能够帮助儿童体验早期生活的意义；能够帮助教育者比较充分地理解儿童。乡土文化通过校本课程的传递可以发展乡土文化，通过文化结构的“和而不同”，可为我国文化的可持续发展提供基础。[①]

① 李素梅．中国乡土教材的百年嬗变及其文化功能考察［M］．北京：民族出版社，2010：216.

（二）校本课程中乡土文化的作用

校本课程中结合乡土文化有三个作用，一是可以丰富校本课程中的实践活动内容；二是拓展校本课程内容的广度和深度能提升育人效果；三是乡土文化可以提升校本课程中的“审美情趣”。①

（三）校本课程中融入乡土文化的意义

乡土文化融入校本课程具有以下四个方面的意义。

1. 可以拓展课程资源

乡土文化进入校本课程，可以极大地丰富校本课程资源开发的来源及渠道，加之乡土文化特有的与学校、教师、学生等密切的联系以及学校教学活动都是在某一特定地方中开展，与特定地方乡土文化有着显性或隐性的、暂时或长期的联系，因此乡土文化作为校本课程资源开发是理所应当，也成为校本课程资源中最广泛、最丰富的内容。

2. 传承乡土文化

乡土文化融入校本课程有利于对优秀乡土文化的传承与弘扬。在单一的国家课程中，学校教育与地方乡土文化相隔离，这会导致学生缺少对真实地方事物的基本评价和参与能力。比如，泰州地方戏曲淮剧是我国的“非物质遗产”项目，以往在泰州地区非常流行，但目前这门艺术泰州地区的年青一代大部分人对其并不熟悉。若在相关校本课程中设置淮剧内容，进行开发与欣赏、学唱活动，一定程度上会唤起年青一代对文化精粹的关注，从而有利于淮剧等优秀的乡土文化发扬光大。

3. 构建校园文化

校园文化是学校办学理念、精神面貌、心理状态、思维方式、行为规范和价值取向的总和，它代表一个学校及其所在地方的办学及文化特色。乡土文化是校园文化的背景，在校本课程中融入乡土文化的校本课程，有利于构建与提升校园文化。

4. 完善学生个性

乡土文化在校本课程中的融入，可以比较适切学校的个性形塑和发展需求，引导学生关注校外各种文化现象与社会问题，培养学生的自觉意识与能力，如此有利于学生个性的发展及人格的完善。②

总之，全面理解校本课程中融入乡土文化的意义和作用，对我们进行校本课程开发及充分发掘乡土文化并利用其进行教育教学以获得教育成效有重要的作用。

微思考

乡土文化进入学校课程意义的自我思考。

二、校本课程开发中的乡土文化资源类型

关于乡土文化资源类型，相关研究中主要有以下几种观点。

① 叶燕芬．乡土文化滋养“醇美”语文［J］．人民教育，2021（6）：65.

② 夏志芳．地域文化课程开发［M］．合肥：安徽教育出版社，2008：256.

（一）外显的和内隐的乡土文化资源类型

乡土文化资源，既有听得到、看得见、摸得着的各种外显的内容，又有只存在于人们头脑及精神中的偏于内隐的内容，如表5-1所示。

表5-1　乡土文化资源外显内隐类型划分①

分类	维度	内容
外显的乡土文化	乡村生产生活	乡村生活、农业生产、饮食居住
	乡村历史	地方志、文化传统、文化名人
	乡村民俗	人际交往、乡风民约、节日习俗
	乡村艺术	乡村工艺、乡村音乐、民间故事
	乡村景观	自然环境、人文景观、气候规律
内隐的乡土文化	仁爱孝悌、谦和好礼、爱国爱家、诚信知报、修己慎独、勤劳节俭、勇毅力行、天人合一	

（二）传统的与现代的乡土文化资源类型

乡土文化资源以形成的时代不同可以划分为现代的和传统的乡土文化资源，形成时代以现代和现代以前为划分标准。以目前历史学时代划分理论可将古代与近代属于现代以前，即传统。比如：传统乡土文化资源有某一地方历史上的名人、遗迹、文物、典籍、文献、艺术、习俗、传统运动项目等；现代乡土文化资源包括当代表现出来的社会各项事业中的所有人、事、物。

（三）综合的乡土文化资源类型

校本课程开发中的地方乡土文化资源，若不附加其他的标准限制，就综合性地以资源本身的状态划分，可包括地方历史古迹、民俗风情、建筑园林、方言、民间艺术、地方名士、诗词歌赋、居民娱乐形式、传统体育项目、地方精神、现代科技、生产生活、经济状况、天文地理、地方物产、社会活动等类型、门类或项目。下面以泰州地方乡土文化资源为例，做简要介绍。

1. 历史遗迹类

历史遗迹是指此地历史上保存下来的具有教育价值的物质遗产及其所蕴含的精神财富，包括人类遗址、楼台亭榭、碑碣雕像、人物纪念地等。比如泰州地区有天目山文化遗址、安定书院、古城墙遗址、古石碑、望海楼、文峰塔、通济桥等。

2. 地方名士类

乡土文化是因人而生成的，没有人就没有所谓的乡土文化。地方名士是乡土文化的生动符号和地方精神的典型代表。比如泰州地方名士有王艮、郑板桥、施耐庵、孔尚任、柳敬亭、胡瑗、高二适、储巏、梅兰芳等。

3. 民俗风情类

民俗风情是当地人民在长期的生活实践中逐步形成的，并且以某种仪式固定下来的生活经验的凝结。从本质上看，地方风俗是当地人民理解事物的一种方式。民俗风情以地域为主要的差异

① 冷丽．小学语文教材中的乡土文化研究［D］．青岛：青岛大学，2022：15.

来源。比如泰州地方民俗，有七月半、过冬、里下河小唱、茅山号子、溱潼会船、兴化都天庙会、沙沟游走灯会等。

4．方言

方言的独特性传递着乡土文化的信息，方言是乡土文化最直接、最典型的标志。比如泰州方言为吴语和江淮官话的过渡方言，又称“通泰方言区”。

5．艺术类

艺术包括文学艺术、造型艺术、表演艺术等，统称文化艺术，指通过语言、文字、动作、线条、色彩、音像等不同手段形象地反映社会生活，以表达作家、艺术家思想感情的一种精神产物。文学艺术文化资源包括小说、诗歌、绘画、书法、雕塑、戏剧、音乐等。比如泰州有地方戏曲淮剧、扬剧、泰州评话、泰州木偶戏等；有艺术舞蹈音乐如泰兴花鼓、千户狮子舞、兴化劳动号子、里下河乐书吹打等；有地方工艺如泰州戴窑砖瓦雕刻、兴化青布挑花、玉雕、叶雕、木雕、靖江竹编、於溪面塑、兴化麦秸工艺、海陵纸扎、高港根雕等。

6．地方精神类

地方精神是一个地区的群体在地方文化长期熏陶下形成的共同的意识观念、精神面貌和内在气质。比如泰州乡土文化精神中的“经世致用”“崇文重教”“包容兼蓄”等精神内涵。

7．民间体育类

民间体育是地方民众在生产之余修身养性的特有活动方式。由于自然条件与地方乡土文化的不同，民间体育表现出多样性、差异性与奇巧性的特点。比如泰州地方民间体育运动项目有舞龙、舞狮、兴化高跷龙、跳马灯、斗七巧、跳白果、抖空竹等。

8．物产饮食类

地方物产及饮食文化是一个地方的自然条件和人们的生活经验及创造精神凝结而成的乡土生活方式，也是构成乡土文化的重要内容。地方物产和饮食源于地方差异，也表现出特殊性、多样性和精巧性等特点。比如泰州地方物产和饮食中的特色有靖江蟹黄汤包、中庄醉蟹、溱潼鱼饼虾球、沙沟大鱼圆、黄桥烧饼、靖江双鱼肉脯等。

总之，基于乡土文化的校本课程开发，目的是让学生触摸到地方乡土文化的深层内核，充分认识和挖掘优秀的家乡文化内容，行塑学生的家国意识和地方精神。

微思考

搜集自己家乡的乡土文化资源内容，设计标准进行分类。

三、乡土文化校本课程开发模式

实际上乡土文化校本课程开发模式与前文中讲述的校本课程开发模式及课程开发模式并无本质的不同。课程、校本课程、乡土文化校本课程三者在开发的基本形式、内容、操作流程以及编制要求等方面是一致的，其存在的区别在于乡土文化资源所具有的特点会影响到校本课程资源的选择和编排、教学目标的设计、教学方法和条件的设置，以及课程实施中的情境创设等，也会影响师生关系，需要课程开发编制者注意。

（一）乡土文化校本课程开发模式研究

乡土文化校本课程开发模式是建立在对课程有不同的理解的基础上建构的。此种建构活动可以把课程理解为一种计划、有关学习者的经验、研究的领域、学科内容和年级水平等。以下三种课程模型与乡土文化影响下的校本课程开发关系较为密切。

（1）行为主义模型，即根据“泰勒原理”四个问题建构校本课程，这一理论及相关模式为传统和经典课程设置模式。

（2）系统课程模型，即课程为一个系统，称为“课程工程”。课程包括由校长、指导者、合作者以及地方教育行政部门组成的“工程师”；由产生、设计、实施和评价构成的“阶段”；由科目、教材、单元计划、课时计划构成的“结构”。系统理论、系统分析以及系统工程都对课程产生影响，进而形成系统模型。此课程模型主要包括课程的合规律性和合目的性、问题判断、内容选择、经验选择、实施、评价、维持七项系统内容。

（3）人本主义模型，主张课程要培养学生个性、自我发展方向、自我信心。该模型反映出课程开发从推理型走向归纳型，从传统内容走向相关内容的发展趋势。①

借鉴相关乡土文化校本课程开发模式的研究理论很有必要，但我们更要根据自身课程文化及地方乡土文化资源的特点来审视、研究此类校本课程开发的模式，构建适切的乡土文化校本课程开发模式。

（二）乡土文化校本课程开发的借鉴模式

我国的乡土文化校本课程开发大体上属于行为主义模式，在很多学校开设的选修课和活动课中及校本课程中都有地方乡土文化内容，乡土文化校本课程开发的关键在于地方乡土文化资源的开发。开发者可以借鉴以下两类课程开发模式。

1．整体性课程开发模式与局部性课程开发模式

整体性课程开发模式借鉴人本主义和系统课程模型，注重拓展课程的文化内涵，充分利用地方独特的乡土文化资源，利用系统分析的方法开发地方乡土文化课程。该模式主要由以下基本要素组成。

（1）信息选取。选择恰当的地方乡土文化课程资源，不仅需要深谙地方乡土文化的发展历史，更需要了解现状，及时进行社会调查，跟踪和把握地方乡土文化的变化与发展，从而确定最具典型性和鲜活性的课程内容，使学生参与地方社会生活，体悟地方乡土文化。调查方法主要有文献法、访谈当地文化名士、对学生进行问卷调查等。

（2）制定目标。重点是培养学生的个性，提升他们的文化素养，增强他们对社会的责任心与终身发展能力。

（3）分析条件。主要是研究和利用校本课程实施的各种地方文化条件，包括自然环境、工厂、农村、部队、企事业单位、图书馆、博物馆、展览馆、科技馆、青少年活动中心等，以及当地各种文化事业、各个领域有建树的人才等。

（4）形成课程方案。主要是研究当地的学生情况，了解他们已经具备或尚需具备哪些与当地地方乡土文化相关的知识、技能和素质，为制订校本课程教学计划奠定基础。

（5）评估校本课程方案。主要是更改和修正课程，建立网络课程资源管理数据库，拓宽校本课程中地方乡土文化资源及其开发研究成果的共享渠道，提高使用效率。

局部性课程开发模式依据当地鲜明的地方乡土文化特色，突出重点内容，进行适量开发，采取模块式设计。该模式具有课程功能的补充性、课程开发的简便性、课程内容的多样性与课程实施的灵活性特点。

2．知识性课程开发模式与实践性课程开发模式

知识性课程开发模式注重地方乡土文化的概念、原理、事实等知识内容体系，它在开发过程中要求广泛收集与认真梳理地方乡土文化信息资源，课程目标重在地方乡土文化知识的掌握

① 胡洪伟．美国校本课程开发模式评价［J］．中外教育，2001（1）：35.

上，在教材编写中追求内容的相对系统性，教学中侧重接受式教学方法，评价突出对知识的考核等。

实践性课程开发模式倾向行为主义模式，即要考虑学生在对待地方乡土文化的态度与行为上存在哪些问题；课程应该达到哪些行为改变的目标；为了实现这些目标，应该提供哪些活动；这些活动应该怎样有效地组织；怎样才能确定这些目标已经达到。

总之，地方乡土文化校本课程的开发模式应该是灵活多变的，有的课程可以侧重于活动和操作，有的课程可以侧重于课程教学，而有的课程则可以侧重于过程经历与体验获得，这要视课程内容与学生状况而定。①

（三）乡土文化校本课程开发实践模式

乡土文化校本课程开发除了要考虑学校的办学思想和办学目标、学生的现实需要和发展需求等因素外，还要考虑学校所处的地方文化条件以及学校自身的文化底蕴。有的学校历史悠久，有自己丰厚的文化积淀和传统优势；有的学校地理位置优越，历史积淀深厚，乡土文化资源丰富；有的学校校长和教师具有发展理念和开拓精神，愿意为教育改革及学生培养与时俱进去努力，这些都为乡土文化校本课程的开发提供了有利条件。在课程开发时，进行科学民主决策，全面深入发掘、善用各类乡土资源，并把它们与社会大系统的其他教育资源整合起来，构建学校所在地方社区的开放式教育网络，统筹人力、物力、财力，最大限度地突显学校的办学特色，服务学校教育教学和地方社区社会发展。

编者结合上述相关理论及理念，针对地方中小学校和地方高校，提出乡土文化校本课程的“文化情境”开发模式，此模式有以下构想。

1.“文化情境”校本课程理论基础

“文化情境”校本课程的理论基础是学界相关研究提出的学习理论，如美国学者奥苏伯尔的意义学习理论；我国学者提出的生态学习观、体验学习观；国内外教育界提出并探讨的研究性学习观和自由学习观等。这些学习理论及观念均构成乡土文化校本课程开发的学理方面的理论基础。

另外，“文化情境”校本课程的理论基础是“情境化教与学”的教学理论，此教学理论植根于进步主义教育、建构主义教育理论，这些教育理论背景促使人们在现有的课程中为方案、课程、科目领域或单元等重新设计或创造一种新的“情境化教与学”的教学模式和课程。“情境化教与学”的定义由美国一个相关教育的研究项目提出，认为“它可以帮助教师将学科内容与真实世界的情境结合起来，并促使学生在知识、知识的应用以及他们作为家庭成员、公民和工作者的生活之间建立联系”。“情境化教与学”有以下特征：①将学习内容跟学习者的经验联系起来；②促使学生积极学习；③能够使学生有机会自主学习；④鼓励从个人经验和集体经验中建构个人化的意义；⑤在真实情境中评价学习结果，并允许从个人经验的角度去解释多元的意义。在其实践学习类型方面有社区服务性学习、研究性学习、基于问题的学习和自我导向的学习等。②由我国学者李吉林提出的“情境教育”理论认为“情境教育”具有四大元素，即“真、情、思、美”，并以此提出具有操作性的“情境教学法”，即“讲究真、注重情、突出思、追求美”的课程教学要求。③此理论也是“文化情境”校本课程重要的理论基础。

① 夏志芳．地域文化课程开发［J］．合肥：安徽教育出版社，2008：244.

② 查瑞罗特．情境中的课程［M］．杨明全，译．北京：中国轻工业出版社，2007：5.

③ 成尚荣．李吉林：建构中国特色的情境教育学［J］．江苏教育，2020（8）：16-20.

2. 课程理念和目标

"文化情境"校本课程所秉持的理念是在学校文化建设及课程教学中，利用地方乡土文化资源项目内容，创设"文化欣赏、学习、陶冶、演作"的教育教学情境，激发学生热情与"乡情"，鼓励学生为乡土文化的传承与弘扬，为家乡的发展建设，为"乡亲"们的事业献策献力。

课程目标：扩展对乡土文化知识的认识了解；加强对乡土文化艺术技艺的熟悉掌握与表现；发展物质及理念文化的实践、批判、创新的能力和精神；加深对家乡社会、乡里乡亲、乡土文化的崇敬、眷恋与热爱情感；树立为家乡富裕、国家富强而奉献自我的志向。

3. 课程编制与实施程式

（1）编制"文化情境"校本课程教材。包括乡土文化资源的选择与形式设计。

（2）配备专业教师。包括校内选择培养专业教师和校外聘请地方专业人士。

（3）"文化情境"校本课程实施试验及总结。主要为"文化情境"在具体课程实施过程中的创设及展现，对初步的学习效果的评价。

（4）课程实施与校园文化建设。正式的课程实施过程，学校的校园文化建设及文化氛围的营造，涉及学校的各个方面，需要学校有统一的"文化情境"校本课程建设规划和安排。

（5）学生"演作"。一是学生演习和研习；二是学生在校外的社会实践应用。

（6）"为家乡做一点事"活动的开展。根据文化项目和内容以及学生特长善用水平，开展文化产业创意、传承文化遗产项目、文艺经济咨询、手工艺推广、文物遗址保护、民俗产品市场开拓等各项活动。

4. "文化情境"校本课程模式解释

"文化情境"校本课程模式的实施过程基本可以用"请进来"和"走出去"的状态来概括。"请进来"主要是"请"具有典型性的乡土文化艺术类型项目走进校园和课堂，让学生欣赏、演练和掌握并提升其文化修养，并一定程度地传承乡土文化。"走出去"主要是在教师和专业人士指导下，在校外机构协调助力下，学生将其所学文化艺术技艺等文化内容，在校外社会层面进行展示、表演、传授及区域国际交流推广等，并进行相关社会政治事业、经济产业及其他事项的利用开发活动，与地方社会中的"文化搭台、经贸唱戏"相契合并进一步发展到"文化搭台、文艺唱戏"，以推动地方社会事业的发展进步。

"文化情境"校本课程的内容主要为当地乡土文化中的各类资源类型及形式，除运用课程理论中"三个筛子"的原则进行选择外，还需要运用社会效益（包括政治、经济方面）原则进行选择。对其的评价除了课程理论中所运用的评价原则外，还要运用社会经济效益原则进行评价。

"文化情境"校本课程的教学形式要不拘一格，呈现"开放化、多样化、演练化、实地化"的"文化艺术情境"特点，学生学习相关课程内容，欣赏感受和练习掌握是重点，因此学生在课程学习过程中，教师要关注、学生要主动进行"兴趣、特长、演练、应用"的教与学准则，最终的教与学目标或结果是学生"既有体会又有实操，既有思想又有产品（作品），既有眼光又有行动、既有传承又有创造"，这一点是"文化情境"校本课程的着眼点和关键所在。

基于上述构想，"文化情境"校本课程的教授对象在教与学过程中有所倾向。对于初中生和小学生，该课程教与学注重"欣赏、感受、表现或展示"的"文化陶冶模式"；对于高中生和地方高校大学生，该课程教与学关注"欣赏、表现或展示、演练、应用开发"的"文化产业模式"。

微思考

对"文化情境"校本课程开发模式进行评价，并尝试自主设计一种乡土文化校本课程开发模式。

第二节　乡土文化与校本课程的学理基础

一、乡土文化作为课程资源（乡土课程资源）

在新课程改革与实践过程中，校本课程改革设计中学校所在地方的乡土文化会作为乡土课程资源的开发越来越受到重视，中小学校教师在校本课程开发过程中广泛进行了本地的乡土课程资源的开发与利用。学者们对乡土课程资源的研究也有一定的进展，在现有的研究文献和教育教学经验论述中，对乡土课程资源作为课程内容呈现给学生所具有的特殊教育作用和独特影响效应都有一定的阐述，本文称之为“乡土心理效应”。在此，对乡土课程资源与其心理学理论基础“乡土心理效应”之间的关系做出以下分析。

（一）关于乡土课程资源的认识

乡土课程资源内涵中乡土是重点。所谓乡土，最早的文字记载是我国先秦文献《列子·天瑞》中“友人去乡土，离六亲”一句，乡土意指“家乡”。《辞海》中乡土也指“家乡、故乡”，也泛指“地方”。显然，乡土是一个地域概念。本文中的乡土，蕴含广义和狭义的理解，就国家而言指省（自治区、直辖市）为乡土；就省（自治区、直辖市）而言指县市为乡土；就县市而言指乡村为乡土；就中小学校而言其所处市县乡为乡土。所谓课程资源是指在学校、社会、自然中所有有利于课程实施、有利于达到课程标准和实现教育目的的资源。而乡土课程资源是包含在课程资源中的一个方面的资源。

编者认为乡土课程资源具有以下特征：①“潜在性”，只有课程主体自觉能动地赋值、开掘、改造、利用课程资源，才能转化成现实的课程构成和条件并发挥作用；②“本土性”，指学生、学校所处地域内的能利用的资源；③普遍性，乡土课程资源存在于本地区域内的一切人、事、物及环境之中；④“原生态”，是指未经任何加工处理的可利用的资源；⑤民族性，乡土必定与地方民众或民族特质密切联系在一起，民众和民族文化是乡土课程资源的主体，在多民族地区，乡土课程资源的民族性是其必然的特征；⑥教育性，具备高尚、先进、积极教育意义的资源。

（二）关于“乡土心理效应”的表征

所谓“乡土心理效应”，一般是指个体对于自己“本乡本土”的人、事、物具有特殊的情意，易为其所触动。在学校课程教学内容中利用乡土课程资源来适应学生成长发展的心理特征，能给学生以独特影响效果和特殊教育作用，以达成所期望的教育教学成效。一些学者相关研究理论均指出存在这样的“效应”表征。

1. 自我适切表征

利用乡土课程资源使青少年能够很好地认识自我，因为只有自己所处的环境和熟悉的情境与经验才能反映自己的行为，观照自己的内心，本乡本土更适切自己。

认识他人必须首先认识自己，要使青少年正确地认识世界，无论是在家庭、社会还是学校进行的教育，都应首先使他们认识自己。只有在这个时候，他们才能真正设身处地去理解他人的反应。在学校培养这种情感同化的态度，会对一个人一生的社会行为产生积极影响。

2. 知识经验表征

从书本知识中训练出来的学生，一般在学习过程中缺乏主体性，没有主体经验的存在，更没有尝试用自己的主体经验去印证客体经验，便直接把客体经验输入自己的认知结构，当作自己的经验。利用乡土课程资源能够更好地打开学生的主体经验，与客体经验结合，构建完全的知识结构。

学校教育应该更重视主体经验，教育内容应该回归知识的本来面目，把知识还原为人与世界互动的经验，而非疏离于人主体经验之外的概念与资讯。[①]

3. 情感体验表征

在课程教学内容中融入乡土课程资源更能感染学生，激发其强烈的情感体验。课程中的“乡情”能达到诸多学生所期望的教育效果。

乡土课程资源以学生所生长、所浸润的“乡土”为教育内容，更能使学生在精神理念、志趣才能、心理品质方面得到其他课程无法比拟的教育影响。乡土能激发学生的乡土体验。乡土体验是由“乡土认识”“乡土感情”和“乡土意欲”三方面的有机统一得到实现的。“乡土认识”反映个体对其乡土的认识。“乡土感情”体现个体对其乡土的“安定感”。“乡土意欲”是个体对乡土的关心，即“责任感”。所以，以乡土课程资源为内容的乡土教育对培养学生的积极生活态度、志趣发展、才能具备和个性形成等起到决定性作用。[②]

4. 文化认同表征

对民族地区学校的学生来说，课程教学内容中的乡土课程资源承载着自己所属民族的文化内涵，是自己民族属性的表征，也是自我民族认同的标志。

上述表征理论都谈到乡土课程资源在学生心理上引起的特殊反应以及在教育影响方面独特而显著的作用。那么，心理学相关的研究是否证实真正存在这种“乡土心理效应”？对我们进行课程改革，开发和利用乡土课程资源是否具有指导意义？此乡土课程资源开发的学理是否存在？

微思考

选择一种“乡土心理效应”表征进行分析。

二、乡土课程资源开发的学理分析

（一）心理学相关的研究

关于乡土课程资源开发的学理，心理学有相关的研究论述。

皮亚杰的认知发展理论中提出：教育的真正目的不是增加儿童的知识，而是设置充满智慧刺激的环境，让儿童自行探索、主动地学到知识。[③]

布鲁纳的发现学习理论认为：在教学过程中，学生是一个积极的探究者。学习的主要目的不是要记住教师和教科书上所讲的内容，而是要学生参与建立该学科的知识体系的过程。强调直觉思维，认为教师在学生的探究活动中要帮助学生形成丰富的想象，防止过早语言化。与其指示学生如何做，不如让学生自己试着做，边做边想。强调内在动机，认为学生容易受好奇心驱使，对探究未知的结果表现出兴趣。[④]

奥苏贝尔的意义学习理论认为：当学生把教学内容与自己的认知结构联系起来时，意义学习便发生了。因此，要促进新知识的学习，首先要增强学生认知结构中与新知识有关的观念。[⑤]

杜威的“教育即生活”理论中提出：学校教育的职责在于平衡社会生活和环境中的各种成

① 黄武雄. 学校在窗外［M］. 北京：首都师范大学出版社，2009：121.
② 李素梅. 中国乡土教材的百年嬗变及其文化功能考察［M］. 北京：民族出版社，2010：5.
③ 张春兴. 教育心理学［M］. 杭州：浙江教育出版社，1998：112.
④⑤ 施良方. 学习论：学习心理学的理论与原理［M］. 北京：人民教育出版社，1994：225-227.

分，保证使每个人都有机会避免他所在社会群体的限制，并和更广阔的环境建立充满生气的联系。①

陶行知的“生活即教育”理论中提出：生活教育是给生活以教育，用生活来教育，为生活向前向上的需要而教育。从生活与教育的关系上说，是生活决定教育。从效力上说，教育要通过生活才能发出力量而成为真正的教育。他认为，“学校里的教育太枯燥了，必须得把社会里的生活搬一些进来，才有意思”，“这好比笼子里面囚着几只小鸟，养鸟者顾念鸟儿寂寞，搬来一两个树枝进笼，以便鸟儿跳得好玩”，“然而鸟笼毕竟还是鸟笼，绝不是鸟的世界”。

戴尔的经验塔（如图5-1）理论提出：学生用其感官亲身参与的直接经验能提高学习动机和兴趣，并能以习得的经验为基础，继续发展其学习能力。

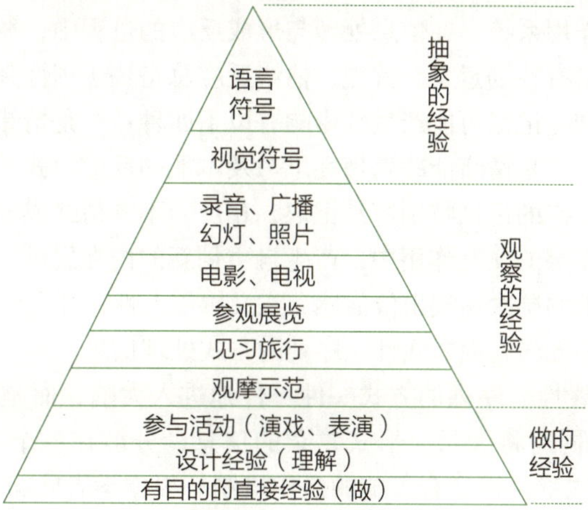

图5-1 戴尔的经验塔

以上心理学的研究理论均表明，个体所处的生活环境与经历的成长过程（乡土课程资源的接受）构成了直接经验，为后续的发展提供了重要基础，而间接经验和替代经验的持续建立也必须依靠个体的生活环境和成长过程（乡土课程资源的伴随接受）的继续支持。只有当个体对事物的意义（乡土课程资源所提供的背景）有了认识以后，才能更好地热爱它和接受它。

（二）由乡土文化激发“乡土心理效应”产生的心理机制分析

编者认为，“乡土心理效应”产生的心理机制，就目前心理学界所提出的理论来看，以“脑相容”理论观点来进行解释是较为合适的。

脑相容一词最早由列斯力·哈特（Leslie A，Hart）提出，他主张根据人类自然学习行为的观察发现，设计与人脑运作模式和学习倾向相容的课程与教学。随着脑神经科学研究成果的累积与应用的推广，在课程与教学方面，目前已有多位学者提出“与人脑相容”的教学观念，逐渐形成“脑相容”学习理论。在课程设计方面，“脑相容”的课程规划理念，乃是基于人脑主要的运作机制及学习倾向，而不是让人脑来适应课程的观念。综合多位学者的研究，发现“脑相容”学习观念的立论依据如下。

（1）人脑是先天的学习器官，是一个适合做意义丰富的事且在自在的情境中整体性作业的系统。

人脑是先天的学习器官，以“组型”、意义的搜寻，联结、组串的方式处理信息，永不停

① 杜威．民主主义与教育［M］．王承绪，译．北京：人民教育出版社，1990：23.

息，所以学习对它来说是自然而然的事。在安全、祥和、受鼓励、积极的气氛中，加上新奇性与挑战性的学习内容，人脑最能发挥功能，反之，在感受威胁、不安的气氛中，人脑会产生“退缩”的现象。

人脑大致分成三个系统：一是脑干，为本能脑；二是边缘系统，为情绪记忆脑；三是大脑皮层，为整合脑。三个系统各自具备独立功能，分别对应生存、情绪和理性三种作用，彼此之间有密切的联结关系，形成相互关联的整体，乃三位一体的作业系统。据加德纳（Gardner）博士的研究证实，人脑至少具备8种先天智能，这些智慧都与在富有变化的自然环境下进行操作与问题解决的能力有密切关联，然而，任何正确与适当的表现，都是各自智能充分整合的结果。

（2）认知、记忆、情绪三者密不可分，而情绪作用具有特别意义。

人脑是三位一体的作用系统，在信息处理与形成反应的过程中，彼此之间自然是密切交互作用，然而，情绪作用则具有特别意义。首先，情绪反应总是快于理性判断，而且对记忆有加深和过滤的作用，其对于认知与记忆可能产生的影响有以下四种：一是情绪中枢影响进入长期记忆系统的经验的选择与分类。二是情绪能凌驾理性思考及本能的反应模式。三是情绪是许多经验的重要成分，具有特别情绪状态的记忆特别容易记取，相反，不含情绪成分的记忆几乎是不可能的。四是在情绪中枢与大脑皮层的交互作用中，产生自主创新的内在思维、自我反省与激发潜能的作用，人类因此从本能欲求的层次展现出价值感、意义感等人性特征。

（3）人脑以平行、多元的，而非线性、序列的方式处理信息。

外界的信息不是以线性、序列的方式一件一件地进入大脑，而是同时大量地进入。人脑则以平行、多元的方式，同时将大量、形式复杂的信息，分散在各个不同的区域加以处理。所以，线性序列的学习方式不见得适合人脑的运作机制。根据学者Means和Knapp的研究，学习不好的学生可以在意义化及关联性的脉络中学会基本技能，并且能从同时强调解答与如何获得解答的教学指导中得到学习进展。换言之，复杂的技能不一定以熟练基本技能开始依序前进的方式进行。

（4）人脑具有自我创造的特性。

人脑不只是组型与意义的搜寻者，也是创造者。从许多事实中可以推断出，人脑是具有自我创造特性的学习型组织结构。“脑相容”的概念固然带有电脑的隐喻，但如果认为人脑只是比电脑更复杂的机械，则是一种误解。电脑的知识是内建的，人脑中的知识是建构的；在处理信息方面，电脑虽然也有平行处理的功能，但必须依照设定的程序进行，人脑则是典型的经验学习结构，其复杂的神经网络是多重模式、多重路径的联结，能以多重的方式处理从感官进入的信息，同时与外在环境维持不断的互动，而且其内外状态及关系的变化是非线性的。就功能而言，电脑功能再强也无法脱离一定的顺序、逻辑或资料供给，无法处理带有自我指涉或自我参照叠加性质的材料，除非预先设定一个临界值或分歧点，要不然系统就会无法停止运作，但是人脑是具有自我组织与自我创造特性的系统，没有固定的资料输入与输出形式，在面对诸如“来即不来，不来即来”“心念快过光速”等矛盾对立、带有玄机的问题时，则可能有创造性的顿悟而获得新的认知，或者是让这团混沌继续在心智上激荡、酝酿等待顿悟的出现。

（5）人类重要的基本能力，都是以整体而自然的方式习得的。

人脑与身体共同组成适应外在环境与解决问题的有机体，而人先天上就是一个被设计用以应付不断改变与挑战的外在环境的器官。所以学习的意义就人脑而言，是获得回应外在环境挑战的能力，而且是具备适应性、发展性与创造性的基本能力，而不是一对一的绝技。从人类的学习行为与观察，可以发现许多重要、有用的基本能力，是透过整体性、真实的学习自然学会的。以维果茨基（Vygotsky）的语言学研究、以Hart学骑单车为例，儿童透过游戏自然学会人际互动的技能与社会性规范，都可说明在自然学习中获得重要基本能力，而且不一定是困难或必须消耗很大的心力，才能学会，就“脑相容”的观点而言，学习困难来自欠缺自然、真实、没有压力的学习机会与环境。简言之，从演化的观点看人类重要能力的学习，若学习是从生活、生存开展出来，结合学习者的意义追寻倾向，能落入真实、自然的学习情境中，这种能力的学习对一般人而言，毫无困难。学习的困难从人脑的运作机制而言，关键在于知识与技能被抽离、分解，以至于丧失整体感与意义感，学习者又被限制在时间有限、方式僵化的人为学习情境下。

—— 微思考

关于“脑相容”理论，如何理解？

三、依据脑相容的观点进行乡土课程资源开发

从人脑运作机制与人类学习行为的观察所形成的脑相容概念看来，乡土课程资源开发则使学校课程具备如下理念。

（一）使知识合乎人与环境密切联系的现实

人和环境的关系表现为采取行动、解决问题，这种能力是整体性的。无论个人或集体，面临需要解决的问题时，大到生存挑战，小至饮食穿衣，其实都是无法分割的整体，很难说哪一部属于历史问题，哪一部分属于地理问题，哪一部分属于社会问题。所以从“脑相容”的概念来说，目前学校传统的分科课程，缺乏乡土知识，不容生活体验，将学习经验割裂，不利于学生问题解决能力的培养。

（二）建立知识的关联性，符合脑神经网络的联结机制

人类许多共同的行为倾向，如意义的搜寻、行为的组串、联结等，往往与人脑的生理结构与运作机制有一种对应关系。这种现象在课程与教学上值得注意。知识与技能的发明与发展也是如此。任何知识与技能都是“镶嵌”在更大的知识与技能系统中，彼此之间互相关联与牵涉。对学生来说，学校课程知识是“镶嵌”在他已有的知识与经验背景中，其中乡土知识与经验构成了绝大部分。知识不只是被纳入记忆系统中的许多知性要素，而必须能适应复杂的动态的情境，发挥创造性与解决问题的工具。显然，缺乏乡土知识和经验的课程内容无法实现这样的目标。

（三）扩大学习探索的机会，充分发挥人脑潜能

人脑具备巨大潜能，在目前课程学习过程中，只注重局部的人脑运作方式，如单一的间接知识的记忆，造成人脑潜能的消耗与浪费。增加乡土课程知识和经验，与学生当下的知识学习和背景知识联系起来，相互依赖性质的学习机会被建立起来，人脑复杂的功能得到最佳运作，会更好地发展学生的智能。

（四）提供意义性、脉络性与整体性的学习环境

“脑相容”学习论者认为，学习是先天的功能，也应该是容易而自然的。因为人脑是模式、意义的搜寻者，也是发现者与创造者，而真正重要与有用的基本能力，都是在充满意义性、脉络性与整体性的学习情境下，自然学习中学得的，关键是要提供丰富、安全自在的学习环境，接触意义化的学习内容。现有学校课程中乡土课程资源开发利用是一条途径。

（五）重视情感作用，使学习更具兴趣

人脑研究发现，认知、记忆与情绪三者关系密切，特别是情绪“走”在认知之前，这给课程与教学带来了新的启示。因此，充满情感色彩的乡土课程资源将使学生的课程学习更有动力、更具兴趣、更易取得实效。

（六）知识的意义性先于系统性，落实以学习者为中心的教育理念

我们一般认为学习障碍归因于学习者的智能不足或知识呈现方式不当，通常以外在的奖惩与激励，以及简化教材的方式试图克服学习者的学习障碍，但却经常因为学习者拒绝学习的态度而失败。从人脑研究可以解释这种现象，因为简化与外在的奖惩并未提高学习的意义性，如果学习让学习者觉得无聊、无趣，或者教师所传授的知识和学习者的生活经验、现实世界和未来的理想无关，学习者认为没有价值，人脑的学习智能就会受到影响，形成学习障碍。因此，学习的意义化不足是造成学习挫败的关键因素。对学生来说，充满意义的乡土知识经验可以消除过去一般意义上的学习障碍，使占有一定比例的具有学习障碍的学生获得“解放”。

应该说，“脑相容”的理论为当下的新课程改革提供了借鉴和启示意义，而不仅仅是为乡土课程资源的开发利用提供佐证。但课程改革的核心在于课程内容的选择，面对传统课程的种种问题，研究者及教师的目光不约而同地集中在乡土课程资源的开发利用方面，这说明在我们所期望的具有理想特质的人才培养上，乡土知识与经验有其特殊而重要的意义，心理学的相关研究及“脑相容”的观点为乡土课程资源的开发铺垫了一条道路。

微思考

“脑相容”理论能否成为乡土文化校本课程开发的理论基础（或学理基础）？

第三节　乡土文化校本课程开发策略实践分析

校本课程及乡土文化校本课程在课程具体开发过程中，所能依据的开发模式是现有的课程开发模式，比较具有操作性指导作用的是经典的“泰勒模式”。对于校本课程具有指导作用的“施瓦布实践模式”与“斯滕豪斯过程模式”只是一种基础理论和课程理念，并不具有一般课程开发模式的操作性指导内涵。校本课程开发没有现成的模式可以依据，加之每个学校都是具体的、独特的，因此，校本课程开发是一个基于本校在课程改革实践中不断生长变化的过程，乡土文化校本课程更是如此。当下，以学界学者研究达成共识的校本课程开发流程观点，即组织建立、情境（或现状）分析、目标拟订、方案编制、实施与评价（或解释与实施、评价与修订）五大（或六大）流程，来说明基于地方乡土文化进行校本课程开发的策略。

基于乡土文化开发的校本课程，在编制过程中主要考虑的应该是学校所在地方乡土文化与学校教育理念和办学目标之间的关系；需要在此过程中达成的目的是凸显办学特色与培养人才特色。

参考一些学者的研究观点，编者认为乡土文化校本课程开发流程策略有以下几种。

一、五大流程策略

一般校本课程开发流程有组织建立、情境分析、目标拟订、方案编制、课程实施五大流程。

（一）组织建立

乡土文化校本课程开发中的起步环节是课程开发组织机构的建立，其主要作用是明确“干什么”“是谁”“每个人干什么”“谁是头”的问题，即“主要议题”“参与人员”“角色到位”“领导决策”。最能体现乡土文化校本课程开发特点的是组织结构中的成员必须有一部分“乡土人”即本地人，他们可以是课程决策编制者，也可以是地方名人专家担任传授者，这是校本课程具有乡土文化属性的一个组织保障。

（二）情境分析：前期基础性准备工作

乡土文化校本课程开发在具体的资源选择、目标设计、方案制订等工作之前，需要对学生、教师、学校及学校所在地方做考察了解，课程决策开发者对上述要点要有一个基本的、全局性的或整体性的印象或概念。为便于组织安排，可以将情境分析分为校外与校内两个领域的情境分析。校外情境分析重在对所在地方的乡土文化资源做分析；校内情境分析主要是指对学生、教师、办学目标及规划、办学条件、学校文化及组织领导机构等做分析。其中，校外乡土文化资源和校内校园文化资源是分析的重点。情境分析有以下两个要求。

1. 全面考察：SWOT分析

乡土文化校本课程开发情境分析中，需要对校外校内影响因素做全面考察，要保证课程的精准质量。依据相关学者的研究，借助SWOT模式（S即Strengths，表示优势；W即Weaknesses，表示劣势；O即Opportunities，表示机会；T即Threats，表示威胁），可以全面系统地认识课程开发的内外部条件，便于决策开发者深度了解现状，高度预测目标，因地、因校制宜来进行乡土文化校本课程开发编制。下面用研究案例（表5-2）来说明SWOT分析的运用策略。

表5-2　北京市某中学基于乡土文化校本课程开发的SWOT分析①

	S（优势）	W（劣势）	O（机会）	T（威胁）
地理环境	地处北京市区东北角，是该地区的名校；有丰富的古迹文化资源，繁荣的经济市场，浓厚的人文气氛	地域狭窄，缺乏发展空间，影响学校活动的开展；学校周边交通拥堵，环境嘈杂，影响校外活动的开展	孔庙、地坛、雍和宫等历史文化资源，中央乐团、煤矿文工团、国际展览中心、现代文学馆等现代文化资源都可以作为校本课程开发的素材资源，有助于实现课程目标；作为地区经济发展中心，可以预示社会需要的发展方向，以便确定校本课程开发的目标	经济发达带来的一些负面的社会意识形态直接影响学生学习的价值取向
社区文化资源	学校地处和平里社区，是一个较大规模的成熟社区，文化气息浓郁，充满人文情怀，各种设施齐备；社区积极参与学校管理，与学校形成良好互动	部分社区资源未能有效整合	社区可以提供丰富的课程素材资源与条件资源，共同担负教育的责任	社区总体规划理念仍待整合；社区教育观念不到位，对校本课程开发不够了解

① 刘英琦，等. 校本课程的开发研究［M］. 长春：东北师范大学出版社，2005：81-82.

续表

	S（优势）	W（劣势）	O（机会）	T（威胁）
学校规模	1958年建立的北京市重点中学；学校规模较大，教学班76个，在校生3662人	一校三址办学；目前正在扩建，学校教学资源紧张	学生众多，提供了良好的教育研究机会；学校基础较好，已形成办学特色，有发展基础	师生活动空间不足，不宜形成校园文化氛围；教师暂时缺乏研究空间

从上述案例中可看出，此分析法对课程开发的优势、劣势、机会、威胁的分析清晰准确，对乡土文化校本课程的开发编制进行定位，这一步骤对于建设一个高质量的乡土文化校本课程是必不可少的。

2. 重点关注：乡土文化资源调查

乡土文化资源包括学校的文化资源，这一方面的优势在于课程决策开发者是比较熟悉的。关键在于校外即学校所在地方的乡土文化资源是纷繁而广袤的，劣势在于课程决策开发者对此并不十分熟悉。所以，在情境分析中的重点工作是对地方乡土文化资源的考察，对其进行有目的、有组织、有计划的考察、调查是极为重要的。

案例

泰州市某小学溱潼古镇乡土文化资源调查①

溱潼古镇地方乡土文化资源包括：①镇区的文化遗迹，如古墓葬、古城墙遗址、古运河码头等。②镇区居民的历史与现状，如居民的迁居史，民族构成及居住状况。③镇区的水文化，如渔业捕捞、水面养殖、航运、造船、水上庙会、龙舟比赛等。④镇区的名人生平与风范，如储巏、孙乔年、高二适、李德仁、李德毅、吴为山、李宓等。⑤镇区的古建筑风貌与历史内涵，如寿圣寺、水云楼、绿树院、老井石巷等。⑥镇区的民俗风情，如会船节、舞龙、舞狮、庙会、花鼓、荷花灯、七星灯等。⑦镇区的美食文化，如溱湖八鲜宴、鱼饼、虾球、溱湖簖蟹、溱湖银鱼、溱湖青虾、溱湖野鸭等。⑧镇区的生态景观文化，如溱湖八景、溱湖湿地公园、名树古木等。

泰州市某小学通过对当地乡土文化资源的调查，利用镇区的乡土文化资源开展研究性学习。学生研究的课题有“溱潼乡土文化与溱潼未来发展的文化定位”“溱潼古镇的旅游价值分析”“溱潼砖瓦建筑文化研究”“高二适旧居的文化价值”等。这些研究课题的开展对该校乡土文化校本课程开发有重要作用。

（三）目标拟订

乡土文化校本课程的目标侧重点在于乡土文化资源在课程中的地位和在学生培养中的作用，实际上也就是学校的办学特色之一和主要的人才培养特色。按照课程或校本课程的基本要求，乡土文化校本课程目标可分为两部分，即一般目标和具体目标。

① 泰州中小学乡土文化校本课程系列（2017—2022）.泰州学院教育科学学院“中小学校本课程”开发教学档案，2022.

（四）方案编制：课程模样的初步构想

一般校本课程方案编制会有以下资料：《校本课程开发指南》《校本课程目录与课程介绍》《校本课程设计方案》《校本课程实施纲要》等。关于乡土文化校本课程开发中的“方案编制”，有以下三个方面需要重点说明。

1. 确立开发方向

（1）根据办学理念确立开发方向。乡土文化校本课程开发要以学校的办学理念为准，这也是学校教育哲学（包括校长的教育哲学、教师的教学理念等）的解读和观念转化为办学目标和方向的过程，并使学校的培养目标或教育宗旨能以操作性定义在课程开发系列材料中清楚表述，也要使所有参与课程开发的人员知晓和理解，深入到开发者的认识和思想层面。例如，泰州市口岸实验学校是泰州历史悠久的重点学校，学校努力形成以“三风”即校风“立德笃行超越”、教风“尊重合作开放”、学风“自主思辨博学”为内核的办学特色，以校训、校歌、校史、校容及家乡精神等内容组成学校文化内容，让优良传统得以发扬光大，让校园文化植根沃土，让进取精神渗透于文化熏陶之中。该学校开展以“学会生活，独立自我，文化课堂，和谐教学”为主题的教育教学改革与实验，期望能成为一个师生“自主合作、立德博学”的现代学校。在这一主题的指导下，该学校设置了“校史阅览”“口岸历史名人风范”“我的家风”“非遗赞歌”“泰州地产果蔬介绍”等乡土文化校本课程。

（2）根据学校实际和地方特点确立开发方向。校本课程的开发方向要根据学校自身的实际来确定。学校要明白自身的优势和劣势，扬长避短，取长补短。例如，泰州兴化市沙沟镇中心小学位于乡村农区，与市区学校相比，师资力量和设施条件较差，但校外乡土文化资源十分丰富。这里“水文化”兴盛，是“两湖五荡”、物产丰富的鱼米之乡。古镇历史文化丰厚，名人辈出，民俗独特，历史遗址和红色革命遗址众多，明清古建筑留存较多且保存完好。有众多非物质文化遗产项目，如段氏板凳龙、渔具渔法、沙沟鱼圆制作工艺、藕夹子制作工艺等。还有特色小吃、民间故事传说、名木古树、旧时宗祠、经商行当旧址等物质精神文化资源。该学校可以开设“传统工艺制作课”“编织课”“家乡美食课”“老街古巷探索课”“沙沟历史课”等乡土文化校本课程。这样的课程可以真正做到以学生为主体，让学生自己主动探究，产生兴趣及成就感，让学生的个性得到凸显。

2. 完善课程目标

乡土文化校本课程目标不能与国家课程目标相悖，在此前提下，更多的是要考虑学生的探究性学习、体验性学习、实践性学习及其主动积极开放的学习状态。乡土文化校本课程的目标指向主要是学生自身的综合素养，其包括情感态度、价值观、学习策略、文化意识、综合知识、社交能力等各个方面。其中文化意识是学生在学习过程中对文化的一种觉察、感悟和理解，乡土文化校本课程对此应尤为关注。

案例

兴化市某小学“浸润挑花之美”校本课程目标①

“浸润挑花之美”校本课程开发的总目标在于全面提高学生的综合素养，尤其是科学素养和人文素养。课程旨在帮助学生拓展知识视野，认识家乡文化的丰厚博大，不断汲

① 泰州中小学乡土文化校本课程系列（2017—2022）．泰州学院教育科学学院“中小学校本课程”开发教学档案，2022.

取劳动人民的文化智慧，发展学生的科学研究能力。课程要求学生初步了解青布挑花的历史文化，基本学会青布挑花技艺以及能够领会青布挑花技艺之美，培养学生的动手能力。在教学过程中，通过学生的自主学习，教师辅助的教学概念，积极培养学生的自主思考能力，努力构建学生的创新思维体系。具体目标描述如下。

1. 知识与技能：①认识青布挑花这一传统技艺。通过课前自主收集资料、上课时教师的专业讲解，初步了解青布挑花的历史文化和一般制作过程。②通过自主设计花式，挖掘学生的艺术创造力，提高学生对颜色的识别能力，培养学生对美的欣赏与鉴赏能力。③通过名家讲授挑花技艺重点，外加亲自动手，感受挑花技艺，在实践过程中，初步掌握青布挑花的技巧。

2. 过程与方法：①邀请青布挑花非物质文化继承人讲述自身与青布挑花的故事，与学生进行挑花技艺层面上的沟通交流。②组织学生到兴化当地的博物馆，观赏青布挑花技艺有关的艺术品，感受独特技艺之美。③通过构建学习共同体、自主举办班级挑花作品展览，培养学生的合作意识和对于美的欣赏能力。

3. 情感态度与价值观：①在挑花技艺的学习过程中，培养学生的耐心与细心。②通过课程的开设，培养学生对本土文化的认同感，增强对家乡的热爱。③培养学生对传统技艺的尊重感。

乡土文化校本课程目标的多样化是其突出的特点，在课程目标确立过程中要重点关注此特点。以上两个方面也能说明流程第三环节即“目标拟订”的基本要求。

3. 选择课程内容

课程内容的搜集选择和编纂处理是课程开发设计的核心问题，乡土文化校本课程内容具有开放性、综合性、现实性的特点。开放性指课程内容是全球化与本土化的结合，既有共同话题，又有地方特色。综合性指课程内容以乡土文化为核心，涉及多方面领域。现实性指课程内容更多地源于现实生活和生产实践。在选择课程内容的过程中需要关注这些特点，以精准对接课程目标和学生状态。课程内容的选择可参考兴化市某小学“浸润挑花之美”校本课程内容设计（表5-3）。

表5-3 “浸润挑花之美”校本课程内容设计①

主题	内容	实施要求
开放	学校渊源：由教师按照书本内容进行讲解 走进挑花：学生自主制作PPT，上台解说青布挑花有关内容。教师根据学生讲述的PPT内容进行点评以及相关知识的补充	语言生动简约，能使学生更好地了解学校及课程开设的意义；强调新课改中学生“主动参与、乐于探索、勤于动手”的要求；转变传统的“教师讲，学生听”的学习方式；通过学生自主收集资料、制作PPT等形式来使学生成为“课堂的主人”
自主	花式设计：在教师的指导下，欣赏现有的花式，并对花式进行模仿，最后自主设计花式并说明设计思路	由欣赏到模仿再到创新。要求突出对学生创新精神与实践能力的培养，重视学生欣赏力以及表现力的培养

① 泰州中小学乡土文化校本课程系列（2017—2022）. 泰州学院教育科学学院“中小学校本课程”开发教学档案，2022.

续表

主题	内容	实施要求
反思	技艺学习：通过非物质文化继承人的指导+学生自主构建困难互助共同体来进行课本上详细介绍的六种挑花技艺的学习。最后根据学习的技艺，按照之前设计的花式，完成挑花作品	要求做好协调统一的工作。利用兴化市的本土资源；邀请非物质文化继承人来学校进行指导教学；通过构建困难互助共同体，培养学生的团结协作能力
成长	展览汇报：以班级的形式，进行学习成果展示。最后让学生回顾、反思学习历程，写下自己的心得感悟	使学生形成正确的评价观，能够学会欣赏他人的作品以及以批判进取的眼光看待自己的作品；通过成果展示，使学生能够欣赏传统技艺之美，并对兴化市的传统文化产生浓厚的兴趣

（五）课程实施：课程状态的实践检验

课程实施是将课程方案进行实践或实验的过程，在此过程中也相应包括一些重要程式，包括课程解释、课程评价、课程修订等。

1. 课程解释

课程解释首先是对过去的课程实施经验进行的反思以及对相关革新理论的研究和对未来课程发展的预测；其次是对学校教育哲学即校长的教育哲学、教师的教学理念或课程哲学，以及学校的办学理念内涵的解释。后者在学界的相关研究较少，下面以案例的形式对学校教育哲学予以说明。

案例

泰兴洋思中学的“洋思理念”①

“洋思理念”是没有教不好的学生。

理念生成：没有教不好的学生，源自校长蔡林森教子的故事。

理念内涵：没有教不好的学生，这句话出自我国现代教育家陈鹤琴，他强调的是教育者对孩子的一种责任和信念及基于这种责任和信念对自己的严格要求，就是不轻易对任何学生丧失信心。“洋思人”认为，“好”内容是多元的，包含行为习惯、身体素质、思想品德、学业成绩等各个方面；“好”的标准是动态的、发展性的、相对而言的，重点在学生的进步。“洋思人”还认为，学生有差异无差生；每个“差生”都不叫差生，应叫“学习潜能生”；全体老师应该感谢“差生”，感谢他们提供了教育案例和教育的契机，他们是教育的资源。

践行理念：良好习惯养成、优美环境熏陶、多彩活动搭台、多元评价激励、坚持均衡教育、坚持科学施教、抓好起始年级等。

此案例反映出学校教育哲学来源于校长的教育哲学，在此理念的导引下，学校一系列教育教学内容、形式、策略及方法等均指向于实现全体学生的成长进步。

① 泰州中小学乡土文化校本课程系列（2017—2022）. 泰州学院教育科学学院“中小学校本课程”开发教学档案，2022.

校长的教育哲学往往与学校的办学理念和所设置课程的培养目标紧密结合在一起。若某学校开发校本课程，则此学校会设定整体的校本课程教育哲学观念，这个观念基本上可以看作是校长的教育哲学内涵。

案例

姜堰区某小学“我爱家乡”系列乡土文化校本课程教育哲学①

学校开设姜堰乡土文化校本课程“我爱家乡”的理念：①“乡情”（情况）：让学生了解家乡面貌，熟悉家乡情况。②“乡亲”：让学生联系乡里乡亲，加强交往交流。③“乡情”（情感）：建立念家乡、爱家乡、恋家乡的情感。④“乡归”：即回馈家乡、助力家乡和建设家乡。

教师的教学理念或课程哲学与学校的办学理念和总的课程培养目标是对应的，也可以说，与校长的教育哲学是同质的。但教师的教学理念带有个人的教学风格，其课程哲学具有所编制课程的指向性和适切性，因此与校长的教育哲学并不完全一致。

案例

兴化市某小学“浸润挑花之美”校本课程编制中教师的课程哲学②

对于课程主题的阐释：

1. 自主。基于杜威的“儿童中心论”观点，通过让学生自主收集资料绘制PPT、自主布置作品展以及参与到自身课程的评价这一系列活动，努力使学生自主构建知识体系，加深对知识的印象。

2. 开放。承接“自主”的理念。在本门课程中，涉及设计花式等开放性内容，教师在教学过程不设定具体的框架，只给出主题。主要希望学生能不被传统思维束缚，能够生成自己的理念，拥有开放式的思维，形成具有个人特色的作品。

3. 反思。正如巴尔扎克所说：“反躬自省只会充实我们的头脑。”所以反思对于学生发展而言至关重要。通过回顾本门课程的学习历程，写下自己的心得反思，以及通过欣赏他人作品等形式，来使学生学会用批判进取的眼光看待自己的作品。以此帮助学生批判性思维的形成。

4. 成长。成长是开设本门课程的初衷，也是对学生的美好希冀。希望学生在学习这门课程后，能在知识技能或者情感态度层面有所收益、有所成长。

校长的教育哲学和教师的课程哲学都是他们对教育教学及课程等的探索性思考，是具有个人特色的思想内涵，或有或无，或成型或不成型，是一个“有心”的校长和教师长期教育实践、研究探索的积淀与结果。实际上受社会多种因素制约，在我国学校现实的教育教学，尤其是课程教学中的目标指向和形式操作方面，校长和教师的教育哲学和课程哲学理念基本无法体现，也只有在校本课程及乡土文化校本课程开发中，能在一些方面让校长的教育哲学和教师的课程哲学理念

①② 泰州中小学乡土文化校本课程系列（2017—2022）. 泰州学院教育科学学院“中小学校本课程”开发教学档案，2022.

真正得到展现，这或许是校本课程开发的重要意义之一，即课程从编制到实施的“自主权”。教育哲学是一个较为复杂的知识领域，对其的理解还需要教育者在专门的教育哲学知识系统中进行相关的学习和思考，还需要在自己的教育实践中进行反思，全面而深刻地理解教育哲学，是校本课程开发的重要基础。

2. 课程评价

乡土文化校本课程的评价在价值取向上是要指向“乡土文化资源功能”，即“学生个性自主和谐地发展”的方向；在评价主体上需要多元性和地方性凸显；在评价方式上需要注重过程性和多样化。应该说，乡土文化校本课程属于“文化类”“过程性”“实践性”及“情感性”性质的课程，难以精确评价。

案例

兴化市某小学“浸润挑花之美”校本课程评价设计①

以建立个人的成长记录袋为主要方式。成长记录袋包括等级表、作品集、评论集及课程总结四个部分。

1. 等级表：出勤（准时上课、没有缺课现象，10分）、学习态度（积极参与课堂，主动配合老师展开教学活动，努力与小组成员沟通合作，10分）、PPT讲解（神情自然，举止大方，能够建立联系又不单纯依赖PPT，5分；PPT内容充实，有层次结构，逻辑清晰，5分）、花式设计（富有创意，能展现个人特色，20分）、挑花作品（能够基本学会课堂上所教的针法，并在挑花作品中展现出来，40分）、学习心得（语句流畅，内容真实，学生能够独立完成，10分）。若挑花作品获得班校、乡镇、县市等评选奖项，班级奖项在分数换算成等级的过程中加2分，校级加3分，乡镇级加4分，市省级加5～8分。

2. 作品集：包括学生的优秀作品或照片、荣誉证书。

3. 评论集：针对某一作品，由地方专业人士、家长、教师、同学及学生自己做出的评价。

4. 课程总结：学生自主评价整个学习历程，总结撰写学习心得体会。

上述案例中学生作品要由地方专业人士和家长的评价，并参加当地评比活动。这是乡土文化校本课程评价的主要特色。

3. 课程修订

经过课程实施或实验进行了一定范围中的征求意见和决策开发者的反思后，所编制的乡土文化校本课程会出现一些出乎意料的问题，需要进行处理和解决。乡土文化校本课程中所出现的问题除了具有一般校本课程中会出现的问题外，比较特殊的问题是在乡土文化资源的筛选、设置及呈现方面，与学校现状、学生趋向和办学理念等因素纠结在课程编制中，这需要课程决策开发者综合地、深入地进行考量，在课程修订中以均衡思维处理和解决此类问题。

与课程及校本课程一样，乡土文化校本课程的实施没有统一的模式，或者存在实施中的模式不一，与所开发选择的乡土文化资源项目和内容差异有关。在乡土文化校本课程实施过程中，我们发现了几种根据乡土文化资源类型而实施的校本课程模式，如姜堰区某中学开发的乡土文化与经济建设校本课程“姜堰旅游”；靖江市某小学开发的乡土文化与地方特产校本课程“孤山泥狗子”；兴化市某小学开发的乡土文化与地方校本课程“兴化的河及河名文化”；姜堰区某中学开

① 泰州中小学乡土文化校本课程系列（2017—2022）. 泰州学院教育科学学院“中小学校本课程”开发教学档案，2022.

发的家乡特色文化校本课程“溱潼八说”；泰州市某小学开发的乡土文化与名人校本课程“走近刘绍安”等，这是从一个或几个方面去挖掘、利用乡土文化资源，将资源类型化的校本课程实施。也可以综合、整体性地去开发一个地方的乡土文化资源，如泰州市某中学开发的校本课程“美丽泰州”，姜堰区某中学开发的校本课程“泰州故事”，泰兴市某中学开发的校本课程“黄桥的那年那人那事”等。这些课程开发实施模式所表现出的特点说明学校所在地方乡土文化是校本课程开发中的重要来源。

案例

泰州市某中学“美丽泰州”校本课程内容设计①

第一章　水陆要津　宜居宝地

第一节　通江达海

第二节　气候宜人

第三节　平原水乡

第四节　生态文明

第二章　汉唐古郡　淮海名区

第一节　历史悠久

第二节　英才辈出

第三节　特色文化

第四节　古镇风情

第三章　百业兴旺　经济发达

第一节　鱼米之乡

第二节　工业兴旺

第三节　旅游兴起

第四章　教育兴市　体卫繁荣

第一节　崇文尚学

第二节　健康泰州

案例

泰兴市某中学“黄桥的那年那人那事”校本课程内容结构②

第一讲　感知朴实方言

第二讲　走近古典建筑

第一课时　何氏宗祠

第二课时　黄桥的寺庙与民居建筑群

第三讲　品味舌尖黄桥

第一课时　黄桥烧饼

第二课时　黄桥美味鲜

① 徐金城，等．美丽泰州［M］．南京：南京大学出版社，2017.

② 泰州中小学乡土文化校本课程系列（2017—2022）．泰州学院教育科学学院“中小学校本课程”开发教学档案，2022.

第四讲　探寻商业足迹
第一课时　黄桥老街
第二课时　百年老店
第五讲　对话古代人物
第一课时　顾孝子——顾昕
第二课时　敕命义士——何济
第三课时　太仆寺少卿——何棐
第六讲　陶醉人文气息
第一课时　丁文江、韩秋岩
第二课时　丁西林、朱履先

从上述两个案例可以看出，无关乡土区域限制，学校所在地方均可以整体性地进行乡土文化资源的开发而成为校本课程资源内容。

微思考

评价上述乡土文化校本课程的开发流程，指出其优缺点。

二、其他流程策略

其他乡土文化校本课程开发策略基本以五大流程为基本模式，只是在流程环节的某一方面有所差异，若说是不同的流程，也基本为同质异构情形。例如，有学校以课程开发背景、课程设计、课程实施三大流程来进行乡土文化校本课程开发；有学校以确定课程开发理念、设置课程开发目标、分析课程开发特点、明确课程开发原则、选择课程开发内容、制订课程开发计划、进行课程评价、实施课程管理八项流程进行乡土文化校本课程的开发。再如，国外某学校开发相关地方文化的“适度自主校本课程”，其流程有计划、实施和检查总结三个方面；某学校开发相关地方资源的“环境教育校本课程”，其流程或阶段有“在”环境中的教育（发现）、“关于”环境的教育（了解）、“为了”环境的教育（对策）三个阶段。[①]这些乡土文化校本课程开发的流程策略反映出流程设置与所开发课程的乡土文化资源类型和领域关系密切，或者可以说，没有哪一种开发流程策略是不考虑上述几个关系而制定的。总之，无论是流程策略，还是资源选择或是目标确定，都需要全面考察相关因素，综合运用在课程开发过程中，这样才能有效地进行乡土文化校本课程开发工作。

课后研习

一、认识与探讨

1．乡土文化的课程学理是怎样的？根据自己的理解谈谈想法和认识。

① 吴刚平．校本课程开发［M］．成都：四川教育出版社，2002：221.

2. 以自己所处地方的乡土文化为依据，谈谈校本课程资源开发的领域会涉及哪些内容？

3. 基于地方乡土文化开发的校本课程，你认为哪一种开发模式更适宜？

二、练习与设计

1. 撰写一篇关于“校园文化”的小论文。

2. 设计一门小学乡土文化校本课程的开发流程。

三、阅读与思考

1. 阅读《民俗学原理》一书（乌丙安. 民俗学原理［M］. 沈阳：辽宁大学出版社，2001.），概括民俗学理论观点。

2. 阅读《学校与社会》和《儿童与课程》（杜威. 学校与社会［M］. 刘时工，译. 上海：华东师范大学出版社，2019；杜威. 儿童与课程［M］. 北京：中国传媒大学出版社，2017.）两本书籍，考察学校（或课程）与社会（或文化）的关系。

3. 阅读论文《指向学生中华优秀传统文化认同感提升的校本课程调查》（吕力杰. 指向学生中华传统文化认同提升的校本课程调查［J］. 教育研究，2019.），写一则随笔。

第六章 乡土文化与校本课程开发实习

学习目标

1. 了解“校本课程理论与实践”课程教学实施过程，掌握“主体实践教学法”策略。
2. 了解泰州文化概况及相关研究状况，认识泰州文化的类型范围与价值。
3. 借鉴泰州小学乡土文化校本课程开发实习案例，掌握相关课程开发操作流程，对案例有自主评价。

本章导读

我国中小学校校本课程开发牵涉许多层面和多种因素，而中小学校教师所具有的校本课程意识、相关理论和开发技术是其中一个方面，因此对他们的培训培养就显得极为重要，毕竟在学者关于校本课程概念的理解中有“校本课程开发使教师成为课程开发的主体”①这一认识。普通中小学教师对校本课程开发缺乏相应的理论和技术素养及心理准备，往往形成“临场培训”后的粗放式开发模式，将校本课程课堂延续为换了名称和内容的国家课程课堂，失去了校本课程开发的初衷。这就促使高等师范院校除相关理论学习研究外，还需要进行相应的教育教学改革，设置相关培养课程模块，培养形成未来教师的校本课程意识、理论素养及技能。编者所任教的高等师范院校教师教育专业课程“校本课程理论与实践”在此背景下设置。面对中小学校本课程开发实施的现实，遵循教师教育人才培养的规律，结合高等师范院校教育教学的特点及研究校本课程及开发的本质内涵，进行了该课程所谓“课程主体实践教学法”的尝试，并指导师范生一人一篇，编制了小学泰州乡土文化系列校本课程。

在校本课程资源开发利用内容的选择方面，学校所在地方乡土文化资源自然成为主要的选择内容，这里考虑到以下一些因素，即地方高校师范生大部分是本地生源，比较熟悉乡土文化，有利于发挥师范生的主动积极性；目前中小学校校本课程资源开发多为学校所在地方乡土文化资源内容；中小学校本课程编制也需要考虑学校所在地学生的兴趣需要及资源的适宜性。

第一节 “校本课程理论与实践”课程教学实践

一、课程“主体实践教学法”概述

所谓课程“主体实践教学法”，是指在课程进行的整个过程中，在教师的具体指导下，师范生从理论学习、阅读著作、选题策划、采集资料、编制文本、展示报告诸环节中，发挥主体性、主动性和积极性，自主独立编制“一科一本”小学校本课程，并形成课程教科书文本。在此过程中，除部分理论在课堂上教师教授外，绝大部分时间师范生要进行自主学习、阅读（教科书、指定教育著作、自选教育著作、其他相关书籍）、去小学见习、听业师讲座、上网查询、实地调研、访谈、收集资料、上讲台作读书报告、上讲台回答“泰勒四问”②、编辑课程文本、上讲台展示作品、作品生生互评等实践操作活动。实践表明，这一教学方法充分发挥出“校本课程理论与实践”课程的实践性质，使师范生掌握了校本课程开发基本策略、技术及相关操作程序。由于校本课程理论内容是在师范生编制校本课程过程中相应地渗透进去，没有降低该课程的理论性质，并使得师范生能真正领会校本课程相关理论内容，具备相应的校本课程意识，尤其是理论联系实

① 吴刚平．校本课程开发［M］．成都：四川教育出版社，2002：68.

② 拉尔夫．泰勒．课程与教学的基本原理［M］．罗康，等，译．北京：中国轻工业出版社，2008：1.

践中的思维深化结果，师范生普遍理解了“教育哲学（课程哲学）”并具有了“我的教育哲学（课程哲学）”明确的内涵，大大提升了教育思维水平及理论素养。

二、在课程教学中实践“主体实践教学法”

（一）公布课程教学设计，做好实施准备

在学期初，为确保主体实践教学法的现实可行，在课程开始之前，即开学第一周，可联系开课专业班级的班主任、班干部及部分班级学生，通过小型座谈会、个别谈话、在班级微信群发布小型调查问卷等形式，广泛地征求师范生的意见，以使大多数师范生对该课程及教学法能有一个浅显的了解，并有一个肯定或支持的态度。课程开始第一节课时，在课堂上向师范生说明“校本课程理论与实践”实行主体实践教学法的意图、要求、意义及具体过程安排等，使师范生对主体实践教学法能有一个初步的认识，并在思想上、心理上有所准备。高等师范院校的“校本课程理论与实践”一般是教师教育专业的师范生必须学习的课程，在实行主体实践教学法之前，最好选取一个班级（或一个小组）作为试点进行试验性教学，以总结实施经验及教训，使教学法尽可能完善，然后再在全专业“校本课程理论与实践”教学中推广。同时要制订较为详细的主体实践教学法实施计划。这个计划可将教学法实施的所有环节、步骤、内容、要求、时间、形式等事无巨细地罗列出来，尽可能保障在具体实施过程中因事先有预期计划而不出差错，保证教学法的成效。当然，这一计划可作为该课程的教学设计文本必须和师范生共同制定，因为毕竟是课程主体实践教学方法。任课教师每学期针对专业班级情况制定相应的课程教学设计文本，而在课程第一节课堂上，也是作为主体实践教学法的一个重要内容展示给师范生的，并征求他们的意见。若有合理的意见，经共同讨论后确定并对教学设计进行修改，无异议后形成教学设计文本终稿并遵照实施。

（二）选择阅读材料，确定课程资源

在“校本课程理论与实践”主体实践教学法中，比较重要的是两个环节的对象材料，一个是阅读教育著作中的书籍；另一个是师范生所要编制的校本课程中的课程资源或内容。前者要让师范生“临阵”做好课程编制（多少涉及一些校本课程编制）的教育理念或教学思想的准备；后者是要给师范生确定课程内容选择范围并且能充分进行“实践操作”过程的课程资源状态。在此，我们可领会到，主体实践教学法在课程教学过程中的“实践”含义至少有两个方面。一方面是“动手”的实践，师范生的学习要延伸到课外，进行学校见习、调研问题、考察社情、采集资料等，再进行整理、编纂、修订、试讲等操作。另一方面是“动脑”的实践，师范生要进行观摩听课、观察学情、阅读著作、理解教育、提炼观念、形成课程哲学、选择课程资源、编制课程文本等大量的思考活动，其中有些过程是让一些师范生“苦恼”的地方，比如总结自己的“课程哲学”成为其难点，要“耗费很多脑力”。编者认为，作为教师，师范生的动手能力固然重要，但动脑水平更重要。课程主体实践教学法的主要目的应该是师范生的动脑水平的提升。试想，如果一位教师在编制校本课程中，还不知何为“自己的课程哲学”，恐怕这种“课程编制”只不过是个“课程游戏”。

任课教师在教学实践中，在以往指导师范生阅读经验的基础上应对该课程基础阅读材料进行一些探索思考。在阅读著作方面，可以选择法国教育家蒙田的教育著作《论学究气》及《论儿童的教育》①和中国台湾学者黄武雄的著作《学校在窗外》，作为指定必读著作，并要求师范生自己选定1～2本教育著作阅读。阅读主旨是倾向于形成自己的“教育理念”或“课程理念”，或者能

① 华东师范大学教育系，杭州大学教育系．西方古代教育论著选［M］．北京：人民教育出版社，1985：351–412.

清楚地回答自己作为教师“究竟要教给学生什么”和“要让学生成为什么”这样的问题。在实施中，为了提示师范生的领会和思考，教师设置了关于著作阅读的注意要点和思考问题。

在课程资源内容方面，应规定高校所在地方的乡土文化资源作为所要编制的校本课程资源内容范围。之所以这样规定，有以下原因：①作为地方高校的师范生大部分是本地生源，比较熟悉地方文化。少部分师范生生源地相邻或接近本地，对当地文化资源基本了解。即使不太了解，在入校近三年中也能接触到一些地方文化资源。在收集资料和编制课程过程中具备各种便利，有利于发挥师范生的主动、积极的实践状态。②就目前对中小学校校本课程开发状况的了解，学校所在地方乡土资源内容成为校本课程资源开发的主体内容是一个较为普遍的情况。有的学校将卢梭的观点“真正的教育不在于口训而在于实行”①作为“课程哲学”。也有些学校借鉴黄武雄的观点“传统学校里教的知识是套装知识”②作为校本课程内容选择依据之一。师范生在教育见习过程中考察校本课程开发情况，对地方乡土课程资源的利用会了解得更多一些，接受的信息也比较充分，仿照学习的模式经验也比较充足，这些都为他们编制校本课程的实践做了比较充裕的准备。在实施过程中，教师依据自己对高校所在地方文化资源方面的了解及研究所得，为师范生制定乡土文化资源的内容范畴，并和师范生同步进行地方高校校本课程的编制工作，体现出师范生“边学边做”、教师“边教边做”的“教学共长”的态势。

（三）有序有限指导课上及课下的实践活动

主体实践教学法的“实践活动”，以“动手”和“动脑”为范畴，按照课程在学期中进行的时段（或程序），即初期实践、中期实践和后期实践至终结性评价来划分及简述。

初期实践（学期前6周）：包括预习教科书、购买指定著作并初读、理论课程后初次书面作业、撰写读书报告并课堂报告、建立班级微信群讨论课程议题等。（此阶段安排班级中三分之一的师范生上台作读书报告）

中期实践（学期中6周）：包括阅读著作，理论课程后二次书面作业、校本课程资源限定要求并选题、课程原理“四问”理解并课堂报告、小学见习、制订所编制校本课程计划并课堂报告（和“四问”回答结合进行）、课程资源考察等。（此阶段安排班级中三分之一的师范生上台作课程计划报告）

后期实践（学期后6周）：包括课程问题案例讨论、校本课程定题并汇集地方资源内容、业师讲座并讨论、中小学校本课程作品（地方小学及上届师范生优秀作品）展览、制定课程纲要并编制校本课程初稿、编制校本课程二稿并课堂展示、编制校本课程定稿、校本课程文本印刷上交、汇集课程材料评价并考查定分。（此阶段安排班级中三分之一的师范生上台作校本课程作品展示）

在此“实践”的三个时段中，应严格把控教学、实践等环节，按计划程序进行，以保证师范生由“不知道是什么”到“知道了一点”再到“知道了一些”，以及由师范生“不知道干什么”到“知道该干什么”再到“知道怎么干”等这样一种过程的开展，体现出主体实践教学法的“有序”而“渐进”的特点。比如，课程前期师范生面对“校本课程编制”事宜在头脑中是“一片茫然”的，相关教育学及课程论中“教学设计”及“课程编制”的理论知识，还沉睡在记忆深处，这时师范生是“不知道是什么”和“不知道干什么”。此时，需要理论讲授来“唤醒”和补充完善课程理论，并结合校本课程编制步骤、程序、要求及确定的课程资源内容，也包括师范生见习调查得到的经验和信息，加之阅读教育著作及相关积累形成的“自我哲学”等诸项因素，要求师范生自我思考、总结，这时师范生“知道了一点”和“知道该干什么”。接下来课程的进展就是

① 卢梭．爱弥儿（上卷）[M]．李平沤，译．北京：商务印书馆，1978：13.
② 黄武雄．学校在窗外[M]．北京：首都师范大学出版社，2009：87.

使师范生掌握校本课程编制的系统化理论知识，并通过作品展览、学校见习观摩、业师讲座、课题选定及资源调查收集、制作课程规划并回答泰勒“四问”来清晰化、具体化、操作化校本课程编制的整体流程及方法。此时，师范生进入“知道了一些”和“知道怎么干”的阶段。

同样，在此“实践”的三个时段中，教师要给予师范生“有限的指导”。例如在阅读著作中，师范生通过初读，结合课程理论及相关校本课程开发状况了解，他们对著作中的内容会有些许领会但还略显模糊。此时，教师对课堂上师范生作读书报告时的“即时性点评”非常重要。例如，在编者的教学实践中，师范生在作读书报告时，对蒙田著作《论学究气》中的一句话“他们学习说别人的话，而不是说自己的话”[①]感觉有启发，认为当下所接受的学校教育似乎“处处限制学生，事事设置标准答案”并进行了抨击。此时编者点评中“注意带着目前思考的问题和需要做的任务去阅读则一定有收获”的说法对师范生具有重要价值。因为这恰好处于学生思维的一个“节点”上，只需“点到”而无需面面俱到。因此，教师有限的指导，尤其对于师范生的思维“实践”环节来说，是至关重要的。

上述环节只是课程整体指导的部分，还存在个别（或小部分）指导的情况。因为在阅读著作环节中，除指定著作外，还要求学生自选著作阅读。这就让部分热爱阅读并有一定“境界”的师范生选择了不同的著作，每个人选择的著作不一样且有心得体会需要交流，但与同学的交流是有限的，因为“读书到一定境界是孤独的”。所以他（她）们心目中的交流对象非教师莫属。加之在校本课程编制的选题定题阶段，因为每个人选择的地方乡土文化资源是不一样的，班级所有师范生都需要考虑自己的选择是否合规、合适及合理等。因此有相当部分的师范生要和老师讨论商榷自己的选题。由此，编者认为，“一对一”的个别教学组织形式将成为现代教育教学（无论大中小学）的“主流”形式。

主体实践教学法中三个“实践”时段及程序的设置，在编者的教学实践中，需达到让师范生“实践”而“实学”并“实得”的效果。具体可看师范生的反映：“在课上要面对老师和同学表现、表达自己，不胆怯；在课下要看书、笔记、作业、写报告、上网查资料（或去图书馆）、外出调查、见习观察、咨询小学老师、思考自己的校本课程怎么编制等。”只有将课程的教学目标落实在这些操作化的行为动作细节之中，才能保证教学目标切实达致。

（四）利用校外教育条件（见习、业师、地方文化资料搜集、拜师学艺等）

主体实践教学法除充分利用师范生校内的时间和空间使其“实践”之外，也设置了一些校外实践环节，联系社会生活、生产劳动、专业教学一线等现实场景，以加强师范生的“实践”训练。一是结合学院教师教育专业“全程实践”的培养理念，即在除专业实习外的每个学期均安排学生进行为期一周的“教育见习”。该课程开设于大三上学期或下学期，说明在本学期师范生至少已有4次小学见习的经历。不同于以往见习，本学期小学见习则带有“校本课程考察”的任务，师范生要观察、听课、记录、询问、访谈、收集有关资料、撰写考察报告，要求师范生基本掌握见习学校的校本课程开发情况。二是结合学院教师教育专业“业师进校园”的培养程序，在本课程中选择在校本课程开发方面有实践、有研究、有成果、有理念的小学校长或高级教师，来校给师范生做讲座，课时为2～4节，主要介绍其学校校本课程开发情况，包括整体规划、开发程序、课程理念、学校文化、教育哲学、课程实施成效、实施经验及问题等。除讲课外，业师可进行校本课程展示并和师范生进行交流。三是师范生在确定好自己所编制的校本课程后，就牵涉要采集课程资源。规定资源内容要有一定比例的“第一手资料”，即自己要采用“实践”方式获取。这就要求师范生根据自己所需资源内容，到校外相关地域（或机构、社区、家庭等）进行调查（考

① 华东师范大学教育系，杭州大学教育系．西方古代教育论著选［M］．北京：人民教育出版社，1985：358.

察），运用各种方法收集资料。例如，有师范生选择地方评书作为课程资源，他专门拜访当地评书艺人，运用访谈、录播视频、记录口述、索取相关资料等收集到一些资源，再通过网络、听众及书刊记载等相关途径收集资源，最终制作出校本课程作品。四是提示师范生利用学期中间节假日和周末时间，到校外与自己选择的课程资源相关和所在地进行情况的调查、资料的搜集和文化风情的考察，在课程资源中对自己“感兴趣”的某些内容可在擅长此项内容的社会人士中“拜师学艺”。例如，有师范生选择地方非物质文化遗产——“纸刻”，接触后甚感兴趣，于是结识了当地一位“纸刻”师傅，跟他学习此技艺。这不仅对编制校本课程有利，更能训练其操作能力，促进教师的全面发展，并使自己得到更多的发展机会。

（五）进行评价与总结

在课程开始前，先制订一个评价计划，确定评价项目、标准、要求及注意事项等。

在师范生展示自己所编制的校本课程作品前，临时组成由任课教师和师范生（班委1人、学委1人、课代表1人、学生代表1人）共5人的评议小组，对每位师范生课堂讲演和校本课程作品根据指标项目进行现场打分，得出平均分后，作为其项目的成绩，记入总评成绩。教师在课堂讲演结束并评分后进行点评，在全体师范生讲演后进行总结。

教师点评时要依据师范生所作讲演的类别进行评价。一是读书报告，要点在于是否提炼出著作中的主要观点并给予评价和提出自己的看法；二是校本课程规划，要点是选题是否合适，课程原理“四问”回答是否明确，对自己的“教育哲学”是否有思考并说出些许内容。三是校本课程作品展示，要点是作品文本是否规范，作品设计思想是否明确及设计理由是否完备。以上三种类别的课堂讲演需要注意的是，教师先要整体评价，以肯定鼓励为主，然后再具体分析讲演的各方面内容及过程，同时还要重点评价其内容的知识性、科学性。教师点评的过程一方面需要对师范生讲演的本身进行剖析，以提高其作为教师的能力，另一方面需要对主体实践教学法进行中需要注意的方面向师范生宣布，以使其充分认识理解并发挥更高的主动性和积极性。通过点评和总结，使讲演师范生和其他同学都能获得进一步的提升。

三、实施主体实践教学法的作用及意义

（一）充分发挥出“双主性”教育规律中学生的主体性，体现校本课程的根本理念

教学是师生双边统一的活动，学生为主体，教师为主导，主导要以主体为中心。这是“双主性”教育规律的内涵。但在以往的高等师范课程教学中，常见教师不仅为主导，甚至成为主体的“双主一身”的教学现象，使师范生被动地接受，生硬地认知，缺乏学习的积极性，更谈不上有学习兴趣，课程学业唯一的目的是考试通过“不挂科”。学生不成为主体，教师的主导作用就无从体现，从而严重影响教师培养的成效。实行主体实践教学法进行“校本课程理论与实践”教学，能纠正和避免上述弊端，在教师教育人才培养方面具有积极作用。

校本课程开发的根本理念是“对学生个性、兴趣的尊重，为学生自己知识的建构和个性化知识的发展创造条件。校本课程建设，体现以人为本、个人本位、人性化的现代精神”。[①]主体实践教学法可以让师范生成为教学过程中的主体，充分实现其主体地位并发挥作用。比如，主体实践教学法实施过程中从阅读著作、作读书报告、制定课程规划，到编制校本课程教材文本，都是积极主动的学习过程，也是自我控制、独立思考的过程。师范生为了在课堂上讲演好，展示自我风采，至少“不胆怯”，为了编好自己的“作品”，至少是一本“拿得出手”的校本教材，会认真

① 李定仁，段兆兵．校本课程开发：重建知识伦理［J］．教育研究，2004（8）：44.

刻苦地钻研、阅读、自学、调研、查阅资料，遇到疑难问题会主动地与同学讨论，和教师商量。这都体现出人性化、个性化、自主性的现代教育理念，也与校本课程开发的缘起主旨相契合。

（二）形成高等师范院校教师教育专业课程的人才培养系统顺序，有利于理论性、技能性现代教师的培养

关于高等教育专业人才培养系统程序，由于其内涵与表征的复杂性，在此不再赘述，但可用一句话寓意，即“大一听、大二说、大三想（思考作业）、大四做（做事）”。就师范专业教师培养系统程序，我们以几门专业课程开设顺序为例来说明。以小学教育专业（本科）课程设置为例，其教育类专业课程是这样开设的：在大一第一学期，开设“普通心理学”和“中外教育史”，第二学期开设“教育学原理”，大二第三学期开设“课程与教学论”，第四学期开设“教育心理学”，大三第五学期开设“教育研究方法”，第六学期开设“校本课程理论与实践”。那么，在没有开设“校本课程”以前开设什么课程呢？各种方案设置均有差异，选择中最典型的教育类课程是“德育与班级管理”和“教育法律法规”。对照分析，在教学传授过程中，要使未来的教师具备相应的教育理论素养，形成适宜的教育理念，具备相应的教育技能等，“中外教育史”提供教育类史实及前人经验和思想观点的素材（主要是关于课程的）；“教育学原理”提供教育基本知识和基本理论并理解教育（主要是设置什么课程及为什么）；“课程与教学论”提供理解课程和如何教学；“教育心理学”提供了解教育中的学生（学生怎么学习课程）；“教育研究方法”提供如何研究教育问题（教师能研究的问题主要在课程里）。而以“德育与班级管理”为例，它提供如何管理学生，有空洞之嫌且与其他课程内容重复。但开设“校本课程理论与实践”课程，恰好可以解决接下来师范生要进行教育课程理论落实在教育课程操作的问题，而课程编制既有理论性又有实践操作性，加强了一系列教育类课程中知识及理论的理解及巩固，实践演练了课程和教学完整的实施过程及相应的技能，对于理论性、技能性教师人才的培养是一个较完整的系统顺序。

（三）加强师范生专业课程理论学习，树立适宜教育理念，提升思维水平

“校本课程理论与实践”课程中也有相应的理论内容，在讲授及理解过程中，师范生接受和领会的效果也不尽人意。尤其是对于未来的教师——师范生，要使其树立适宜的教育理念，提升其思维水平是作为现代教师最重要的素质。而适宜的教育理念是需要通过增加教育理论素养来形成的。比如在主体实践教学法实施中的阅读教育著作，领会思想观点，结合课程编制的实际操作，与现实中学校教育课程对学生的培养目标内涵，进行连贯性的思考，会逐渐理解教育，明白课程实质，进而产生自己的认识。伴随着阅读深入和课程教学训练实操的过程，加之个人积累的思考，最终会形成自我的教育理念，这就是适宜的教育理念，这种教育理念是一位有独立思维水平的教师自己的教育观念，是与他所从事的教育实践和他自己形成的教育理想结合在一起的。我们常说的“专家型教师”或“教育家型教师”就是由此始发并成长形成的。

（四）任课教师在教学过程中的角色发生变化，也作为主体得到成长发展

主体实践教学法的主体是师范生，教师不能是主体，否则会使这种“良方”变为“劣法”。但任何事物都需辩证来看。首先，主体实践教学法让一位教师的角色发生变化，从讲者、传授者变为倾听者和观察者。以任课教师的实践为例，以往开设的课程，教师在课堂上基本上是坐或站在讲台上。从学生发展方面来说，教师主宰教学的角色使学生受到压抑，思维无法独立发展，个性无法有效形成。从课程教学方面来看，教学效果低下，学生缺乏主动性。而实施主体实践教学法后，教师在课堂上常常是坐在师范生后面，全神贯注地听学生讲课（因为要打分和点评）。而上台讲（点评）也从以往照教材讲变为随机讲。以往教师俨然为“高师”，无所不能。但在此

教学法实施中，教师和师范生一样都是“菜鸟”或者是“高师”，师生需要和学生一起阅读、一起讨论、一起研究、一同制作，甚至一样犯错，真正做到了“打成一片”。主体实践教学法的课堂不用强求“翻转”，它自然翻转；也不用要求“对分”，它自动对分（很适合当前教育部对高校“金课”的打造要求）。任课教师的地位下降了，专业要求提高了，尤其是现实实践操作能力及水平（当然也包括理论学识水平）的提高。其次，任课教师和师范生一样是主体实践教学法的主体。因为该课程实施主体实践教学，要求任课教师一定要有相关课程的研究课题或研究成果，这样才能在这种教学法的实施中“站住脚”。教师必须根据形势持续进行此类研究，以保证能跟随课程的进度，保证师范生在教学过程中能接受教师对他们所谓的“指导”。这种研究是教师主体成长的必然之路。我们常说的“教育家型教师”就是要进行教育研究并且要善于教育研究。因此，教师也应成为主体且必须成为主体，与师范生一起成长，这是主体实践教学法实施的一个重要意义。

（五）加强高等师范院校与中小学校之间的交流协作

实施主体实践教学法的高等师范院校“校本课程理论与实践”课程教学，将任课教师的备课及研究和师范生的理论学习与技能操作充分面向中小学教学实践现场。这其中有教师的研究课题“地方中小学校本课程开发现状及趋势研究”，与中学或小学结对，进入中小学考察、调研、访谈、听课、研讨及共同开发校本课程，并撰写研究论文、总结成果，聘请小学校长、特级教师作为学院“业师”及进行“名师讲座”等。师范生有进入中小学见习、听课、观摩、讲课、带班管理、调研校本课程、咨询访谈、做学校志愿者、参与中小学校本课程研究课题等机会，并开展中小学和高校“业师进校园”、师范生与中小学教师结对“校外导师制”、定期进行“校长讲座”“名师讲座”等活动。将高等师范院校与地方中小学校密切联系起来，这样的举措不仅可以使高等师范院校教师和师范生有了一个较好的发展基地和发展动力，也提供了一个明确的发展目标。高等师范院校教师通过了解中小学教学“知道自己的教学要怎样做”；师范生熟悉中小学情况“知道自己的学习该怎样做”。另外，也促使中小学校在教学、管理、教学研究及师资培育成长方面“知道自己做得怎么样”，能够借助高等师范院校的资源条件而得到发展，能够更好地实现学校教育教学目标。

四、主体实践教学法实施中存在的问题

（一）对任课教师的教学能力、责任感、事业心、学识水平有更高的要求

仅谈责任心一项。例如，任课教师要和班级每一位师范生“洽谈”，这种交流还不分时间、地点且形式多样，有课间、课下、教室、办公室、校园、线上好友联系、班级微信群、QQ邮箱、电话等，师生要随时随地进行交流。交流“洽谈”频次以任课班级人数为指数。教师将成为一个“无所谓上班下班的全天候职业者”。因此，使教师具备较高的职业道德修养成为能否取得教育教学成效的关键因素。

（二）课程设置中课堂时间短缺，难度增加

按现行高等师范院校教学体制中规定的学期及学时，在师范生人数较多的班级教学中实施主体实践教学法，即给予每一个师范生一次上台讲演的机会，从时间和精力上是难以保障的。任课教师所在学院在教师教育专业学制中设置该课程为一学期16～18周，每周2节，共32～36节，除考查和放假占用外，实为16周，共32节。若给予每位师范生10～12分钟讲演时间（加点评时间），以50人班额计算共需600分钟约15节课，再加上见习1周及业师讲座（在正式教学计划内）

2～4课时，则总共21节，约占总课时60%以上，这就极大地限制了理论教学时间，会有一些消极影响。另外，由于班级人数众多，针对一系列展现环节及材料，对于师范生表现或状态以及其作品质量的评价难度，相较以往的单一性作业和期末试卷考试来说是大大增加了。

（三）师范生所需“实践经费”相应增加，有一定经济负担

从主体实践教学法的实施可看出，由于实践环节多样和活动频繁，加之校本课程编制本身产生的费用，会使师范生存在经费问题，尤其给一些家庭不富裕的师范生造成经济困难。任课教师在经历校本课程编制之后，会发现所需经费（如购书费、交通费、采集费、咨询费、印刷费、网络费、电话费、食品费及学费等）是一笔不小的费用。而按现行高等师范院校课程教学管理体制，除师范生的“见习费”外，其他费用学院一般不承担。可见，在课程教学法的改革实施中，经费问题是需要考虑的重要问题。另外，还有与现行的高等师范院校课程管理体制有关的问题，即对师范生学业成绩的评定并不会考虑到师范生在“校本课程理论与实践”中主体实践教学法这一类形式，这种考查形式并不在课程管理规定的“条目”之内，因此存在教学与考试的矛盾问题。

上述种种现象或问题都需要高等师范院校从管理方面逐步改革并加以完善，从教育理念方面进行创新并逐步提高。更重要的是教师要具有创新教育思想，树立高远的教育理想，以敬业的教育精神来从事教育事业。

微思考

1. 你对“校本课程理论与实践”课程教学中“主体实践教学法”有什么感想？
2. “校本课程理论与实践”课程的目标是什么，能给予师范生什么？

第二节　地方乡土文化研究及论述

本节将以泰州市为例，对地方乡土文化的研究情况、地方乡土文化课程开发的价值及门类等进行阐述。

一、泰州乡土文化研究情况

（一）泰州乡土文化研究现状

泰州乡土文化研究，始于20世纪50年代新中国成立后，在近20年间取得了丰硕的研究成果。一是以江苏省考古研究所和省市博物馆为代表的省市内的学者对泰州地区进行的考古发掘、文博调查研究。二是省、市及各县地方志的编修，对泰州地区古代文化资料进行了系统整理和初步研究。三是一大批泰州文化学术论著的出版，代表性著作有《泰州文化》《泰州历史文化概述》《泰州文学史》《泰州情缘》《中国泰州文艺美学理论史》《泰州考古研究文集》等，涉及泰州人物、文学、艺术、民俗、经济、教育、文物、古迹名胜诸方面。四是编辑出版了一批泰州文化研究丛书，主要有《泰州文化丛书》《爱我家乡丛书》《泰州知识丛书》《泰州乡土文化读物丛书》等。五是文化研究资料整理成绩突出。六是形成了一批泰州文化研究队伍和研究基地。南京师范大学、泰州学院、泰州市社会科学院、泰州市博物馆、泰州市文化馆、泰州传统文化研究所等单位都有一批主要从事泰州文化研究的专家学者。其中泰州学院的泰州地方文化、泰州史地、泰州民间艺术研究，都已形成规模并有高质量的成果。这些研究为我们勾画出了泰州文化的轮廓，展示了泰州文化的丰富内涵，构建了泰州文化的学科体系，从不同层面和角度探讨了泰州文化，文史

相融、史地结合、文理交叉、多学科渗透，涉及文化学、历史学、地理学、民族学、文学、艺术、旅游、民俗等多学科与方向，构成了一个系统而立体多维的完整体系，为泰州地区本土课程资源开发提供了丰富的文化资源。

（二）泰州乡土文化课程研究现状

乡土文化课程是指地方教育主管部门以国家课程标准为基础，在一定的教育思想和课程观念的指导下，充分利用乡土文化课程资源所设计的具有地域本土文化特点的课程。因此，乡土文化课程资源的开发是建设学校相关课程（包括国家课程、地方课程和校本课程）的前提条件。

泰州文化研究至今，在地方乡土文化资源开发上取得了一些可喜的研究成果，开发出了一些有影响的乡土文化作品，主要有《泰州文人研究》《哲学中的泰州学派》《泰州古民居》《泰州民间戏曲研究》《运河文化研究》《美丽泰州》《古诗咏泰州》《历代诗词咏泰州》《泰州历史故事集萃》《泰州民间文学集》《泰州民间体育》等。这些作品主要是面向泰州大众的文化读物和需要保存的文化载体，尚未转化为在泰州大中小学校为在校学生开设的“选修课”和“校本课程”。同时，面向泰州地区大中小学校的地方课程、校本课程开发的理论及实践研究还比较薄弱，尤其是系统化的理论研究还比较缺乏。

《江苏省义务教育学校课程开发与实施指导意见（试行）》中，对于基础教育阶段学校相关课程开发从建立开发组织、进行现状分析、设定课程目标、编制方案、课程审议、实施与评价等方面都有明确规定。泰州自古人杰地灵、人才辈出，以文化底蕴深厚著称。而这些丰富的课程资源在基础教育学校课程开发中还没有得到很好的开发和利用，中小学校学生对泰州文化知之甚少，泰州地方乡土文化课程资源有待研究及实践开发。

在理论研究上，很多学者强调概念层面的分析和理论的构建，在研究方法上基本是思辨的，缺乏实证性和可操作性。而在理论的构建上，又多从地方乡土文化课程开发的概念、程序、价值、评价等角度去分析，对此类课程开发中的文化重建、社会文化支持及课程编制与实施的研究及实践还不够。

地方乡土文化课程开发的实践也面临很多困难，有此类课程的推行受外部评价的影响很大；教师缺乏课程观念和课程开发的综合知识与能力；学校经费不足，各类资源及条件较缺乏；学校缺乏民主开放的管理制度；家长缺乏课程决策的意识和素养；中高考压力的负面影响以及课程的开发缺乏有效的指导与评估，甚至存在课程开设的合法性问题等。

在地方乡土文化课程开发的推广阶段，在那些相对偏远、经济条件较差的乡村学校进行此类课程开发相对来说难度更大。怎样调动起开发地方乡土文化课程的积极性，怎样充分利用教育资源，特别是本土的教育资源问题，有待教育研究者和大中小学校教育工作者进行更深入的思考和行动。

二、泰州乡土文化课程开发的价值及门类

（一）泰州乡土文化课程开发的价值

地方文化及乡土资源是课程资源开发的源泉，泰州地方乡土文化作为江苏地区的区域文化，萌芽于新石器时代晚期以农耕文明为主的龙山文化，历经千百年来的流变整合和融通积淀，浸润了深深的地方性烙印，具有鲜明的地域特征。泰州是古运河枢纽为南北通行的必经之地，在我国古代南北文化交流的交通要道，所处的特殊地理位置造就了其相对完整和独立的自然和人文地理，形成了独特的泰州地方文化。它既不同于北方，又与南方不尽相同，其本质内容至今影响着泰州人的思想、意识、信仰。泰州博大精深的文化体系，在几千年的演变过程中经历了深刻变

革，许多文化因素已被历史的浪潮所淹没，但它的基本文化形态、人文精神和民风民俗却长期保存下来，成为泰州地方丰富的文化及乡土资源。

地方乡土文化课程作为学校教育课程宏观结构的一个环节，有着适切、调节、补充及整合作用。地方乡土文化课程的建设对我国新一轮课程改革目标的实现以及课程模式多样化的形成至关重要。地方丰富的文化资源只有经过开发才能转化为可利用的学校教育课程资源。《国家中长期教育改革和发展规划纲要》明确提出，“深入推进课程改革，全面落实课程方案，保证学生全面完成国家规定的文理等各门课程的学习。创造条件开设丰富多彩的选修课，为学生提供更多选择，促进学生全面而有个性的发展”。一个地方的乡土文化资源是课程资源的重要组成部分，包括文化、历史、地理和自然资源等，学校要根据当地社会经济、科技、文化发展需要和学生的兴趣，开设若干本地、本校的选修课程，供学生选择，增强课程对地方、学校及学生的适应性。

开发地方乡土文化课程有利于激发学生对家乡的热爱。泰州地域内的江、河、山、水等自然特色，体现着泰州地域历史变迁和传统文化特色，具有极大的开发价值。泰州地区在其发展过程中所保留的诸如节日、风俗、方言、工艺等有特色的内容，开发这些文化资源，让学生发现家乡深厚的文化底蕴，激发学生了解家乡、热爱家乡。

泰州地方课程资源的开发是以泰州地区的文学、地理、历史、生物等知识为内容的补充教材，它需要传承、分析泰州光辉的过去和崭新的未来，有利于学生从实际出发，理论联系实际，认识泰州，了解和热爱泰州，立志将来为建设泰州贡献自己的力量。因此，从泰州当代社会、地域特色出发编制地方乡土文化课程，充分挖掘泰州文化的教育功能，开发泰州地方课程及校本课程，意义巨大。地方乡土文化能够反映自然、社会的本质和问题，具有临场感，容易获得共感的认识，易促进对已有知识、体验的学习，让学生在已有知识的体验和操作中丰富对未知的认识和体验，可以有效培养学生的调查能力和对地方本土关心的态度。地方乡土文化资源为学校课程提供了第二课堂，良好的人文环境和文化氛围为课程开发提供了有力的支撑。

（二）泰州乡土文化课程开发的门类

立足于泰州本土文化，根据泰州人物、文学、艺术、民俗、经济、教育、文物、古迹名胜诸方面，依据《基础教育课程改革纲要》精神，开发泰州乡土文化课程资源，主要体现为以下文化资源内容的泰州乡土文化课程资源。

第一门类：开发泰州历史及名人名胜课程资源。介绍泰州历史概况，从距今4000多年的龙山文化，到新石器时代晚期以农耕文明为主的商周文化，至隋唐泰州地方文化、宋代农耕文化形态、盐运河文化及书院文化等，探究泰州历史文化繁荣的原因；举行“泰州历史文化”小报比赛；追寻战国昭阳、施耐庵、郑板桥、孔尚任、胡瑗等先祖名人的种种传说和名胜古迹及附属于这些名人的文化信息；介绍泰州的名人事迹，感受泰州悠久璀璨的历史，通过举办“泰州名人与我”的演讲活动，倡导学生为泰州某一名人写传记；介绍泰州得天独厚的地理位置，介绍泰州的旅游名胜；介绍泰州的龙山文化、商周文化、运河文化、书院文化等，让学生写导游词，尝试做义务小导游，走访几处景点，拍照片，举行泰州旅游名片小报制作等。

第二门类：开发泰州文学方言俚语课程资源。介绍泰州文学、诗歌发展及历代学者在泰州的诗词作品，丰富学生的人文知识，提高学生欣赏文学作品和审美能力；介绍泰州方言俚语的概况，进行趣味比赛，比较普通话和方言的区别；开发用泰州方言说相声演小品的活动，举办校文化艺术节，倡导学生应用多种方式展现地方乡土文化特色。

第三门类：开发泰州地方戏曲课程资源。介绍泰州地方戏剧的概况，如泰州淮剧、京剧、扬剧、锡剧、昆曲、扇戏、滚灯、老徽调、梆子腔等多种民间大小戏曲。通过现代多媒体手段，欣赏地方戏曲，让学生学唱泰州地方戏曲，专题讨论“我拿什么拯救你，淮剧?”等。

第四门类：开发泰州民俗饮食文化课程资源。介绍泰州习俗的概况，从娱乐活动、礼仪、禁忌三方面介绍节日和婚丧嫁娶，了解当地的风土人情，思考如何取舍这些风俗习惯；介绍泰州饮食概况，感受泰州饮食文化的鲜明特色，让学生说说知道的泰州饮食及其特点，增强学生的家乡自豪感，想一想“如何才能把食品特产推销出去?”等。

第五门类：开发泰州地名、文献文化课程资源。介绍泰州地名的变化、发展的历史概况，让学生知道老地名及其本地名的由来；介绍地方文献、史志著作，对自汉至清末历代纂修的地方志及能够较系统全面记载泰州历史文化全貌的文献进行开发；组织学生参观泰州博物馆、单声文物馆、风水博物馆、梅兰芳纪念馆等，增加学生的知识，拓宽视野。

第六门类：开发泰州民间工艺课程资源。介绍泰州民间工艺的概况，分别介绍泰州的竹编、草编、藤柳编、木雕、石雕、砖雕、根雕、叶雕、泥塑、面塑、糖塑、山水盆景、剪纸、刻纸、扎纸、扎灯、皮影、刺绣、烫花、彩蛋制作、羽毛工艺等民间工艺，让学生了解工艺的历史渊源、制作过程，并欣赏其作品，体会艺术价值，让学生选择自己感兴趣的一项民间工艺进行学习等。

第七门类：开发泰州民间体育课程资源。泰州有历史悠久、流传区域广泛而又丰富精彩的民族体育项目，如会船、赛龙舟、狮子舞、跳马灯、舞龙、滚莲湘、打花鼓、玩石锁、练石担、抖空竹、斗百草等，可以结合学校的体育课、综合实践活动及运动赛事开发相关的资源内容。根据学生的年龄及身体特征开展适宜的民间体育项目，选择一项或若干项，让学生考察其历史，了解其来历，学习其技艺，欣赏其美妙，而传统民间体育内容往往集传统、趣味、锻炼、娱乐及简便于一身，对青少年儿童有较强的吸引力，并使之受到教育熏陶。

第八门类：开发泰州红色文化课程资源。泰州有丰富的红色文化资源，可以结合思想政治教育课程和活动开发相关的资源内容。介绍红色名人的英雄事迹；参观红色遗址、纪念馆以及烈士陵园；学习吟诵英雄模范人物的文章和诗歌；进行重走革命道路实践活动等。

鉴于地方乡土文化资源内容的纷繁多样，其他更多领域内容不再一一列出。

三、泰州乡土文化论述

（一）泰州地方乡土概况①

泰州位于长江北岸，江苏中部，东近黄海，南临长江，北接盐城，西连扬州，与镇江、常州、无锡、苏州隔江相望。东西承接上海、南京两大经济圈，南北连接苏南、苏北两大经济板块，是长江三角洲历史悠久、文化深厚、工业发达、商贸繁荣的中心城市之一，幅员广阔，土地肥沃，物产丰富。

据有关文字记载，泰州古称海阳。汉武帝元狩六年（公元前117年），泰州始建海陵县，以其傍海地高而得名“海陵”，吴王刘濞最早在此设置海陵仓。东晋曾一度改为海阳县，后升为海陵郡，隋开皇初年海陵郡废，复称海陵县。唐武德三年改称吴陵县，以县置吴州，七年复称海陵县。南唐昇元元年，升海陵县为泰州，下辖海陵、泰兴、兴化和盐城四县。明万历《泰州志》则云：“海陵故有屯田煮海之饶，因名泰州。”泰州之泰，当有富裕、安适、吉祥之意。同时，也点出了其水多的特点。因此，泰州有“汉唐古郡，淮海名区”的称誉。

（二）泰州乡土文化的渊源

人类是在各自特定的自然和社会环境中创造和形成五彩缤纷、风格迥异的区域历史文化，而

① 徐金城. 泰州文化概论［M］. 南京：凤凰出版社，2015：22-39.

自然地理、社会经济和社会制度是一个地区的区域历史文化生成的主要因素。泰州文化的源头最早可以追溯到约7000年前的新石器时代。古泰州境内青墩遗址、南荡遗址、单塘河遗址以及天目山遗址等的相继发现，为找寻泰州文化的源头撩开了面纱。青墩遗址约为5000年前古泰州人的生活遗址，其时青墩古人已开始从事原始的畜牧业，饲养家犬、家猪等，泰州远古的农业文明由此开始。南荡遗址为公元前2600年左右古泰州人的生活遗址，体现出的关于“水”“鸟”和“天人合一”的文化形态成为南荡人进入文明时代的历史特点。天目山遗址约为3000年前古泰州人建立的商周古城，为良渚文化研究的实物佐证。

（三）泰州乡土文化的发展阶段

1．汉唐时期的泰州：江淮地区的经济中心

泰州自古以来农业发达，一直为江淮间粮食生产和聚集地。从汉代开始，泰州的盐业也日益繁荣。汉唐时期，泰州算得上是江淮地区的经济中心。

泰州自古经济比较繁荣，晋代有“海陵之仓，则红栗流衍”“海陵红栗，仓储之积靡穷”之描写。此后，三国、南北朝至隋朝初期，战乱不已，但泰州百姓不能偏安于一隅，农业发展保持平稳。唐代泰州作为万里长江的尾闾，浩瀚大海的门户，特别是里下河地区，它是出江入海的咽喉要冲，江淮海三水交汇，城市因而繁华。

2．宋元时期的泰州：由经济中心向政治和文化中心转移

北宋时泰州属淮南道，州治范围较广，东一直到海边，管辖着一大片盐场。运盐的船只只要进入运河和长江，泰州一直是必经之地。因此，由唐代以来继续保持了泰州城市的繁华。泰州主要经济来源是盐税。

北宋开宝七年，海陵监移设如皋，设置西溪盐仓。吕夷简、晏殊、范仲淹都曾先后在泰州西溪做过盐税官。南宋开宝年间，泰州监增设西溪盐监官署，管辖何垛、丁溪、草堰、白驹、刘庄等盐场盐务。南宋高宗建炎三年，淮南东路提举盐事司设于泰州。南宋时，全国设有11个提举盐事司，其中淮东司设于泰州，它不仅管理盐业生产，而且也管理运销。宋代的官收盐利，在中央财政收入中占据重要地位，朝廷对泰州极为重视，前后派出多位重要官员来泰州为政。

泰州经济的繁荣带来了文化的振兴。北宋天圣年间，泰州军事推官滕子京在城南建文会堂，常与范仲淹、富弼、周孟阳等在此唱和。还有教育家胡瑗，他的“致天下之治”主张在苏州、湖州地方教育文化中影响深远，被称为“苏湖教法”。

3．明清时期的泰州：江淮地区经济文化中心

明清时期泰州依然为区域性的政治、文化和商业中心，由于盐运繁忙，木行业和造船业应运而生，相关其他行业也较早发展起来。清光绪二十三年，泰州开设邮政局和电报局。清光绪二十八年创办泰州学堂，成立了教育会。明代初平民哲学家王艮开创泰州学派，唐志契著国画名著《绘事微言》，评话宗师柳敬亭、清初诗人吴嘉纪、围棋圣手黄龙士、历算学家陈厚耀、仲振奎撰《红楼梦传奇》。黄葆年、蒋文田的新泰州学派等，都是泰州地方文化繁盛的重要标志。

4．近现代以来的泰州：红色政权诞生的重要基地

近现代以来，泰州上万名英雄儿女抛头颅、洒热血，用无尽的勇气和不屈的生命换来了人民的福祉和生活的安宁。革命战争时期，泰州的地方武装和革命群众与敌人进行了艰苦卓绝的斗争，在泰州的土地上，经历了许多可载入史册的革命史事。1926年秋，江浙地区第一个党组织——中共江浙区第一支部在泰兴刁家网成立；1940年10月，由陈毅、粟裕担任指挥的新四军在黄桥镇与国民党军韩德勤部进行战斗，歼敌一万余人，史称黄桥决战。1946年年底，中国人民解放军取得苏中七战七捷，对于整个解放区的南方战线起到了扭转局面的重要作用。1949年4月，中国人民解放军百万雄师屯兵长江北岸准备渡江战役，在泰州白马庙成立中国人民解放

军华东军区海军，泰州成为中国海军诞生地。泰州红色先烈及英模有泰州地区第一个中共党员沈毅、“红色特工”沈安娜、“草鞋司令”陈玉生、“女民兵英雄”刘虎成、志愿军“特级英雄”杨根思、志愿军“神枪手”张桃芳、“全国道德模范”刘绍安等。

（四）泰州乡土文化的特点

从文化地理角度来看，泰州文化地域处于南面的吴越文化、西面的荆楚文化和北面的齐鲁文化三个地域文化圈之间，同时又处于淮扬文化的中心覆盖区。地域之间的经济交流自然势不可挡，文化交流也十分正常。泰州文化在其形成过程中，自然吸收了周边地域的文化因素。例如，吸收了吴越文化的纤巧、灵秀和妩媚，荆楚文化的绮丽和强悍，以及齐鲁文化的儒雅与学萃，同时兼具了淮扬文化的精神内核等，从而铸就了泰州人文荟萃、名贤辈出的辉煌历史，孕育了开放包容、崇文尚德、务实创新的城市个性。然而，真正把泰州文化与其他许多地方的区域历史文化进行比较，泰州文化算得上是一种具有代表性的区域历史文化，个性突出，特色鲜明。有关学者研究认为，泰州文化的特色主要有上善若水、兼容并蓄、经世致用、崇文重教和安泰祥和五个方面。

（五）泰州乡土文化概述

1. 泰州“三水”

历史上的泰州南衔长江，东傍黄海，背靠淮河，是江淮海三水际会之地，“实江海门户之要”。泰州“三水”是江淮海的交响曲，是孕育历史文化名城的源泉，是泰州乡土人文的摇篮，是审美与文化的积淀。泰州水文化中有“三水孕育远古文明；双水绕城独冠天下；千年水利利尽苍生；江海滋润千年繁华；文化之水厚泽名城”之说法。

2. 泰州教育

泰州教育具有深厚的基础，悠久的历史，辉煌的业绩，培养了大批杰出人才，为泰州乡土文化的繁荣、经济的发展、民风的培育发挥了重要作用。崇文重教是泰州的传统，唐宋以来，泰州“儒风之盛，夙冠淮南”。泰州的州学、县学、社学和书院都很有特色，并有大量深受百姓信赖的私塾。泰州教育文化中有“泰州教育源远流长；现代泰州教育变革与辉煌；泰州教育文化特性：民众基础、平民性质、时代契合、创新变革、壮丽辉煌”之说法。

3. 泰州学派

泰州学派是明代中后期思想文化领域出现的一个平民儒学派别。创始人王艮，字汝止，号心斋，泰州安丰场人。因王艮及其传人王襞、王栋、韩贞等都是泰州人，而且学派讲学活动以泰州安定书院、东淘精舍和王氏宗祠为中心，故而明末清初著名启蒙思想家、哲学家、史学家黄宗羲在其著作《明儒学案》中单列《泰州学案》，肯定泰州学派的特殊地位和重要影响。泰州乡土文化的形塑也受到泰州学派学人及其理论思想的深刻影响。在泰州乡土文化话语中，泰州学派的形成及发展，泰州学派的思想创新（百姓日用的民本主义思想、大明万世的社会治理思想、万物一体的生态哲学思想等），在我国哲学思想领域中占有重要地位，并产生了一定的思想影响。

4. 泰州文学

泰州乡土文化中一个重要的部分是泰州文学，其历史悠久可上溯至汉代。历史上曾经产生了施耐庵、宗臣、吴嘉纪、郑板桥等具有影响力的文学大家。在泰州乡土文化话语中，有关于泰州文学的历史发展探寻，自古至今，泰州文学名家辈出，作品纷呈，构成文风昌盛、文学繁茂的泰州文学现象。

5. 泰州艺术

泰州乡土文化内容中绚丽多彩的一章是泰州乡土艺术。泰州艺术在形式方面，有着深厚的历史积淀和独特成就，涌现了众多的杰出人才和传世之作。其中，书画、篆刻、盆景等作为中华民族特有的文化传统和艺术形态，在全世界的艺术宫殿中独树一帜。此外，泰州泥塑、面塑、玉雕、叶雕、糖塑、兴化传统木船制造工艺、兴化戴窑砖雕、靖江竹编、泰州民间舞蹈等，均具有浓郁的地方乡土文化特色，其中大部分已经成为国家和省市级非物质文化遗产项目。

6. 泰州戏曲

泰州地方戏曲是泰州乡土文化的典型代表，悠久的文化底蕴使其具有独特的地域乡土文化风情。泰州地方有文字资料可考的戏曲史，可上溯至宋代。明代中后期，泰州昆曲的传播步入普及阶段，全面进入当时的百姓生活。明末清初泰州的李清和宫伟镠，曾把明代状元杨慎的《二十二史演义》改编成了弹词。到了清代，泰州戏曲活动昌盛。在泰州集中出现多个昆曲家班。还先后出现了以陆舜、孔尚任、仲振奎和汪宗沂为中心的四个戏曲作家群，创作的剧作达50多部。兴化出现顾麟瑞的《乐府定霸记》、李栋的《犊鼻裈》、陈继如的《花木兰替父从军》等剧作。清代中期的泰州，成为地区性的昆曲创作和表演中心。泰州地方乡土文化的戏曲艺术主要形态有京剧、淮剧、扬剧、锡剧、泰州昆曲、泰州道情、靖江讲经、泰州评话、泰州弹词、泰州木偶戏、泰州鼓书、泰兴锣鼓书、唱梨膏糖、泰兴唱书、泰州扇戏、泰州滚灯等。

7. 泰州方言

方言是乡土观念和乡土情感的典型表现，也是某一地方乡土文化中最具感染性的内容，是乡土文化显著的标识。泰州方言气息浓厚，历史久远。泰州方言原始状态为古吴语，约4000年前泰州原始居民使用原始吴语，而今泰州方言属于江淮官话，泰州方言为吴语和江淮官话的过渡方言，称为“通泰方言区”。泰州方言特点明显，语音特征突出，还具有内部差异，俗语俚词丰富，乡土味厚重，颇有地方乡土特色。

8. 泰州民俗

民俗文化作为乡土文化的核心内涵，是泰州地方乡土历史的反映和文化的记忆。泰州民俗文化内容繁多，多表现在饮食起居、四时八节、婚丧嫁娶、交往礼仪等方面。例如，在岁时民俗中，泰州民间传统节日主要有春节、元宵、清明、立夏、端午、七月半、中秋、重阳、过冬、除夕等。在娱乐民俗中，有风格鲜明的讲、唱、舞、技、号等，流传较广泛的有靖江讲经、里下河民间小唱、唱道情、泰兴花鼓、姜堰滚莲湘、泰兴木偶戏、溱潼窑工号子、茅山号子、靖江打豆号子等。在社会生活民俗中，有赶庙会、会船、唱凤凰等。在泰州民俗话语中，有“继承传统、不断变异、兼容并蓄、乡土浓重”的评述。

9. 泰州建筑

从某种单一但又极为显性的视角来看，一个地方乡土文化中颇具表现性的东西似乎非这个地方的建筑莫属。泰州建筑表现出的泰州地方乡土文化历史悠久、式样繁多、特色鲜明。泰州建筑具有代表性的有泰州古城墙、佛教寺院、园林建筑、泰式民居等。在泰州建筑话语中，有“规制严谨的泰州城池、特色鲜明的泰式民居、雄伟庄严的寺庙宫观、小巧玲珑的苏中园林”的述评。

10. 泰州盐税

地方百姓的生活，经济是中心。两淮盐业是我国盐业的重要部分。泰州是淮盐的发源地及我国产盐的主要地区。盐业生产历史悠久，盐税文化底蕴丰厚。盐业兴旺了泰州，盐业养育了泰州人，泰州盐民、盐商、盐官共同形塑了泰州盐税文化，成为泰州地方乡土文化的一大篇章。

11. 泰州古镇

泰州古镇众多，现存有黄桥、溱潼、沙沟、昭阳、口岸（柴墟）、姜堰、济川、靖城、茅山、稻河等古镇。泰州古镇成为泰州地方乡土文化中底蕴深厚的文化内涵及表现。在关于泰州古镇的话语中，有“鲜明地域风情、深厚历史积淀、独特文化艺术、丰饶地域物产、昌盛宗教文化、闻名医药传统”的美誉。

12. 泰州红色文化

泰州乡土文化中同样留存和展现着时代的变迁、社会的变革及政治的更迭，在新中国建立及成长发展过程中红色文化也构成泰州地方乡土文化的一大亮点。泰州作为革命老区，在红色革命历程中，有红色经典事件，如沈毅在泰兴刁家网成立“中共江浙区泰州独立支部”；“五一”农民大暴动、黄桥决战、渡江作战、海军诞生于白马庙等。有红色英雄模范，如沈安娜、沈毅、朱履先、陈玉生、高凤英、刘虎臣、杨根思、张桃芳、刘绍安等。有红色人民团体，如泰兴塾师联合会、泰州时敏中学反日救国会、泰州抗战剧社、苏北军区文工团、前锋话剧团、姜堰青年解放团、靖江实验话剧团、泰兴毛家庄剧团等。有红色报刊，如《星星报》《晓星》《滨海报》《苏中报》《人民报》《战斗》《前哨》《江海前线》《江海导报》《大家唱》等。还有许多红色文化遗迹，如中国人民解放军海军诞生纪念馆、新四军东进泰州谈判旧址、泰州革命烈士纪念馆、新四军苏北指挥部旧址——曲江楼、新四军黄桥战役纪念馆、杨根思烈士陵园、靖江革命烈士陵园、苏中公学旧址等。

微思考

对泰州乡土文化进入中小学校本课程的可行性进行述评。

第三节　泰州乡土文化与小学校本课程开发实习案例①

一、小学校本课程“溱潼古镇砖瓦”

第一部分：课程纲要

“溱潼古镇砖瓦”课程纲要

课程名称	溱潼古镇砖瓦				
单位	泰州市××小学			设计人	13级小学教育编者
适用年级	五年级	总课时数	8课时	课程类型	校本课程
课程简介	我校特色校本课程五年级全体学生参加，校本课程开设每周一节。教学形式以教师的讲解示范、学生创作实践及各种活动相结合。教学内容的设置：①按照不同的阶段，从了解背景及现状开始，逐步推进。②教学内容共分为四个单元，其中两个单元以学生的实践为主，既让学生的个人创造力得到发挥，也兼顾生生之间的合作学习。③课程内容从学生身边出发，从兴趣出发，让学生认识身边的事物，学会发现生活中的美，学会正确表达自己对美的感受。④该课堂不仅有知识的拓展，还有技法的传授，让学生多方面地了解其他知识，与其他学科共同提高				

① 泰州学院小学教育专业师范生编. 泰州中小学乡土文化校本课程系列（2017—2022）. 泰州学院教育科学学院“中小学校本课程”开发教学档案，2022.

续表

<table>
<tr><td>课程背景</td><td colspan="4">1. 意义：溱潼砖瓦制造始于唐代，大自然赋予其充足的水和泥，造就了其独特的砖瓦原料，经过宋、元、明、清四个朝代的发展和壮大，到辛亥革命前后，“荒窑灵树”也成为溱湖八景之一。千年的砖窑史，鼎盛时期，仅溱潼的湖西庄砖窑就达到了108座。同时，古镇溱潼旧宅保存完好，学生可切身体会溱潼砖瓦的魅力
2. 已有基础：①学校周边随处可见的老宅方便观察学习。②学生从小在古镇长大，受到当地文化熏陶，对老窑有一定的了解。③教师和学生对传统文化的热爱
3. 所需条件：古镇老宅随处可见，精美砖瓦保存完好，窑址遗迹参观方便，非物质文化遗产“窑工号子”流传甚多</td></tr>
<tr><td>课程目标</td><td colspan="4">1. 知识目标：①了解溱潼砖瓦的历史背景、艺术价值以及发展现状。②初步了解江苏省非物质文化遗产“窑工号子”。③了解砖瓦的制作过程。④认识溱潼砖瓦在现实生活中与当地老百姓的密切联系，理解这瑰丽艺术背后的艰辛劳动。⑤通过实践，使学生认识到保护和传承溱潼砖瓦艺术工艺的迫切性
2. 技能目标：①会唱几首具有代表性的窑工号子。②学生在学习砖瓦制作的实践过程中，学会讨论交流，培养合作精神、动手能力和发散思维。③培养学生在日常生活中仔细观察和发现美的能力。④培养学生提出问题、解决问题的能力
3. 情感目标：①使学生具有家乡归属感和荣耀感，培养学生的爱乡之情。②通过校本课程激发学生的家乡建设欲望。③激发学生对文化遗产、古迹旧址的爱护之情；培养学生对于保护家乡传统艺术工艺的责任感。④引导学生学会分工、合作，增强彼此友谊与协作意识。⑤在成果汇报、展示过程中，引导学生体验实践成功的喜悦感和成就感，培养其自信心</td></tr>
<tr><td rowspan="9">课程实施</td><td>主题</td><td>课时</td><td>内容</td><td>实施步骤</td></tr>
<tr><td rowspan="2">第一单元
你不知道的溱潼砖瓦</td><td>1/1</td><td>欣赏溱潼精美的砖瓦和窑工号子，讲解溱潼砖瓦的艺术价值</td><td>欣赏作品、聆听音乐，激发学习兴趣</td></tr>
<tr><td>2/1</td><td>讲解溱潼砖瓦的历史背景以及发展现状</td><td>播放视频了解溱潼砖瓦的历史背景，通过图片讲解溱潼砖瓦的窘迫现状</td></tr>
<tr><td rowspan="3">第二单元
久远的歌吟</td><td>3/1</td><td>初步了解窑工号子，并学唱“取泥号子”</td><td rowspan="3">通过欣赏音乐激发学生的学习欲望，再通过文字和图片讲解与号子相对应的制作步骤，学习吟唱</td></tr>
<tr><td>4/1</td><td>学唱“装窑号子”</td></tr>
<tr><td>5/1</td><td>学唱“溱潼窑工号子”</td></tr>
<tr><td rowspan="2">第三单元
又见砖瓦</td><td>6/1</td><td>组织学生参观溱潼砖瓦展览馆</td><td>学生自愿报名，教师带队，实地参观，交流感想与收获</td></tr>
<tr><td>7/1</td><td>学生独自或组队设计绘画瓦片画，画出印象中的溱潼砖瓦，展示并点评</td><td>观看砖瓦制作视频，欣赏瓦片画作品，动手设计制作自己心目中的溱潼砖瓦</td></tr>
<tr><td>第四单元
成果展览</td><td>8/1</td><td>合唱比赛，手工作品交流展览</td><td>全年级以班级为单位进行合唱比赛，手工作品统一进行年级展览。在家长开放日请家长进行欣赏</td></tr>
<tr><td>评价方式</td><td colspan="4">一、学生自评、互评；二、教师评价；三、档案袋；四、比赛和作品展示评分</td></tr>
<tr><td>备注</td><td colspan="4"></td></tr>
</table>

第二部分：课程内容（节选）

溱潼古镇砖瓦

本课程的内容特点在于实践与书面知识相结合，教学不拘泥于课本，让同学们通过实践产生一定的亲身体验。内容包括窑工号子的吟唱，古老的号子将再现当年溱潼砖窑的兴盛，体现出世世代代窑工们的艰辛。本课程将带领同学们兴趣盎然地走进溱潼砖瓦的世界。

第一单元　你不知道的溱潼砖瓦

第一节　古镇里的秘密

说一说、写一写：同学们，你知道溱潼有哪些特色吗？和同桌讨论并写下来。

你知道溱潼砖瓦的艺术价值吗？

溱潼砖瓦历史悠久，《东台县志》就有专门记载：这里的砖瓦在唐代贞观年间就已是声名远扬。当时唐王李世民派尉迟恭在海陵城建造府邸，砖瓦业就成了这里的主要产业。唐代以后，宋、元、明、清时代，溱潼砖瓦生产日益发展，并进入鼎盛期，这里的砖瓦因为产量多、品种好、质量高远销大江南北。经考证，泰州的城墙、镇江金山寺、南京古林寺、上海城隍庙等著名古建筑都使用了大量的溱潼砖瓦。清代当地著名的“一门五都督、三科两状元”建造府邸都是使用的溱潼砖瓦。随着时间的推移，时代的进步，手工制作砖瓦已显得十分落后，溱潼砖瓦也逐渐完成了自己的历史使命，但是，溱潼砖瓦为历史做出的贡献被永远载入史册，成为我们难忘的记忆。

第二节　历史的辉煌

你知道溱潼砖瓦的过去与现状吗？

在苏北里下河地区有一个烟波浩渺、风光秀美的溱湖，宋代抗金英雄岳飞曾驻军溱潼村，抗击金兵。明万历《泰州志》中记载，古镇溱潼的砖瓦生产历史悠久，名声远扬。早在秦汉时期，这里就有七座大型砖窑，夜晚窑火通红，如七颗明珠散落大地，那时溱潼又名“七星村”。清嘉庆《东台县志》中记载，溱潼砖瓦生产在唐代鼎盛，溱潼镇曾有十四处以窑为名的古地名。清宣统年间，按照当时户籍办法，溱潼按地段划为十四坊，名为：宋家窑、范家窑、张家窑、全家窑、徐家窑、蒋家窑、永乐坊、东南坊等。如今当地仍有六处以窑为地名，分别是全家窑、范家窑、宋家窑、张家窑、薛家窑、徐家窑六坊。南京中华门、古林寺、镇江金山寺、上海城隍庙等建筑均采用溱潼烧制的砖瓦。民国年间，砖瓦生产集中到了湖西庄。苏北地区生产的砖瓦，以溱潼镇湖西庄的质量为最好。民国时期特别是民国初期，是溱潼有史以来砖瓦生产最鼎盛的时期。销路由东南沿海转向长江以南、镇江、南京、上海等地。清末最后一位状元、民国实业家、南通民族工业的先驱张謇开发兴建南通纱厂时，曾来过溱潼与田嘉树洽谈订购溱潼砖瓦，并在溱潼设庄收购粮食，这给溱潼窑业带来前所未有的生机。1943年在长江公园（现溱潼粮库）曾挖到“双胞古窑址”；镇区内外曾多次挖出宋、元、明、清四代古井、井壁所用之砖。抗战期间，湖西庄就有大小窑100余座，至1949年仍有108座。

溱潼不但砖瓦质量好、品种多，还形成了独特的砖瓦文化，溱潼的“窑工号子”曾被中央电视台“心连心”“激情广场”文艺节目组采用，唱响了大江南北。2004年，在江苏省第二届社区艺术节综艺展活动中，溱潼砖雕《刘海戏金蟾》等作品荣获优秀作品奖；以溱潼砖瓦为主要特色的溱潼古民居“朱氏古宅”被列为省文物保护单位；根据“溱潼窑工号子”改编的男声小合唱《窑工号子》荣获中国民间艺术江苏省民歌民舞民乐大赛金奖；2003年荣获第五届江苏省五星工程金奖。

小故事

溱潼镇至今还流传着范马良独修金山寺的民间故事。传说在明代洪武年间，溱潼镇西有一位叫范马良的农夫，曾得到18个小金人。一天，他路过镇江金山寺，恰逢寺中摆斋，宴请镇江各界名流，化缘重建金山寺。按当时规矩，谁坐首席位就得多施舍金银，故大家谦让。范马良见这些财主富豪言行可憎，又见众僧左右为难，不禁动了肝火。于是他坐上首席位，惹得众士绅拂袖而去。范马良见状夸下海口，百日内独缮金山寺，而不用镇江一草一木、一砖一瓦。后来，范马良变卖家产和18个小金人，终于将金山寺修葺一新。现在社会上还流传着这样的民谣："独修金山范马良，不用江南泥和砖，泥土出在夏家汪，砖瓦产在湖西庄。"如今在镇江金山寺大雄宝殿的天井墙上，仍依稀可辨有"溱潼"的字样。

小知识

砖的品种有十料砖、九五大砖、大卡砖（这三种砖专供建筑大跨度古典建筑之用）、二卡砖、小楼砖、料半砖、骑马砖、圭砖、罗底砖、海模砖、刀刹砖等20多个品种。

瓦的品种有大瓦、小瓦、筒瓦（天沟瓦）、斜口瓦（淌水瓦）、花瓦、滴水、猫头瓦、竹山沟瓦、琉璃瓦等10多个品种。

泥塑产品有土地菩萨、汤俑、盾、鳁、兽头及狮、象、麒麟、犼等，主要用于房屋建筑的装饰。

新中国成立之前，砖瓦生产全靠手工操作，主要生产过程分为取泥、制坯、烧窑三大程序，前后七十二道工序，约十个流程：取泥、造泥、制坯、打窑、装窑、烧窑、挑窑水、敞口、出窑、卸货。工艺复杂，操作辛劳。

二、小学校本课程"'泰'博悟——走进泰州博物馆之海陵篇"

第一部分：课程纲要

"泰"博悟——走进泰州博物馆之海陵篇"课程纲要

课程名称	"泰"博悟——走进泰州博物馆之海陵篇		
单位	泰州市××小学	设计人	16级小学教育编者
适用年级	小学六年级	总课时数	12课时
课程简介	本课程是一门致力于帮助学生对于博物馆的相关知识有更深一步的了解，从而爱上博物馆，激发学生探究欲的一门校本课程 本课程分为八个单元，主要内容包括："泰"博悟之背景知识点滴谈；"泰"博悟之丰富篇——泰州市博物馆；"泰"博悟之灵动篇——中国传统建筑风水文化博物馆；"泰"博悟之才气篇——中国科举院试博物馆；"泰"博悟之超脱篇——中国评书评话博物馆；"泰"博悟之秀气篇——中国古井博物馆；"泰"博悟之富有篇——江苏盐税博物馆；"泰"博悟之多宝盒篇——泰州各大纪念馆一览 本课程主要目标是使学生大致了解泰州市海陵区各大博物馆的地理位置、科学文化知识，从而扩大学生的知识储备量，激发学生探究博物馆奥秘的兴趣，养成参观博物馆、学习探究知识的好习惯，提升学生的综合素养。在课程实施过程中，老师指导学生确定探究主题，组建活动小组。场馆内以小组自学为主，鼓励学生用多种形式反馈、汇报学习成果，发挥学生的主观能动性		

续表

<table>
<tr><td>课程背景</td><td colspan="3">博物馆是学生学习的第二课堂，博物馆课程具有广博性、互动性、情景性等特点，使得博物馆在当代青少年的素质教育中扮演着重要的角色，这早已是各界的共识。2004年3月19日，国家文物局发出专门通知，要求有条件的博物馆、美术馆向未成年人等群体免费开放。为了让孩子对本地的各大博物馆的位置、知识、文化内涵有更深一步的了解，我校自主研发了“‘泰’博悟——走进泰州博物馆之海陵篇”校本课程。同时，小学六年级的学生属于高年段学生，正在陆续进入青春早期。学生的自主意识逐渐增强，开始用审视批判的眼光看待事物，注意力较为集中，逻辑思维逐渐加强。因此，对于这一阶段的学生，我们把博物馆学习的重点放在知识拓展学习、自学能力的培养上，为学生之后的初中生活打下基础</td></tr>
<tr><td>课程目标</td><td colspan="3">1. 知识与技能：①了解何为博物馆教育，参观博物馆对于一个小学生的成长有着哪些重要的作用；了解博物馆的种类、功能。②了解并认识泰州市海陵区各个博物馆的地理位置，能画出泰州市海陵区博物馆分布图，或者用简洁的语言进行叙述；制订出小组出行计划。③大致了解泰州市海陵区各大博物馆的自然和社会文化知识，能就让自己印象最深的知识谈一谈自己的感受与想法，写两篇观后感。④能对所参观的其中一家博物馆场馆知识进行简单介绍，模拟扮演“我是小小讲解员”
2. 过程与方法：①通过本课程的学习，学生能够利用网络、图书馆、资料档案室等方式进行资料的收集与整理，提高获取信息的能力。②通过模拟扮演“我是小小讲解员”，锻炼学生的语言表达、逻辑思维能力，拓宽学生的知识面。③通过小组合作自主探究学习，让学生形成独立制订行动计划的能力，提高交流合作的能力
3. 情感态度价值观：①激发学生参观博物馆的兴趣，养成参观博物馆、吸收知识的良好习惯，激发探究欲望。②通过参观博物馆、学习相关知识，让学生产生家乡认同感和爱国主义情怀</td></tr>
<tr><td rowspan="8">课程实施</td><td>周次/课时</td><td>内容</td><td>实施要求</td></tr>
<tr><td>1/1</td><td>课程背景</td><td>教师课前让学生自行通过各种方式查找资料，课上和班级同学共同分享交流。教师课前也需做好相应的准备，利用多媒体等形式讲述概念，让学生对博物馆的功能、归类有一定的认识，激发学生对博物馆学习的兴趣</td></tr>
<tr><td>2/1
3/1</td><td>泰州市
博物馆</td><td>泰州市博物馆作为泰州市最大、最重要的博物馆，教师需要对本节课进行重点讲解，同时让学生根据自己的兴趣成立学习小组，按照不同的研究主题，前往泰州市博物馆进行探究，写下自己的观察日记及收获。并能够在课堂上用清晰的语言讲述自己的所见所闻所感。学生在课程结束后，需要对泰州市博物馆的各大场馆有基本的认识，了解泰州市博物馆的地理位置。在活动、课程结束后，进行学生自评、小组互评、家长评价、教师评价。完成博物馆成长手册之泰州市博物馆篇</td></tr>
<tr><td>4/1</td><td>中国传统建筑
风水文化博物馆</td><td rowspan="2">在进行博物馆资料介绍时，不能仅仅使用讲授法，要将讲授和活动相结合，激发学生的学习兴趣。教师应帮助学生在了解两个博物馆知识的基础上，树立正确的是非观念（对于风水、科举制知识取其精华去其糟粕），将中国的科举制度和泰州的乡土资源相结合</td></tr>
<tr><td>5/1</td><td>中国科举院试
博物馆</td></tr>
<tr><td>6/1</td><td>中国评书评话
博物馆</td><td rowspan="2">在课程实施之前，教师邀请博物馆的相关专家和大学教授在课上开展讲座，让学生对于博物馆中的知识有更深入、更专业的认知。学生在课上鉴赏评书评话文本，视频交流感想，在专家、老师的指导下，小组尝试表演。学生课堂表演课本剧“古井之间的对话”</td></tr>
<tr><td>7/1</td><td>中国古井
博物馆</td></tr>
</table>

续表

课程实施	8/1 9/1	江苏盐税博物馆	在课程实施的过程中，主要采取学生自主合作交流的形式。小组成员上台讲一讲自己对于江苏盐税博物馆的了解，学生上课，教师提出相应指导
	10/1 11/1	泰州各大纪念馆一览	作为本课程的最后一单元，教师应在完成教学的基础上进行延伸拓展。在课程的最后每位同学进行博物馆成长手册分享，共同编制一本泰州市海陵区博物馆参观小手册，每个小组有一个汇报表演，汇报自己的收获
	12/1	汇报展示	课程总结，小组成员进行表演，汇报演出
课程评价	评价分为评老师和评学生两部分。①学生之间自评和互评相结合（小组成员之间互评、小组之间互评）。评价依据：活动参与度。②教师对学生进行评价。依据学生的作业完成情况、出勤情况、材料完成和准备情况等各方面进行评价。③学校、家长对教师的教学计划、教学备课等方面进行评价。总成绩=知识竞赛（20%）+教师家长评价（30%）+组间评价（15%）+组员互评、自评评价（35%），班级得分最高的三位同学被评为“最佳博悟好少年”，小组中成绩最高的小组被评为“博悟之星组”		
备注			

第二部分：课程内容（节选）

“泰”博悟——走进泰州博物馆之海陵篇

在这道丰富多彩的校本课程“大餐”中，我们通过“说一说”“练一练”等环节，让同学们品尝这道大餐中营养丰富的“美味佳肴”，希望同学们能在这门课程中学到丰富的知识，同时提高自己的能力，真正成为博学多才的“博悟好少年”。

第一单元 “泰”博悟之背景点滴谈

第一节 什么是博物馆

博物馆是征集、典藏、陈列和研究代表自然和人类文化遗产的实物的场所，并对那些有科学性、历史性或者艺术价值的物品进行分类，为公众提供知识、教育和欣赏的文化教育的机构、建筑物、地点或者社会公共机构。博物馆是非营利的永久性机构，向公众开放，为社会发展提供服务，以学习、教育、娱乐为目的。

说一说：

你去过哪些博物馆，你对博物馆有哪些认识？

第二节 博物馆的历史

一、西方博物馆的由来

古代意义的博物馆：公元前4世纪，马其顿的亚历山大大帝在建立帝国的军事行动中，把搜集和掠夺来的许多珍贵的艺术品交给他的教师亚里士多德整理研究，亚里士多德曾利用这些文化遗产进行教学、传播知识。亚历山大去世后，他的部下托勒密·索托收集来更多的艺术品。公元前3世纪，托勒密·索托在埃及的亚历山大城创建了一座专门收藏文化珍品的“缪斯神庙”。这座“缪斯神庙”，被公认为是人类历史上最早的“博物馆”。

现代意义的博物馆：在18世纪，英国有一位内科医生汉斯·斯隆，他是一个兴趣广泛的收藏家。为了让自己的收藏品能够永远“维持其整体性、不可分散”，他决定把自己将近八万件的藏品捐献给英国王室。王室由此决定成立一座国家博物馆。1753年，英国博物馆成功建立，成为全世界第一个对公众开放的大型博物馆。

二、中国博物馆的由来

中国博物馆史依据文献记载始自夏朝。“博物院”一词，始于清同治七年法籍神父韩伯禄在上海首创的自然历史博物院。清同治十三年英国亚洲文会在上海设立了自然历史与考古类博物馆。清光绪三十年在天津租界的新学中学设立华北博物院，是自然历史及民俗类博物馆。以上三馆均属西方人建设。我国人民自设博物馆者，以清光绪三十一年张謇开办南通博物院为始。次为清宣统元年山东省立图书馆附属山东金石保存所成立，收藏出土古器物及碑龛等万余件。清宣统二年，南洋劝业会教育馆成立。

三、国际上博物馆的发展

博物馆在适应社会发展的漫长历程中，形成了多职能的文化复合体。随着社会的发展，博物馆的职能仍在不断发展变化。博物馆的新职能、新形态、新方法、新的收藏对象也不断出现。1974年，国际博物馆明确规定：博物馆是一个不追求营利的、为社会和社会发展服务的、向公众开放的永久性机构，以研究、教育和欣赏为目的，对人类和人类环境的见证物进行搜集、保存、研究、传播和展览。

想一想：

了解历史可以帮助我们更好地了解博物馆的文化、知识，还能拓宽我们的眼界。上文中出现的中西方各朝代的名称，你们都熟悉吗？如果不够熟悉，可上网搜一搜。

第三节　博物馆的功能与分类

一、博物馆的功能

形态上包含建筑物、植物园、动物园、水族馆、户外史迹、长期仿古代生活展示（民俗村），以及视听馆、图书馆、表演馆、档案资料馆等。内容上一般分为美术馆、历史博物馆、人类学博物馆、自然历史博物馆、科学博物馆、地区性博物馆及特别专题博物馆等。

二、博物馆的分类

中国博物馆在1988年前被划分为专门性博物馆、纪念性博物馆和综合性博物馆三类，国家统计局也是按照这三类博物馆来分别统计公布发展数字的。现阶段，根据国际的分类方法将中国博物馆划分为历史类、艺术类、科学与技术类、综合类这四种类型。

第四节　泰州的博物馆

了解一个城市最好的方法就是参观这个城市的各大博物馆，收获快乐的同时还能增长知识。我们想要和别人介绍自己家乡时，自然要把家乡的历史、自然及人文环境讲清楚，才能成为“家乡小导游”。同时，想要了解这些知识，去家乡的博物馆转一转，在玩中学是最有效的方法。

在泰州市海陵区有六座博物馆，各有特色，蕴含着各种自然知识与社会文化的宝藏。

练一练：

1. 博物馆的定义是什么？你知道世界上有哪些著名的博物馆？
2. 博物馆有哪些类别？又有哪些功能呢？
3. 泰州海陵区的六大博物馆，你对哪一个博物馆最感兴趣，希望能看到什么内容？
4. 分组讨论，谈谈各自的收获并交换各自的资料看一看，课前评出你们小组的“博学之星”。

三、小学校本课程“乡音未改——寻味泰州方言”

第一部分：课程纲要

“乡音未改——寻味泰州方言”课程纲要

<table>
<tr><td>课程名称</td><td colspan="4">乡音未改——寻味泰州方言</td></tr>
<tr><td>单位</td><td colspan="2">泰州市××小学</td><td>设计人</td><td>16级小学教育编者</td></tr>
<tr><td>适用年级</td><td colspan="2">六年级</td><td>总课时数</td><td>10课时</td></tr>
<tr><td>课程简介</td><td colspan="4">本课程是以泰州方言为课程资源，从泰州方言的历史起源、适用地区、语法发音等展开学习，以脍炙人口的方言俗语、歌谣为主要内容，帮助学生了解家乡、传承乡土文化</td></tr>
<tr><td>课程背景</td><td colspan="4">自学前教育阶段起，儿童几乎都处于说普通话的环境中，现如今多数小学生对本地方言发音较为生疏。这就需要学校在推广普通话的同时也要注意保存自己本土的“乡音”
一个地方的乡音，展示着当地的社会图景，承载着当地的文化特色，是一种语言，更是一种文化底蕴，本课程将让学生“走”进泰州方言，认识泰州方言的独特魅力，提高保护方言的意识</td></tr>
<tr><td>课程目标</td><td colspan="4">1. 知识与技能：了解泰州方言的历史起源、变迁和特点，理解一些方言所表达的含义，能够用泰州话与同伴进行日常交流
2. 过程与方法：通过实地参观、小组合作、实践采访等方式，提高学生的表达能力和人际交往能力
3. 情感态度价值观：继承泰州当地传统的语言文化以及风俗民情，体会泰州方言的通俗性和趣味性，激发对家乡的热爱之情</td></tr>
<tr><td rowspan="7">课程实施</td><td>主题</td><td>周次/课时</td><td>内容</td><td>实施要求</td></tr>
<tr><td rowspan="3">第一单元
神秘古老的方言</td><td>1/1</td><td>1. 泰州话的“前世今生”（包括泰州话的起源发展、变迁）
2. 泰州方言圈（包括泰州方言的使用区域）</td><td>教学采用多媒体、图案资料、历史故事等方式介绍泰州话的起源、历史发展和方言圈现状，学生在学习的同时，能够体会到家乡方言的源远流长</td></tr>
<tr><td>2/1</td><td>1. 泰州话的影响因素，体会保护泰州话的重要性
2. 调查设计，教师引导学生设计调查问卷</td><td>教学采用自主探究、小组合作的形式，让学生自己去搜集资料，了解泰州话的使用现状，激发对家乡方言的传承和保护之情</td></tr>
<tr><td>3/1</td><td>自主实践活动，学生成立调查小组，进行发言使用情况的调查</td><td>校外实践活动，以小组为单位，设计调查问卷、进行访问调查，让学生深入社会实践，锻炼学生的社会实践能力和人际交往能力</td></tr>
<tr><td rowspan="3">第二单元
泰州话的特点</td><td>4/1</td><td>学习泰州话的发音特点，体会泰州话和普通话的相似之处和不同之处，感受泰州话的独特魅力</td><td>小组学习模式，组织学生在了解泰州话的发音特点之后进行小组练习</td></tr>
<tr><td>5/1</td><td>学习泰州话的语法特点，学会泰州话的一些简单语法，能够看懂泰州话句子中一些疑问句和“儿”缀</td><td>教师出示相关短片视频，学生在观看的同时，了解句子使用的特定情景，方便学生学习</td></tr>
<tr><td>6/2</td><td>1. 了解泰州话的一些句式，能够自己仿照句式写句子
2. 具体事例引入现代社会价值，通过开展小组辩论赛的形式探讨当今社会究竟有没有必要传承发展地方方言</td><td>课堂采用交流学习的方式，依据之前所学知识，交流自己的感受，通过小组辩论赛的形式让学生探究传承地方方言的意义</td></tr>
</table>

续表

课程实施	第三单元 感悟泰文化	7/1	赏析泰州民歌，体会泰州文化的独特艺术魅力	教师播放泰州民歌，组织学生在歌谣中感受几十年前泰州人民的生活和文化
		8/1	泰州话谚语赏析	
		9/1	俗语解读	
课程评价	本课程采用多元化的评价方法，重视学生学习结果的同时，更注重过程的评价，重视开展学生之间的互评和自评，鼓励学生通过活动表现自己。本学期有两次综合实践活动（1次社会实践、1次小组辩论赛），小组展示成果记入最后成绩，约占30%，因为本课程属于语言类课程，最后考核为泰州话方言考级（包括笔试和口试） 一、积分制评价 根据学生平时考勤、作业、提问回答情况、小组合作情况分别给予相应积分（占20%） 二、展示性评价 1. 实践活动展示（占30%） 2. 泰州话方言考级（占40%）。笔试：选择（基础知识）、连线（俗语匹配）、翻译。口试：朗读材料、口语交际。等级评定：一甲（100～90）、一乙（90～80）、二甲（80～70）、二乙（70～60）			
备注				

第二部分：课程内容（节选）

乡音未改——寻味泰州方言

方言是一个人本质意义上的母语，乡音连接着乡情。这里说的乡情可谓一语双关，它既可以是一种故土情结那种精神性的记忆，也可以是一种家乡情景那种实体性的记叙。对于土生土长的泰州人，泰州老话的方言环境是培育人文意识的最初“温床”，从牙牙学语时就如影随形地萦绕在身边，事物的辨识，事理的明了，可以从方言里找到最初的渊源以及河流般流动的脉络。

方言多用于口头表达，也是以口头传播的方式在实际使用中得以传承。以现代汉语的谱系作为参照，方言的地域特殊性注定了它在书面记忆上的生僻性，泰州方言也不例外。迄今为止，泰州方言的书面定格多以字、词、词组的本字界定、含义注解为主，兼及短句、熟语、童谣或谜语。本课程力求用一种全新的方式，从泰州话的起源和历史背景展开学习，整理收集泰州话的精髓，大致牵涉泰州话的常用部分，以成文的形式还原方言这种地域性的集体记忆。

对于泰州的同学们来说，大家或许能够从本课程的学习中寻找到一种并不遥远的怀旧记忆，在会心一笑中品味岁月悠长的滋味。

对于不熟悉泰州方言的同学们来说，本课程或许是你融入泰州方言氛围的一把钥匙，一种入门式的启蒙。因此，我们可以选择从这里开始。

第一章　神秘古老的语言

第一节　泰州话的“前世今生”

“五里不同俗，十里不同音”，方言是一个地区特有的文化符号。泰州方言的历史有多久？它的起源是什么？后来又经过了怎样的变迁？让我们一起来揭开泰州方言神秘的面纱吧！

汉语包括七大方言，即官话、吴语、赣语、客家话、湘语、闽语、粤语，其中官话是使用人口最多的方言，属于汉语第一大方言。泰州处于官话与吴语的交汇地带，是吴语和江淮官话的过渡方言，属于官话中的江淮方言。

方言是语言逐步分化的结果，而语言分化是从移民开始的，人口迁徙在促进文化发展的同时也使语言发生很大变化。泰州地处江淮之间，长江北岸，历史上战乱、移民、行政区划等使得泰州方言区的形成和演变颇为复杂。

拓展知识

从《左传》《吕氏春秋》《史记》等书的记载可以初步推算出，在周秦两汉时代，今泰州地区的方言是古代吴语。经过一定时代的发展泰州地区的方言逐步从古代吴语向江淮方言转变。这主要来自我国历史上第一次人口大迁徙——永嘉南渡。

历史上泰州地区隶属扬州，泰州的政治地位、经济地位、交通状况都比不上扬州城区，因此，这里由吴语向北方话转变比较缓慢，保留的吴语成分也多了一些。但是，南方话向北方话靠拢，方言向通用语转化是大势所趋，这里处于北方话的边缘地带，终究不能使这里的北方话转变为吴语，只是形成了带有吴语色彩的江淮话。因此，以扬、泰两地为代表的江淮方言，在不同条件下逐步发展成现在的方言格局：扬州话属于江淮方言中的宁扬方言，泰州话属于江淮方言中的通泰方言。现在的泰州话保存了许多江淮方言的特点，但并不是直接保存，在后来的发展中，它还有自己的变化，慢慢形成现在的泰州方言。

说一说：

1. 你的家乡在哪里？你会说家乡话吗？
2. 汉语包括哪几大方言？和小伙伴相互说一说吧！
3. 泰州属于哪一块方言区？

第二节　泰州方言圈

泰州方言圈是什么？哪些地区属于泰州方言圈？他们之间有着怎样的关联？接下来就让我们了解一下泰州方言圈。

泰州方言圈，学术上称为泰如（泰州—如皋）方言片或者通泰（南通—泰州）方言片，其位于江苏中部地区，包含泰州、姜堰、泰兴、海安、如皋、如东、东台、大丰等，覆盖了泰州、南通、盐城三个地级市，总人口大概900万。历史上这里都曾属于泰州管辖的区域，因此这片区域称为“泰州方言片”。

泰州方言圈内部的相似性不仅仅是方言的相似性，还有族群、习俗的相似。事实上，泰州方言圈东部人主要是从泰州迁移过去的移民。移民也带去了当地的风俗习惯，比如泰州有一个特色美食——鱼汤面，东台和姜堰也有。泰州人大体是形成于明朝，因元朝时期战乱，泰州城被毁，后来的泰州城是明初从当地和苏州召集来的人重建的。自明朝起至今日，泰州再也没有发生大的战乱，因此族群和风俗得以延续下来。

泰州方言圈在我国版图上居于南北相对适中的地区。中国的南北分界线是秦岭淮河，所以严格来说，这里属于南方，因为毕竟在长江以北。相比之下泰州方言圈的人处于官话与吴语区的交界处，对吴语和其他南方方言区有着一定的认同和理解，但对于官话区也不排斥，其结果就是泰州方言圈处于一个左右逢源的位置。

拓展知识

“三泰”特指泰州、泰县（现姜堰）、泰兴三地。这个词之所以出现，是因为当时这些地区都属于扬州，但他们的方言、文化却与扬州和其附近的附郭县不尽相同，为了标明该地区的独特性，“三泰”一词应运而生。“三泰”地区中，尤其以泰县（姜堰）与泰州的关系最为密切，相互认同感也最强。这是因为泰县（姜堰）本为泰州的附属县，泰州则是泰县的县府驻地，两者长期以来就是一体的，新中国成立后曾经几度分开，又几度合并，但最终还是分开了。

四、小学校本课程“泰州的桥”

第一部分：课程纲要

“泰州的桥”课程纲要

<table>
<tr><td>课程名称</td><td colspan="3">泰州的桥</td></tr>
<tr><td>单位</td><td>泰州市××小学</td><td>设计人</td><td>16级小学教育编者</td></tr>
<tr><td>适用年级</td><td>小学五年级</td><td>总课时数</td><td>10课时</td></tr>
<tr><td>课程简介</td><td colspan="3">本课程主题设为“泰州的桥”，主要内容包括：①泰州桥的前世今生，主要包括对曾经的泰州桥和如今的泰州桥的讲解，以及泰州桥的演变；②泰州桥的名人轶事，主要包括对赵公桥和板桥故事的讲解，通过讲述故事，塑造人物形象，让同学们对桥有一个新的认识。③泰州桥的文化结晶，主要讲述泰州桥是泰州人民的智慧结晶，升华主题</td></tr>
<tr><td>课程背景</td><td colspan="3">本课程不仅是想让同学们能更好地理解泰州本地的桥文化，还想让同学们在学习的同时了解从古至今不一样的桥文化给泰州带来的翻天覆地的变化，以及树立保护和发展泰州本地的桥文化的意识，让桥文化得到传承</td></tr>
<tr><td>课程目标</td><td colspan="3">1. 知识与技能：①掌握泰州桥的历史演变知识。②能够复述赵公桥和板桥的历史故事，了解主人公的人物形象。③认识到桥文化是泰州人民的智慧结晶
2. 过程与方法：①通过图片观赏、视频观看和实地勘察了解泰州的桥文化。②通过小组交流讨论，了解泰州桥文化的历史变迁。③师生互动，讨论桥文化的精神所在
3. 情感态度和价值观：①了解桥文化的精髓，树立保护桥文化的意识。②认识到泰州桥文化是泰州人民的智慧结晶，培养学生的崇敬之情</td></tr>
<tr><td rowspan="6">课程实施</td><td>周次/课时</td><td>内容</td><td>实施要求</td></tr>
<tr><td>1/2</td><td>曾经的泰州桥</td><td>学生知道曾经的泰州桥的特点；能够描述老吊脚楼和一般泰州桥的不同点</td></tr>
<tr><td>2/2</td><td>如今的泰州桥</td><td>让学生描述他们眼中的泰州长江大桥；说一说如今泰州桥的特点；课外活动探究如今的泰州桥的特点</td></tr>
<tr><td>3/2</td><td>赵州桥</td><td>让学生朗读赵公桥的故事，复述赵公桥的产生；描述主人公的性格特点，以及他的身上有哪些值得我们学习的精神</td></tr>
<tr><td>4/2</td><td>板桥</td><td>让学生朗读板桥的故事，复述板桥的产生；描述主人公的性格特点，以及他的身上有哪些值得我们学习的精神</td></tr>
<tr><td>5/2</td><td>泰州桥的文化结晶</td><td>让学生交流讨论泰州的古桥好还是现代化的桥好；描述现代化的泰州桥的优势；让学生想一想应该如何保护和发扬泰州的桥文化</td></tr>
<tr><td>课程评价</td><td colspan="3">课程评价分为教师自评（对教学目标完成度的评价）、教师评学生、学生自评和小组互评
1. 教师自评包括教师素养、教学目标、教学流程、教学方法、教学效果的评价
2. 教师评学生主要通过试卷测评和作业测评
3. 学生自评根据学生自评表进行评价，评价内容分为学习能力、活动参与度、交流与合作三个维度
4. 小组互评根据小组互评表进行评价，评价对象包括小组内所有组员，评价内容分为学习能力、活动参与度、交流与合作三个维度</td></tr>
<tr><td>备注</td><td colspan="3"></td></tr>
</table>

第二部分：课程内容（节选）

泰州的桥

本课程的开设，不仅想让同学们能更好地理解泰州本地的桥文化，还想让同学们在学习的同时了解从古至今不一样的桥文化给泰州带来的翻天覆地的变化，以及树立保护和发展泰州本地的桥文化的意识，让桥文化得到传承。

第一章 泰州桥的“前世今生”

第一节 曾经的泰州桥

在泰州这所城市里遍布着大大小小的桥，但是，它们曾经的样子你们认识吗？它们是什么形状，又有什么特点呢？

泰州原是一座地道的水城，先不说环抱州城那一弯宽阔的围城河和城外的草河、稻河、卤汀河，城里也是河道如网、水系纵横。那时，城内由南往北有中市河、东市河、西市河，另外还围了两圈儿玉带河。

俗话说：“有人就有路，有水便有桥。”泰州究竟有多少桥？真是没法说得清楚。有段反映泰州地方特色的绕口令说：“桥跑桥，庙跑庙，跑来跑去总见庙；庙跑庙，桥跑桥，跑去跑来还是桥。”可见泰州的桥和庙数量之多。

想一想：

1. 曾经的泰州桥有什么特点？
2. 它们大多是怎样的形状？

目前我们所见到的桥还在我们身边存在着，但是曾经的旧貌已经翻新。有些桥已经属于老古董了，比如稻河的老吊脚楼。

议一议：

1. 老吊脚楼桥和泰州古桥有什么不一样？
2. 老吊脚桥有怎样的特点呢？

泰州的桥有平桥、单拱桥、多拱桥、梁式桥、板桥、吊桥。除了书上给出图片的桥以外，还有东门外凤凰墩前的迎春桥，泰山脚下胡公书院旁的彩霞桥，新北门口的天滋桥，卤汀河上的招贤桥，南门城外的宝带桥，还有赋园巷东头的西虹桥、东虹桥，它们的名字都极富文采，又兼带诗意，很有书卷气。

找一找：

上网找一找泰州古桥的图片，与同学们分享，说一说它们各有怎样的特点。

泰州的老桥除几座砖铺的以外，多数是石拱桥。它们留给人的印象是：简洁、稳定、坚固、牢靠，就像是泰州的普通老百姓一样地踏实、纯朴、敦厚、善良。

第二节 如今的泰州桥

经历了时间的洗礼的泰州桥，如今发展成什么样子了呢？它和以前还一样吗？发生了哪些变化呢？

如今的泰州桥变得不一样了，它变得逐渐繁荣，甚至让人称赞，比如泰州长江大桥。泰州长江大桥位处于长江江苏江段的中部，直接连接着北京至上海、上海至西安和上海至成都三条国家高速公路，在长江三角洲地区和江苏省的高速公路网络中起着重要的联络和辅助作用；它是江苏省“五纵九横五联”高速公路网和国家《长江三角洲地区现代化公路水路交通规划纲要》中的重要组成部分，也是江苏省规划建设的11座公路过江通道之一。

2016年5月12日，国际桥梁及结构工程协会2014年度杰出结构工程奖揭牌仪式在泰州大桥现场举行。此次泰州大桥获奖，是我国继卢浦大桥、水立方后第三个获此殊荣的项目。

议一议：

1. 在你的印象中泰州长江大桥是什么样子的？

2. 泰州长江大桥给人们的生活带来了怎样的影响？

除了泰州长江大桥外，还有各式各样的现代化的桥，有的围绕稻河建设，成为亮丽的风景线；有的在原来的旧貌上进行改建，别有一番韵味；有的则在城市发展规划中被拆建了，但当地仍然保留着桥的历史。桥的文化并没有离我们而去，而是越来越广泛地运用在我们的生活中。

如今，随着时代的发展，泰州的桥也辞旧迎新并且正在向我们展示一个新的面貌，如高架桥，泰州已经有很多高架桥，它们绕城市而建，为越来越多的车辆提供出行的便利。

想一想：

1. 如今的泰州桥有什么特点？

2. 你认为泰州长江大桥和高架桥对人们的生活起到了怎样的作用？

随着科技的进步、经济的发展，高架桥的数量也会越来越多，人们的出行也会变得越来越方便，这也象征着泰州市正在逐渐繁荣昌盛起来。

走一走：

周末和老师、同学们一起实地看一看如今泰州的桥是什么样子，并交流讨论。

五、小学校本课程“泰州学派之王栋”

第一部分：课程纲要

“泰州学派之王栋”课程纲要

课程名称	泰州学派之王栋		
单位	泰州市××小学	设计人	16级小学教育编者
适用年级	小学六年级	总课时数	6课时
课程简介	本课程适用群体为泰州市小学六年级学生，课程共6课时，分为三个部分：王栋的生平、王栋的思想主张和王栋的作品简介。希望学生通过本课程的学习，了解王栋的生平和他的思想及作品并能够对王栋进行恰当的评价，有一定的思辨能力。在本课程的学习中，我们希望学生能够主动探究，积极思考，养成爱思考的好习惯。在此基础上，希望学生能够理解王栋思想的精华部分		
课程背景	本课程以泰州乡土资源为依托，关注泰州学派中的主要人物——王栋。乡土历史人物集知识性和思想性于一体，是将抽象的乡土情感转化为具体可见的载体。作为一名泰州的小学生，了解泰州本土的哲学学派及主要人物是十分有必要的，有利于激发学生的乡土情感。这是学生学习的需要，也是教师开展教学的依据。王栋的思想有些对学生的身心发展有促进意义，有些则并不适于学生的发展，我们需要指导学生正确认识并辨别其思想		
课程目标	1. 知识与技能：了解王栋的生平及主要的思想、作品；学会写简单的人物传记；初步养成思辨的能力 2. 过程与方法：在探索王栋生平和思想的过程中，掌握搜集资料写人物传记的方法；在学习王栋思想的过程中，学会有条理地列举观点并恰当阐述自己的方法 3. 情感态度价值观：感受泰州的文化底蕴，热爱泰州文化；养成辩证看待历史人物的态度		

续表

<table>
<tr><th></th><th>周次/课时</th><th>内容</th><th>实施要求</th></tr>
<tr><td rowspan="6">课程实施</td><td>1/1</td><td rowspan="2">王栋何许人也</td><td>了解王栋的生平，包括王栋的字、号，王栋的地位、主要事迹，王栋和泰州学派的关系；了解王公祠和安定书院，包括地理位置它们在泰州的地位，对于泰州学派的影响</td></tr>
<tr><td>2/1</td><td>详细了解王栋的生平事迹，并且能够对王栋的事迹进行恰当的评价；学会写人物传记的方法，给王栋写一个简单的传记</td></tr>
<tr><td>3/1</td><td>王栋的思想主张</td><td>了解王栋“立志勤学”和“修身慎德”的主要思想；辩证看待他的思想主张；能够在交流讨论中表述自己对王栋思想的态度</td></tr>
<tr><td>4/1</td><td>王栋的思想主张</td><td>在初步了解王栋主要思想的基础上进行深入思考，写出自己对王栋思想的看法并且有条理地表达出来</td></tr>
<tr><td>5/1</td><td rowspan="2">王栋的作品简介</td><td>了解王栋的主要作品及其作品产生的基础，感受其作品的价值</td></tr>
<tr><td>6/1</td><td>模仿王栋以讲学为基础而编写的《会语》，编写简单的“×××说”，并向同学介绍自己的想法</td></tr>
<tr><td>课程评价</td><td colspan="3">1. 评价依据：学生的三次作业完成情况（人物传记占30%、对王栋思想的思辨表述占30%、“×××说”的编写占30%）
2. 评价方式：教师评价与学生自评、同伴互评相结合
3. 评价内容：出勤、课堂表现占10%，三次作业完成情况占90%
4. 评价结果：师生共同评选出最积极奖、最会提问奖、人物传记编写最佳奖、“会语”编写最佳奖等奖项</td></tr>
<tr><td>备注</td><td colspan="3">本课程内容的编写由浅入深，从了解人物生平到了解其内在思想主张再到了解其作品逐步进行。在每一单元中都设置基础性任务和挑战性任务，让不同能力的学生都能够学有所得
六年级的小学生处于具体运算阶段的末期或形式运算的初期阶段，他们有处理假设的能力，所以让他们和古人对话有心理发展基础。在这一阶段的学生急于表达自己的看法，有很强的自我实现的欲望，在教学之外，应留给学生发表自己的看法的时间
在本课程的教学过程中，应引导学生到重要遗址去实际感受。坚持学生的主体地位，在实际学习中，学生在面临问题时，除了能够询问教师之外，还应有主动探究的积极态度</td></tr>
</table>

第二部分：课程内容（节选）

泰州学派之王栋

第一单元　王栋何许人也

王栋，字隆吉，号一庵，时称“一庵先生”，泰州姜堰镇人。他是王艮同族的弟弟，同时曾师事伯兄王艮（拜王艮为师），学到了家族世代相传的学问。他是我国明代著名的思想家、教育家，也是泰州学派的中坚人物。

王栋长期在姜堰讲学，他教学的地方“王公祠”现在已作为文物保存。在嘉靖三十七年（1558），他被岁贡（官职）授予南城训导这一官职。后来担任南丰教谕（官职），每五日召集学生讲课，用修养身心的学问训导他们。在回到泰州之后，他开门授徒，主持过安定书院。他把讲学与讲会结合起来，形成了一种新的教育形式，这是王栋对泰州学派的一个重要贡献，也是对中国教育的一大贡献。

问一问：

同学们，你们知道王公祠和安定书院在哪儿吗？

练一练：

请为王栋写一份不少于300字的传记，并在传记最后写出你对王栋的评价。

六、小学校本课程“走进石锁”

第一部分：课程纲要

“走进石锁”课程纲要

课程名称	走进石锁		
单位	泰州市××小学	设计人	16级小学教育编者
适用年级	小学五年级	总课时数	6课时
课程简介	本课程主要通过认识石锁、泰州石锁的发展、石锁的练习方法这三个单元的学习和实地参观考察，使学生对石锁的起源及发展有一个宏观的认识，知道石锁是什么，了解石锁在泰州地区的发展，知道如何练习石锁，并自己制定和进行一场班级“小小石锁王”比赛		
课程背景	石锁产生于唐宋时期，于2011年6月入选第三批国家非物质文化遗产名录。泰州有泰州市石锁协会，在泰州城隍庙西侧有一个重达61吨的巨型石锁，被称为“天下第一锁苑”，“石锁王”王秉荣也是泰州人。但是，石锁运动多流传于中老年群体中，年轻人及儿童知之甚少。因此，在小学开设石锁相关的课程，对学生认识石锁、石锁的流传都有重要意义		
课程目标	1. 知识与技能：了解石锁的发展历程；了解泰州石锁的发展现状；了解“石锁王”王秉容的事迹；掌握石锁练习的基本方法，可以在同伴间进行简单的比赛 2. 过程与方法：通过实地考察、和泰州本地石锁达人对话，认识石锁；通过动手做一做，玩一玩，掌握石锁的练习方法 3. 情感态度与价值观：产生研究石锁的兴趣，形成继承国家非物质文化遗产的意识和责任感，能主动向他人介绍石锁；产生热爱家乡、热爱祖国之情；提高合作意识、团体精神		
课程实施	周次/课时	内容	实施要求
	1/1	认识石锁	教师准备PPT，学生通过欣赏图片、实物观察，认识石锁，知道石锁的起源和历史发展
	2/1	天下第一锁苑	教师组织学生实地参观“天下第一锁苑”，了解“天下第一锁苑”的由来及制作过程
	3/1	泰州“石锁王”	了解泰州“石锁王”王秉荣，了解“石锁王”称号的由来。学习王秉荣身上的工匠精神。教师可以和如今的“石锁王”沟通，邀请他来学校向同学介绍石锁运动
	4/1	玩石锁的历史及基本玩法	通过理论学习和模仿示意图，知道玩石锁的历史，知道石锁的练习方法；通过理论和实践相结合，先学习主要的练习方法，再动手操作，在实践中学会玩石锁
	5/1	试一试	在学生掌握石锁的基本玩法的基础上，让学生自己设计一场“小小石锁王”的比赛，设计并填写“比赛规则表”
	6/1	“小小石锁王”比赛	在班内开展“小小石锁王”比赛。评出前三名，颁发“小小石锁王”奖状和奖品

续表

课程评价	1. 学生自主填写课程评价表，根据自己的表现打★，并写出自己的优缺点；教师课后根据学生的表现，为学生写评语；家长根据学生的表现，为学生写评语。（占70%） 2. 教师根据学生上课的表现，给学生打平时分，指标主要包括出勤率、课堂参与度、小组合作参与度、知识面的广度及深度。（占30%）
备注	1. 课程涉及工具操作和校外实地考察活动，教师需要注意课前的指导，密切关注学生的安全，维护好学生秩序，提前与参观地点人员沟通好，在活动中适时适度地给予学生帮助 2. 教师要积极参与校本课程的开发建设，课程教学前要充分搜集相关资料 3. 教师进行评价时，要综合运用形成性评价和总结性评价，做到公平公正地对待每一位学生

第二部分：课程内容（节选）

走进石锁

悠悠华夏千古，脉脉文明永续，给我们留下了博大精深的宝藏——石锁。在泰州，民间也有很多人在玩石锁。但是，石锁运动的流行只限于中老年群体，儿童、青少年对石锁知之甚少，这不利于石锁的流传，不利于石锁运动在泰州地区的长期发展。因此，小学生作为未来社会发展的中流砥柱，更应该了解石锁，知道石锁是什么，知道怎么玩石锁，这不仅可以锻炼身体，增强体格，也有利于石锁运动的流传，更可为我们的后代留下宝贵的财富。

接下来，就让我们一起走进石锁的世界吧！

第一章　认识石锁

第一节　石锁的起源

石锁，相传起源于我国唐代军营，士兵用石锁和石担子等锻炼身体，后流传于民间，演变为一项集力量、技巧、健身于一体的传统竞技项目，兴盛于清道光年间。

习练武术时，人们常常运用石锁进行握力、腕力、臂力及腰、腿部力量的训练。石锁举法主要有抓举和摆举，有用正掷、反掷、跨掷、背掷等掷法和手接、指接、肘接、肩接、头接等接法组成各种各样的花色动作。小石锁以花色动作为主，男女老幼皆可练习，花色石锁表演时，石锁在身体上下飞舞，刚柔结合。20公斤以上的大石锁则以练力量为主。

搜一搜：

课后查找书籍，或利用网络，搜一搜关于石锁的起源、石锁的小故事，在班里和同学老师一起交流分享。

第二节　石锁的近代发展

石锁运动是我国优秀的民族民间体育，已被收入体育类国家级非物质文化遗产名录。因其独特的价值与魅力，近年来在江苏各地区群众性健身活动中广泛开展，得到江苏省体育局、江苏省体育总会的重视。

在国家全面复兴传统文化，弘扬优秀传统文化精神的引领下，2017年6月，在江苏省体育局、江苏省体育总会及江苏省民政厅的支持下，江苏在全国率先成立江苏省石锁运动协会。目前江苏成立的市级石锁协会有13个，区县级石锁协会有20个，习练人群涵盖不同阶层、不同性别和不同年龄，特别是女性习练人群不断上升。

为进一步推动石锁运动改革创新，在江苏省体育总会的指导下，石锁运动协会积极尝试建立有效的竞赛活动体系和激励机制，大力开展具有影响力和示范性的石锁比赛与交流展示，目前已经初步形成规范的赛事与表演活动。例如，2017年11月开展的“首届全国民间石锁邀请赛”，参赛人员达1000多人，分别来自9个省份和1个直辖市，打破了两项全国武术功力大赛的纪录，并被省、市多家媒体报道。在每年传统的节假日里，各地石锁表演、展示活动受到人们的喜爱与欢迎。江苏石锁运动成为全民健身、丰富群众文化娱乐生活不可缺少的组成部分。

说一说：

你知道哪些关于石锁的故事？和同学们说一说吧！

七、小学校本课程“李中水上森林公园”

第一部分：课程纲要

“李中水上森林公园”课程纲要

<table>
<tr><td>课程名称</td><td colspan="4">李中水上森林公园</td></tr>
<tr><td>单位</td><td colspan="2">泰州市××小学</td><td>设计人</td><td>17级小学教育编者</td></tr>
<tr><td>适用年级</td><td colspan="2">小学五年级</td><td>总课时数</td><td>8课时</td></tr>
<tr><td>课程简介</td><td colspan="4">本课程属于文学类，分为理论课与实践课两部分。通过对李中水上森林公园的整体概况、主要景点的学习，初步感知李中水上森林公园的独特之处；通过践行李中水上森林公园，进一步体会李中水上森林公园之美；理论与实践相结合，培养保护自然、爱护自然的习惯</td></tr>
<tr><td>课程背景</td><td colspan="4">李中水上森林公园作为泰州的乡土资源，四星级乡村旅游点，是泰州有代表性的旅游景点之一。本课程的开设有利于泰州人民进一步了解泰州，增强对泰州这一地区公民的认同感、荣誉感，进而提高民族认同感。同时，园内树木种类众多，水系丰富，形成了“林中有水，林中有鸟”的独特水乡景观。学生通过理论与实践相结合的方式，在欣赏美丽景观的同时，懂得保护自然、爱护自然，这也与谋求人与自然和谐共生这一理念相契合</td></tr>
<tr><td>课程目标</td><td colspan="4">1. 知识目标：了解李中水上森林公园的整体概况（历史、独特水乡景观等）
2. 能力目标：通过小组合作，自主调查，提高搜集资料的能力；通过撰写游记，拍摄视频，提升语言表达能力
3. 情感目标：通过实地探寻、体会大自然的神奇，培养保护自然、爱护自然的习惯</td></tr>
<tr><td rowspan="9">课程实施</td><td>周次/课时</td><td>内容</td><td colspan="2">实施要求</td></tr>
<tr><td>1/1</td><td>李中水上森林公园简介</td><td colspan="2">教师简要介绍李中水上森林公园；学生通过阅读课文，回答“想一想”三个问题，对公园有一个初步的了解</td></tr>
<tr><td>2/1</td><td>课外拓展——谁是“小小资料搜集王”</td><td colspan="2">学生课前搜集相关资料并进行分类整理，课上积极交流互动；教师对学生搜集的资料进一步整合、补充，帮助学生对李中水上森林公园有进一步的认识</td></tr>
<tr><td>3/1</td><td>了解李中水上森林公园的主要景点</td><td colspan="2">教师讲解李中水上森林公园的主要景点，帮助学生进一步体会公园的独特之处，为学生积极参与实践做铺垫</td></tr>
<tr><td>4/1</td><td>“我是小小安全员”</td><td colspan="2">在师生互动以及生生互动中，了解安全注意事项，保障出行安全</td></tr>
<tr><td>5/1</td><td rowspan="2">践行李中水上森林公园</td><td colspan="2" rowspan="2">带领学生走进李中水上森林公园，领略公园的独特景观</td></tr>
<tr><td>6/1</td></tr>
<tr><td>7/1</td><td rowspan="2">回味李中水上森林公园</td><td colspan="2" rowspan="2">通过粘贴照片（喜爱的美景）、写游记以及拍视频的方式回味李中水上森林公园之美</td></tr>
<tr><td>8/1</td></tr>
</table>

续表

课程评价	1. 修时评价：出勤率85%以上，即需至少修满7课时（特殊情况可请假）。（占15%，15分） 2. 过程评价：包括资料搜集、上课积极参与互动交流。（占25%，25分） 3. 结业考核：根据一篇游记和视频（学生的语言表达能力、姿态等）进行评价。（占60%，60分）
备注	

第二部分：课程内容（节选）

李中水上森林公园

本课程结合泰州当地的乡土资源——李中水上森林公园，通过实践，激发学生的学习兴趣，提高学生自主探究、合作探究的能力、搜集并整理资料的能力、语言表达能力等。同时，理论联系实际，帮助学生真正地做到真听、真看、真感受，为以后语文及其他科目的学习提供一条有益的渠道。

第一单元　李中水上森林公园简介

李中水上森林公园，是江苏省最大的人工湿地生态林。目前整个景区占地面积2000亩，采用林垛沟鱼的立体模式，森林主要以水杉为主，美丽的白鹭在林中穿梭飞翔，使整个景区动静结合，给人一派心境舒畅的感觉。园内水系丰富，形成了“林中有水、林中有鸟”的水乡景观。黄昏时分，百鸟归巢，遮天蔽日，景象蔚为壮观。园区内有林中水巷、板桥栈道、难得糊涂林、步云桥、垂钓区、娱乐区等一批具有现代水乡风光特色的景点。

20世纪80年代初，当地干部群众为合理开发利用荒滩资源，将这里的荒滩开发成一条条垛格，栽种适应水中生长的池杉、水杉等树木品种，林中间种芳芋、油菜等经济作物。如今栽种的10万余株池杉、水杉等树木皆已长成参天大树，“水上园林”应运而生。

李中水上森林公园先后被江苏省委宣传部、省环保厅、省教育厅命名为“江苏省环境教育基地”和“江苏省科普教育基地”。2011年被江苏省旅游局评定为四星级乡村旅游点。

说一说：

1. 上文主要从哪几个方面来介绍李中水上森林公园的？
2. 根据文中对李中水上森林的介绍，谈一谈李中水上森林公园的由来。
3. 根据文中的介绍，说一说李中水上森林公园的独特之处。

八、小学校本课程“民歌里的泰州”

第一部分：课程纲要

“民歌里的泰州”课程纲要

课程名称	民歌里的泰州		
单位	泰州市××小学	设计人	17级小学教育编者
适用年级	小学五年级	总课时数	6课时
课程简介	泰州民歌是泰州的文化瑰宝，但是这样重要的文化却正在渐渐消失。本课程主要带领学生学习了解泰州民歌的种类、民歌的背景等，让学生学习唱泰州民歌并学会欣赏		

续表

<table>
<tr><td>课程背景</td><td colspan="4">民歌是一方水土流淌的印记，是散落在民间的颗颗珍珠。20世纪五六十年代出生的泰州人多以歌为乐，因此泰州有了“民歌的海洋”的光荣称号，人们的热衷使得当地丰富的民歌在世世代代的兴衰更替中坚强传承</td></tr>
<tr><td>课程目标</td><td colspan="4">1. 知识与技能：①了解泰州民歌的种类；②会唱《啊里隔上栽》《山伯思念英台》等歌曲
2. 过程与方法：①通过小组合作、视频观看、艺人表演、老师讲授的方式了解歌曲的背景，并与小组成员合作展示出最后的表演；②让学生爱上泰州民歌，自觉成为宣传民歌的小小宣传员
3. 情感与态度：①感受泰州民歌的韵味，使泰州民歌更加年轻化；②培养健康的审美情趣</td></tr>
<tr><td rowspan="7">课程实施</td><td>主题</td><td>周次/课时</td><td>内容</td><td>实施要求</td></tr>
<tr><td rowspan="2">第一单元
泰州民歌的种类</td><td>1/1</td><td>劳动号子和情歌</td><td>通过教师的讲解以及播放视频、音频，让同学们了解泰州民歌中的劳动号子和情歌</td></tr>
<tr><td>2/1</td><td>童谣</td><td>通过教师的讲解以及播放视频、音频，让同学们了解泰州民歌中的童谣和其他民间小调</td></tr>
<tr><td rowspan="2">第二单元
学唱泰州民歌</td><td>3/1</td><td>学唱《啊里隔上栽》</td><td rowspan="2">教师通过播放视频，让学生大体了解这首歌的创作背景以及音调，然后由老师弹琴教学生演唱</td></tr>
<tr><td>4/1</td><td>学唱《山伯思念英台》</td></tr>
<tr><td rowspan="2">第三单元
欣赏泰州民歌</td><td>5/1</td><td>欣赏泰州民歌</td><td>教师通过播放视频，让学生感受泰州民歌的魅力，并讲解这些歌曲的背景。然后请一位演唱泰州民歌的老师来给学生们讲解并表演</td></tr>
<tr><td>6/1</td><td>汇报演出</td><td>学生在课前准备好演出内容，上课后进行小组表演，教师点评打分</td></tr>
<tr><td>课程评价</td><td colspan="4">1. 平时成绩：①课本上有一个“你学到了什么”，让学生写在练习本上，上交打分。②对课堂上踊跃上台演唱的学生进行酌情加分
2. 期末成绩：期末最后一节课进行合作舞台表演，形式不限，人员限制在6个人以内，老师按照每个人的表演情况进行打分
3. 最终成绩：30%平时成绩+70%期末成绩（≥85分：优秀；≥70分：良好；≥60分：及格；<60分：不及格）</td></tr>
<tr><td>备注</td><td colspan="4"></td></tr>
</table>

第二部分：课程内容（节选）

民歌里的泰州

民歌是一方水土流淌的印记，是散落在民间的颗颗珍珠。现如今，淳朴的、具有原生态色彩的民歌仍然很受欢迎。作为泰州文化的一个重要组成部分，泰州民歌是泰州人民在漫长的社会历史发展进程中集体智慧的结晶。

老一辈的泰州人对于泰州民歌了解颇多，喜爱非常，但是喜欢唱民歌的年轻一代并不多。为了让年轻一代的泰州人感受到泰州民歌的韵味，让泰州民歌更加年轻化，本课程将带领学生“走”进泰州民歌，让学生爱上这个属于泰州的文化，并引以为豪。

第一单元　泰州民歌的种类

在学习如何演唱泰州民歌之前，首先要了解泰州民歌有哪些种类。

1．劳动号子

“劳动号子”简称“号子”，是产生并应用于劳动，具有协调与指挥劳动的实际功用的民间歌曲。在《现代汉语词典》中是这样解释号子的：“集体劳动中协同使劲时，为统一步调，减轻疲劳等所唱的歌，大都由一人领唱，大家应和。”可见“号子”的定义主要是指人在集体劳动中所演唱的歌曲，这种歌曲的最初形式是随着人的集体劳动以及人的言语能力的产生而产生的。

可以说，号子是繁重而艰苦的体力劳动使人的生命体所发出的声音，这种声音开始是只有节奏或者简单的劳动呼吸声以及呼喊声，纯粹是一种劳动的副产品，这种副产品能统一劳动的步伐，调节人的精神和情绪，协调劳动人群的呼吸状态，用力的节奏缓解人在繁重劳动下的压力。号子的初始状态给予了人类劳动巨大的推动力。

随着时代的发展，号子的艺术水准也在逐渐提升。从内容上看，号子也从最初纯粹的呼喊声，发展为歌词的（语言意义）与呼喊声（无语言意义，只有情绪宣泄的意义）融为一体的包含具体内容的演唱。从歌词的内容看，即兴性表现尤为明显，主要是由领唱者随心所欲地即兴发挥，其内容多为劳动场景的描述，或者对理想以及爱情生活的歌唱，这样可以激发劳动人群在艰苦的劳动中维持着幸福的精神状态，从而达到精神与肉体之间的平衡。劳动号子，只有使用方言才能让劳动人群更加有亲切感和认同感。我们无法想象号子用其他国家和地区的语言让劳动人群引起共鸣。所以，在表演这种艺术形式时，一定要用号子当地的方言演唱才能达到好的艺术效果，而用普通话演唱有地方色彩的劳动号子，必然会失去其原生态的感觉，从而大大削弱其艺术感染力。

泰州地区的劳动号子同样具有典型的地方特色，是民间音乐的最古老和最原始的艺术形式。流传着的劳动号子所涉及的内容也异常广泛：有关于插秧劳动的号子、挑担子的劳动号子、进行农田灌溉的劳动号子、收割庄稼时的劳动号子、打谷场上的劳动号子等。可以说，泰州人民有什么样的劳动内容，就有什么样的劳动号子与之对应，可见泰州人民是有着深厚音乐艺术积淀的民众。总体来说，泰州号子由于地理环境和文化积淀以及语言风格的因素，其总体风格还是属于我国北方语系风格的号子，与整个北方音乐艺术的风格是基本吻合的，即字多腔少，节奏急促明快，旋律多跳进少级进。

2．情歌

泰州情歌是泰州地区独特的社会环境和风土人情孕育出来的。泰州情歌反映了泰州地区人们的爱情生活，抒发了青年男女之间由于相爱而激发出来的悲欢离合的思想感情，特征十分明显。泰州情歌是泰州民歌的重要组成部分，伴随着泰州人传过了一代又一代，而泰州地区独特的地理环境和风土人情也孕育了较多的泰州情歌。

3．童谣

民谣，具体来说分为成人歌谣和童谣两大类。其中童谣是歌谣中最有代表性的种类，因为童谣出自儿童之口，所谓童言无忌，童谣真切感人。童谣的部分内容多来自成人或者长辈之思想，有些对社会讽刺、有反抗意义的童谣歌词内容，是成人所不敢演唱或者有所顾虑的。但是，童谣的演唱者——儿童则不管其内容对社会产生的影响或者对自身的负面效应，只要是自己喜欢的旋律和有着韵致的歌词能够朗朗上口，他们就会随心所欲地演唱。因此，童谣使人倍感亲切真挚、生动感人。总之，泰州的童谣作为泰州儿童文学的一个重要组成部分，是见证泰州民众生活习俗和精神风貌的重要表征，也是丰富泰州地区儿童生活和感情的重要精神财富。很多童谣经历了历史的洗涤和提纯，已经达到了较高的艺术水准，并成为丰富泰州地方文化的最为鲜活的营养成分。

4．其他民间小调

除了劳动号子、情歌以及童谣以外，泰州还有一些其他的民间小调。小调又被称为小曲、俗曲等。与号子和山歌有所不同的是，小调除了在农村流传外，在城镇集市上也多有传唱。由于小调适在社会的各个阶层中颇受喜爱，并由各类人物直接或者间接地参与加工和创作，因此，成为专业艺人或者文人雅士所青睐的最有艺术内涵的形式。当然，也有一些小调带有庸俗的市民气息。但是，这不能影响小调体裁在音乐艺术形式中的重要位置的稳定性。众多的小调用高尚的格调、完美的艺术形式丰富着泰州人民的文化和精神生活。

泰州小调有流畅的旋律，规整的结构，极具艺术感染力。小调的内容大多数是歌唱历史故事、历史人物、才子佳人的离愁别恨，赞美泰州地方的风土人情，更多的是描写爱情故事，其曲调优美、委婉、流畅，结构严谨整齐，是我国民歌中的佼佼者。

说一说：

通过对泰州民歌的学习，你的感受是什么？和同学们交流一下。

九、小学校本课程“郑板桥”

第一部分：课程纲要

“郑板桥”课程纲要

<table>
<tr><td>课程名称</td><td colspan="4">郑板桥</td></tr>
<tr><td>单位</td><td colspan="2">泰州市××小学</td><td>设计人</td><td>17级小学教育编者</td></tr>
<tr><td>适用年级</td><td colspan="2">小学六年级</td><td>总课时数</td><td>7课时</td></tr>
<tr><td>课程简介</td><td colspan="4">本课程旨在提升学生的艺术欣赏能力、沟通交流能力与自我表现能力。主要内容包括：对郑板桥生平的简述；有关郑板桥的趣闻轶事；郑板桥的书画欣赏，观看《文明之旅》；参观郑板桥故居、郑板桥纪念馆；以小组为单位，对郑板桥生平的某个片段进行演绎</td></tr>
<tr><td>课程背景</td><td colspan="4">郑板桥作为泰州历史名人之一，不仅拥有很高的书画成就，自身的性格特征也极为鲜明，值得学生去深入了解</td></tr>
<tr><td>课程目标</td><td colspan="4">1. 了解郑板桥生平，能对印象深刻、感兴趣的内容加以复述
2. 欣赏郑板桥的书法画作，初步体会书画之美
3. 对郑板桥形成自己的认识与看法，并乐于与同学交流讨论</td></tr>
<tr><td rowspan="10">课程实施</td><td>周次/课时</td><td>内容</td><td colspan="2">实施要求</td></tr>
<tr><td>1/1</td><td>介绍郑板桥生平</td><td colspan="2" rowspan="2">学生自主阅读、讨论，有不懂的地方可以询问老师</td></tr>
<tr><td>2/1</td><td>了解郑板桥的趣闻轶事</td></tr>
<tr><td>3/1</td><td>郑板桥书画欣赏，观看《文明之旅》</td><td colspan="2">老师要保证班级的秩序，看完后鼓励学生发表自己的想法</td></tr>
<tr><td>4/1</td><td>组织学生讨论外出参观应注意的事项，老师提前介绍景点概况</td><td colspan="2" rowspan="2">实施之前要与校方、家长做好沟通，确保学生安全。参观前老师也要做好准备工作，在参观过程中对一些地方做必要的介绍</td></tr>
<tr><td>5/1</td><td>带领学生参观郑板桥故居</td></tr>
<tr><td>6/1</td><td rowspan="2">以小组为单位（8~10人一组），对郑板桥生平的某个片段进行演绎</td><td colspan="2" rowspan="2">鼓励学生发挥想象力，做适当的改编，要求能体现出事情的前因后果，表现出人物特点。情景剧的设计以学生自主准备为主，老师在学生的剧本基本完成后过目，对必要地方做修改</td></tr>
<tr><td>7/1</td></tr>
</table>

<table>
<tr><td>课程评价</td><td>教师评价：平时表现占60%，包括学生的课堂纪律，听讲和发言情况。表演评分占40%，从故事情节、人物刻画、语言体态、道具准备方面进行考察评定</td></tr>
</table>

第二部分：课程内容（节选）

郑板桥

第一单元　郑板桥生平

郑板桥，原名郑燮（xiè），号理庵，又号板桥。汉族，江苏兴化人。著名清代书画家、文学家。“扬州八怪”之一。一生只画兰、竹、石，自称“四时不谢之兰，百节长青之竹，万古不败之石，千秋不变之人”。其诗、书、画，世称“三绝”。著有《板桥全集》。

郑板桥出生的时候，郑家已经家道中落，加之生母汪氏在他3岁的时候去世，14岁的时候继母郑氏去世。小的时候郑板桥的生活并不好，不过好在他的乳母费氏是一位善良勤劳的人，让郑板桥感受到了母爱。

郑板桥自幼受到父亲的良好教育，3岁识字，7岁左右已能作对。他少时跟随父亲郑立庵至真州毛家桥读书，20岁考中秀才，40岁中举人，44岁中进士。1742年春天，郑板桥因为受到慎郡王允禧的热情宽待，最终得以入仕。在他50岁的时候，被任命为范县令兼署小县朝城。

郑板桥为官严谨负责，处处从实际出发，为老百姓办实事。在他做官期间，重视农桑，体察民情，兴民休息，百姓得以安居乐业。

1746年，54岁的郑板桥调任潍县。刚刚调任过去没多久，郑板桥便遇到了大难题：当时山东地区发生大灾，灾情极为严重。

潍县在当时虽然算得上是一个比较富裕的县城，但也架不住连年的灾荒。为了维持老百姓的正常生计，郑板桥下令打开粮仓救济民众，又招募饥饿的农民们作为工人修筑城墙，为他们发放粮食。对于县城内的富足人家，郑板桥则要求他们轮流负责煮粥，分发给饥饿的妇人、小孩和老人。正是因为郑板桥的救济行动，才减轻了潍县的灾情。

郑板桥虽然很好地处理了灾情，使得许多受灾的百姓得以活命，但是他的某些作为还是影响了一些人的利益。1752年，厌倦了官场里的利益纠纷的郑板桥愤然辞官。

郑板桥辞官之后，便一直居住在扬州，依然靠卖画维持生计。经过多年的学习酝酿，他的书画水平达到了巅峰，取得了很高的艺术成就。

公元1766年，郑板桥去世，享年73岁。

练一练：

1. 将文章中你认为重要或者有意义的词句摘录下来。
2. 在了解了郑板桥的生平之后，你会怎样评价郑板桥？请在小组中与同学交流分享。

十、小学校本课程“泰州的气候”

第一部分：课程纲要

“泰州的气候”课程纲要

课程名称	泰州的气候		
单位	泰州市××小学	设计人	18级小学教育编者
适用年级	小学五、六年级	课时数	3课时

续表

<table>
<tr><td>课程简介</td><td colspan="3">本课程分为三个部分：①认识气候；②了解泰州的气候文化；③学会与自然和谐相处。重点介绍泰州的气候文化，在了解泰州当地气候文化的同时让学生能够树立与自然和谐相处、顺应自然而生活的价值观。教学方式为教师讲解示范、学生创作实践以及各种活动相结合</td></tr>
<tr><td>课程背景</td><td colspan="3">随着现代社会的发展，电子产品的使用人群越来越低龄化，不少小学生长期生活在虚拟网络空间而忽视了人与自然的亲密关系。因而，不懂得自然对于人的影响和制约、缺少生活常识的现象普遍存在。泰州位于我国的南北交界地带，气候环境独具特色，对于人类生产生活的影响是用以教育小学生重视人与自然关系的优质素材因此开设了本课程</td></tr>
<tr><td>课程目标</td><td colspan="3">1. 知识与技能：①了解气候的相关知识，正确识别各种气候现象。②掌握泰州当地的气候特点
2. 过程与方法：①通过分析地域文化与气候之间的关系，提升思考和探究学习的能力。②灵活运用所学知识在不同气候条件下选择相应的生产生活方式，良好地适应生活，提升实践能力
3. 情感态度与价值观：通过对人与自然关系的感悟，树立尊重自然、与自然和谐相处的价值观</td></tr>
<tr><td rowspan="4">课程实施</td><td>周次/课时</td><td>内容</td><td>实施要求</td></tr>
<tr><td>1/1</td><td>认识气候</td><td>· 导入新课：设疑导入，激发学生兴趣，引出气候这一学习内容
· 讲授新课：运用讲授法、谈话法介绍相关知识点
· 巩固运用：完成“写一写”等练习内容
· 课堂总结：强调气候的多样性以及我国南北气候的差异
· 布置作业：前往市气象局参观并记录感受</td></tr>
<tr><td>2/1</td><td>泰州的气候文化</td><td>· 导入新课：析题导入，引出泰州气候文化
· 讲授新课：运用讲授法讲解新的知识点
· 巩固运用：运用探究法使学生自主理解泰州地域气候特点对人类生产生活的影响
· 课堂总结：运用讲授法使学生对泰州气候文化知识的学习系统化</td></tr>
<tr><td>3/1</td><td>人与自然和谐相处</td><td>· 导入新课：直观导入，呈现气候变化的图片，引出泰州气候变化的问题
· 讲授新课：运用讨论法，请学生分享交流个人应如何面对气候变化
· 巩固运用：运用谈话法，让学生思考回答问题
· 课堂总结：运用讲授法，引导学生热爱自然、懂得生活
· 布置作业：鼓励画一幅理想中的人与自然和谐相处的图画</td></tr>
<tr><td>课程评价</td><td colspan="3">1. 成长记录袋：有针对性地为每位学生准备成长记录袋，注重对学习过程的评价。记录个人的课堂讨论参与度、参观气象局所感以及绘画作品。三项总分共100分。其中，课堂讨论参与度以发言质量为标准，一次有质量的发言积1分。积分最高者即获得此部分满分100分；除零分以外积分最低者获得及格分60分；两者之间按积分分布合理给分；无积分者此部分为零分。（此部分占总成绩的30%）
2. 感想部分：感受越真挚，分数越高，满分为100分，由教师打分。（此部分占总成绩的30%）
3. 绘画作品：由教师、同学、家长、自己进行多主体评价，越能体现“和谐”这一思想得分越高，每部分占10%。（此部分占总成绩的40%）</td></tr>
<tr><td>备注</td><td colspan="3"></td></tr>
</table>

第二部分：课程内容（节选）

泰州的气候

本课程的开设目的在于：以气候文化为载体，让学生在深入了解泰州地域文化的同时树立尊重自然、与自然和谐相处这一重要价值观，最终得以更好地生活。

第一单元　认识气候

1．什么是气候

气候，是指一个地区大气的多年平均状况，主要的气候要素包括光照、气温和降水等，其中降水是气候的一个重要要素。

2．我国的气候

我国幅员辽阔，气候复杂多样，跨度较广，距海远近差距较大，加之地势高低不同，地形类型及山脉走向多样，因而气温降水的组合多种多样，形成了多种多样的气候。

小知识

我国的气候文化——二十四节气歌

春雨惊春清谷天，夏满芒夏暑相连。
秋处露秋寒霜降，冬雪雪冬小大寒。
每月两节不变更，最多相差一两天。
上半年来六廿一，下半年是八廿三。

二十四节气科学地揭示了天文气象变化的规律，它将天文、自然节律和民俗进行了巧妙的结合，衍生了大量与之相关的岁时节令文化，成为中华民族传统文化的重要组成部分。在漫长的农耕社会中，二十四节气为指导农事活动发挥了重要作用，拥有丰富的文化内涵。

3．我国南北气候差异

（1）南方主要是亚热带季风气候。气候特点：夏季高温多雨，冬季温和少雨，雨热同期；冬季不冷，1月平均气温普遍在0℃以上，夏季较热，7、8月份平均气温一般在25～35℃，由于受海洋气流影响，年降水量一般在800～1000mm，属于湿润区。

（2）北方主要是温带季风气候。气候特点：夏季高温多雨，冬季寒冷干燥；冬季受来自内陆偏北风的影响，寒冷干燥；夏季盛行东风和东南风，暖热多雨，雨热同季。年降水量多为500～1000mm，约有2/3集中于夏季。全年四季分明，天气多变，越偏北，冬、夏气温变化幅度越大，降水也逐渐减少。

写一写：

1．通过上文的学习，你了解到气候包含哪几个方面的因素？其中最重要的因素是什么？

2．生活中还有哪些现象可以体现我国南北气候差异？与同学和老师交流自己的感受和体会。

课后研习

一、认识与探讨

1．谈谈对小学教育专业“校本课程理论与实践”课程的看法。

2．思考泰州地方乡土文化的意义与价值。

3．任选一个小学校本课程编制实习案例进行点评。

二、练习与设计

1．设想一下自己认为可行的“校本课程理论与实践”课程教学模式或教学法。

2．对泰州进行实地考察并搜集相关资料，撰写一份泰州乡土文化的提纲。

三、阅读与思考

1．阅读《非学校化社会》一书（伊凡·伊里奇．非学校化社会［M］．吴康宁，译．台北：台湾桂冠图书有限公司，1994．），撰写一篇评论。

2．阅读《泰州文化概论》一书（徐金城．泰州文化概论［M］．南京：凤凰出版社，2015．），写一则随笔。

3．阅读论文《乡土文化滋养“醇美”语文》（叶燕芬．乡土文化滋养“醇美”语文［J］．人民教育，2021．），写一段感想。

第七章

乡土文化与地方高校校本课程开发实践

学习目标

1. 了解地方高校校本课程相关研究概况，对地方高校校本课程开发的意义及乡土文化的价值有自己的认识及思考。
2. 了解泰州学院乡土文化校本课程案例，对教育者角度下的校本课程开发构想有自己的思考与评述。

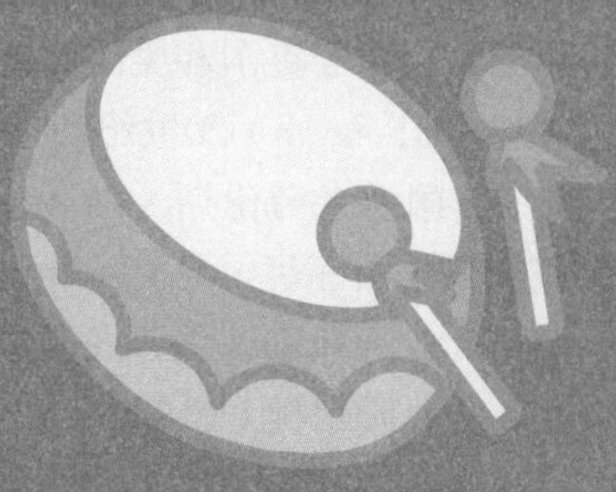

本章导读

地方高校从诞生、成长至发展，长期浸润在地方乡土文化之中，具有鲜明的地方区域文化印记，也成为地方的文化中心，其拥有无可比拟的文化、智力、教学、科研、学术交流等优势，通过开发一系列的校本课程来保护、传承、弘扬与创新地方传统文化，可以说是地方传统文化挖掘、保存及发扬的最新途径和最佳选择，成为传承和创新地方传统文化的重要平台。地方高校学生的主要来源为当地中学生，而地方高校毕业生也基本上面向本地就业，他们的知识领域和文化修养，包括对地方乡土文化的认同、传承和创新，对他们在地方本职工作中的作为和发展必然起到一定影响作用。由此，作为地方高校，立足地方、服务地方、发展地方事业是其重要的教育使命，而开发和利用地方乡土文化资源进行校本课程建设就具有一定的必要性。

由于在课程改革中校本课程开发着力于基础教育而忽略高等教育，相关研究少见高校校本课程文献，现实中我国各类高校也鲜见校本课程的身影。中小学校本课程研究的主力也是高校学者，但他们对高校校本课程开发研究却很少。难道在高校专业人才培养中不需要校本课程吗？但就高校大学生通识性文化教育的必要性，地方高校在地方型、文化型、应用型人才培养的必要性等方面来看，高校校本课程设置及相关的研究极有必要，这是地方高校进行校本课程建设的意义和价值所在。

在课程资源方面，能较好地体现学校的办学特色、培养人才特色及文化熏陶、通识教育诸方面的资源，莫过于学校所在地方的乡土文化资源。地方高校要实现上述教育目的，主要是通过课程教育内容，即所选择的课程资源内容来达成。地方高校所处地方乡土文化资源的“本土化”“情境化”“情感性”“民族性”“多元化”以及“文化映射”等诸多特征，为地方高校高水平地实现教育目标提供了可能，这也是将乡土文化资源作为地方高校校本课程资源进行开发利用的意义和价值所在。

第一节　地方高校校本课程开发研究理论

一、高校校本课程开发的相关研究

（一）国外相关研究

校本课程的研究源于英国和美国。首先，校本课程产生的思想基础，一是源于美国学者约瑟夫·施瓦布（Jesepf Schwab）20世纪70年代提出的“走向实践的课程哲学思想和实践的课程模式观”；二是源于英国学者劳伦斯·斯滕豪斯（Lawrence Stenhouse）的“课程行动研究”。其次，校本课程的概念最先由菲吕·马克（Furumark）和麦克米伦（MacMillan）在1973年以“校本课程开发”为名提出，认为校本课程开发是学校中教师对课程的计划、设计和实施。之后，学者斯基尔贝克（Skilbeck）、沃尔顿（Walton）、埃格尔斯顿（Eggleston）、科恩（Cohen）、马什（Mash）、萨巴（Sabar）等就校本课程开发概念内涵及形式等进行了理论层面的研究探讨。在实践层面，20

世纪60—70年代，英国、美国分别实施“问题解决”和“基层学校”革新计划和人类学课程方案，并最终获得国家课程政策支持，使校本课程开发在中小学校课程中占据一定位置。澳大利亚、以色列、俄罗斯、日本、法国、韩国等国家也相继出台相关课程政策，赋予学校自主开发课程的权利。

1. 国外关于“地方文化”的研究情况

地方文化在国外以“本土知识”研究较多。从20世纪70年代始，美国对中小学课程中“本土知识”给予重视，相关研究者就“本土知识课程”概念界定提出了诸多观点，如学者科恩科林（Conklin）将“本土知识”界定为“民族科学”，即一个民族在自己的生存、延续和发展过程中所形成的、具有自己独特内容和形式的知识体系。学者毛里尔（Maurial）认为“本土知识”是“本土人民在某一地区与自然的相互作用过程中所形成的认识和智慧结晶”，并认为本土知识具有地方性、整体性和口头性等特点。学者瓦伦（Warren）和迈克基南（McKiernan）也将本土知识与学校知识或学院知识相对应，说明本土知识没有进入学校课程体系的基本事实，并指出要为大量本土知识进入学校课程体系留下空间，让本土知识成为“本土知识课程”。学者格尔兹（Geertz）提出“地方性知识”概念，他认为地方性知识就是保存在非正式部门的一系列信息，通常不是书面（文本）而是采用非书写的和口述的形式。

2. 国外关于校本课程传承地方文化的研究情况

西方各国实行与当地文化相关的“熟悉家乡情况”的课程，如美国学校的校本课程直接以当地的历史、地理和风俗为内容，让学生能直观体验当地的文化与生活，学习接纳、尊重文化的多样性，培养学生宽容、兼容多元文化的价值观。澳大利亚在1978年公布《全国学校教育目标》文件，宣布学校对课程有自主权利，并注重在校本课程开发中享用及结合地方文化资源，在课程开发方式中由多方主体参与和研讨，进而把地方经济文化等观念融入课程之中，继承与发扬地方文化。西方国家比较注重学校的地方文化传播功能，高校被视作民族文化认同感培养的载体，文化资本和文化认同成了世界一流大学毕业生的终身课程。

国外相关研究和实践取得的理论成果和实践经验，对我们研究“校本课程建设”和“乡土文化”方面的理论和实践提供了重要的启示。

（二）国内相关研究

2017年2月，中共中央办公厅、国务院办公厅印发的《关于实施中华优秀传统文化传承发展工程的意见》中规定，推动高校开设中华优秀传统文化必修课，在哲学社会科学及其相关学科专业和课程中增加中华优秀传统文化的内容。在《国家“十三五”时期文化发展改革规划纲要》中提出“各地区各部门结合实际对地方传统文化保护、传承和创新进行认真贯彻落实”的精神，《“十四五”文化发展规划》也提出发展社会主义先进文化，继承革命文化，传承和弘扬中国传统优秀文化的要求。这些是地方高校校本课程开设及地方乡土文化课程资源开发的政策精神。

国内关于“校本课程”的研究起步于20世纪90年代。代表性学者有黄政杰、张嘉育、崔允漷、王斌华、杨龙立、吴刚平、刘旭东、徐玉珍、黄显华、靳玉乐、李定仁等，在校本课程开发概念、内涵、开发形式与策略等方面提出了诸多观点。在中小学实践层面，曾提出“学校本位发展计划”；《国民教育阶段九年一贯课程总纲纲要》中赋予了中小学校课程自主权；第三次全国教育工作会议提出“调整和改革课程体系、结构、内容，建立新的基础教育课程体系，试行国家课程、地方课程和学校课程”。此后，中小学校本课程开发在全国各地广泛实践。

地方文化在国内研究起步较晚，现有的研究多以“乡土文化”“乡土课程资源”“地方课程资源”等为主。关于“本土知识”的研究学者石中英认为，本土知识是“由本土人民在自己长期的生活和发展过程中所自主生产、享用和传递的知识体系，与本土人民的生存和发展环境及其历史密不可分”。其他研究大多是有关学科课程如语文、数学、艺术、德育、环境教育等方面的地方、乡土资源的开发和利用的研究，基本上也是针对中小学课程。

国内研究主要从理论和实践层面，以中小学校本课程和其中的地方、民族、乡土的文化资源为主题，研究中小学校如何因地制宜地发掘和利用自身资源，开发与当地学生认知水平与生活经验相融合的校本课程，为我们提供了理论及实践方面的支持。

二、高校校本课程开发的意义和范围

（一）高校校本课程开发的意义

学界关于高校校本课程开发的研究观点有多种，有学者认为，高校校本课程开发的意义主要体现于：有助于培养和造就精于素质教育的师资；有助于及时反映现代科学最新成果，根据市场需要，快速调整高等师范课程体系。[①]还有学者认为，高校校本课程开发有利于学校特色的形成；有利于为区域文化教育发展方向提供服务；有利于学生专业化素质的提升。并认为教师的功能要产生革命性变化，由“教师”变成“导师”，以教育和激励学生的工作取代单纯的讲课。教师受训的条件要有深刻改变，以使之成为教育者而不是课程传递者。[②]另有学者认为，高校校本课程开发是实现民族地区优秀民族文化传承创新的重要途径；是推动民族高等教育课程改革、提升民族地区高等教育现代化的重要途径。[③]

编者认为，高校校本课程开发的意义与价值除上述几个方面外，还包括以下三个方面：①校本课程开发有利于高校特色人才的培养。高校人才培养的专业性和应用性是高校教育的教学重心，高校办学特色主要体现为所培养的人才特色，尤其是我国众多的地方性高校，所培养的人才趋向于“地方性、复合型、应用性”，因此学生所具有的专业特长及专业素养和在实践中应用的特定指向与针对性的校本课程设置有直接关联；②校本课程开发有利于高校教师与学生共同构建“研究性教与学共同体”，以有效提升教师专业发展水平和学生学业发展水平，尤其是在教师的教育理念与理性思维建构中和学生的学习理念与思维进阶的理解和发展中作用较大。因为校本课程的实践性、开放性、多样化、情感性等属性决定了研究性的“教”与探究性的“学”的状态展开。③高校校本课程开发有利于实现高校重要的职能，即为地方社会服务。相关地方各项社会事业的校本课程开发加强了高校与地方的联系，疏通了高校服务地方社会的渠道，增进了高校服务社会的成效。总之，校本课程在高校课程设置中需要占据一定的位置，这是由它的多种重要意义和价值所决定的。

（二）高校校本课程开发的范围

关于高校校本课程开发的范围，有学者从高等师范院校角度研究认为，校本课程主要包括三种：①教育理论综合课程，主要指教学方法、教学管理、心理健康、学习心理、教育改革实践；②活动课程，主要指社会交往活动、组织管理活动、学术活动、科技活动、文体活动、社团活动；③教育技能，主要指教师口语、普通话、三字一画、中学班级管理、主题班会设计、课件制作、媒体及辅助教学设计等。[④]还学者研究认为，高校校本课程应包括以下三个方面：①学校学生素质特色课程，如名师研究成果课程、双语教学能力训练课程、教学研究能力训练课程、多媒

① 张义泉．高等师范院校开发校本课程的设想［J］．教育发展研究，2002（1）：120.

② 范向前，刘彩霞．论高等师范院校校本课程的价值取向［J］．课程教材教法，2003（10）：59-63.

③ 袁利平，等．我国民族地区高校校本课程开发的时代意义与路径探索［M］．民族教育研究，2018（1）：63-68.

④ 张义泉．高等师范院校开发校本课程的设想［J］．教育发展研究，2002（1）：121.

体课件制作课程等；②地方区域文化课程，如区域经济发展课程、区域历史文化课程、区域教育资源与开发课程等；③从教职业素质发展课程。[①]

综合相关研究观点，编者认为，高校具有综合性、专业性、地域性、社会服务性、文化型及学术研究性等属性，在高校中开发校本课程首先要确定所在高校的属性。若以地方性高校属性而言，校本课程开发的范围可以有以下三个方面：①教育知识类课程，如自然、人文社会科学等各门学科知识的掌握；②教育能力类课程，如心理学、教育学、教学法、课程设计、德育与班级管理、教育研究方法、信息技术、教师口语、三字一画等；③教育文化类课程，如审美欣赏、艺术创作、阅读写作、活动体验、情感交流、地方乡土文化了解等。总之，以高校属性来确定校本课程开发的范围适宜于高校教育教学的目标导向。

—— 微思考：

你对“地方高校”是怎样理解或界定的？

三、地方乡土文化资源与高校校本课程开发

有学者研究分析了构建高校地方文化资源校本课程的体系、策略、内容及形式等，认为开发高校地方文化资源校本课程，首先是依托地方文化资源的人文特色，制定“多维式”的学科校本课程体系，包括采取立足地方文化特色，整合地方文化资源；构建地方文化网站，地方文化资源的网络化和学科校本课程的多媒体化等举措。其次是挖掘地方文化资源的教育元素，深化地方文化资源在校本课程中的理论应用价值，包括激发兴趣，实现以点带面式学科校本课程资源的构建；注重学科校本课程的生动性、灵活性及直观性；科学规划课程实施，注重“三边”教学（边教学、边实践、边反思）等策略。最后是注重课外实践即地方文化资源在学科校本课程中的实践应用模式运用，包括实施深入浅出，借助具体的实物表达地方文化资源的发展历程；采取讲解与问答的形式，打造“双向双配合”的模式；动手体验，强化地方文化资源学习的认同感等形式。[②]

还有学者的研究认为，地方社区文化资源的开发利用可达致社区高校经营“双赢”。一是善用社区文化资源，如发掘地方文史古迹、民俗风情、自然生态及地方产业等，编纂、整理及整合转化为特色课程来支援高校教学，并建立教研团队，由高校管理者、教师、学生、文化专家、地方名士及普通居民等组成，组织开展定期讨论会、读书会及课程规划设计研讨会等，也可以创办教学资源与活动成果网络平台，进行网络交流与传播；二是高校参与社区营造工作，如参与社区事业规划制定，社区“文化馆”的经营管理，组织志愿者（义工、解说员等）、设计文化馆章程等，让高校开放成为社区居民学习的场所，共同开发适合社区使用的教材并参与进行社区教育等。

结合上述研究观点及设想，编者认为，在高校校本课程中开发地方乡土文化资源需要以高校属性来设计高校乡土文化校本课程的形式及内容。我们知道，现代高校的三大任务，　是传授知识技能培养人才；二是进行科学研究以发展科学技术；三是服务地方社会。若以地方性高等师范院校的性质来讲，高校的三大任务兼备，但会有师范专业和地方性的特征，如人才培养的师范专业性；科学研究中教育科学领域的指向；浸润地方文化和服务地方本土社会发展的地方性。地方性高等师范院校最大的优势或许在于人才培养的“地方性、复合型、文化性”特质，在本地本

① 张义泉．高等师范院校开发校本课程的设想［J］．教育发展研究，2002（1）：121.

② 孙琳琼，等．区域资源在高等教育学科校本课程构建中应用研究［J］．黑龙江高教研究，2016（3）：148-150.

土，尤其在广大的乡村，针对乡村文化和乡村教育，能有一批“下得去、留得住、融得进、适得宽、干得好”的师范大学生，应该是其主要的办学目标。而乡土文化校本课程在地方高等师范院校开发的价值也就在于此。

就适宜地方高校乡土文化校本课程的开发原则或模式，编者认为，应以“欣赏品鉴、知识研究、情感体验、实践操作、乡土文化、传承互动”等为开发原则或课程属性，以各领域如“文化宣传类的表演、展示、推广、交流等；经济产品开发类的制作、包装、推销等；工艺技术传承类学徒、制作、改进、保存”等的整合汇集，开发建立一系列“文化情境”模式校本课程。

微思考

就高等院校的三大职能（教学、科研、服务社会），谈谈自己对地方高校校本课程开发的设想。

第二节　泰州学院乡土文化校本课程开发实践案例①

一、泰州学院校本课程：“泰州学派之王艮”

第一部分：课程纲要

“泰州学派之王艮”课程纲要

课程名称	泰州学派之王艮		
单位	泰州学院教育科学学院	设计人	小学教育专业编者
适用年级	大学三、四年级	总课时数	10课时
课程简介	本课程主要是对泰州学派及创始人王艮生平及其哲学思想观点展开介绍，并选出具有代表性的著作原文进行句读，使学生了解泰州学派梗概及王艮思想观点内容，并对王艮的著作有一定的理解，对其思想观点有一定的认识		
课程背景	泰州学派是我国哲学史上唯一以地方命名的哲学流派，在我国历史上具有一定地位和影响力。泰州学院开发“院本课程”以地方性乡土性为出发点，将泰州学派及其创始人王艮作为现代大学生应知内容，进行我国哲学思想的认识并用其进行现实训练，是泰州地方高校大学生通识教育的必要之举		
课程目标	使学生了解泰州学派产生渊源、发展简史、主要理论内容及影响状况；了解王艮生平及其思想观点；了解泰州学派主要理论观点并能进行自我思考及解释；能阅读及翻译王艮原著部分篇章		

① 泰州学院教育科学学院小学教育系编．泰州乡土文化院本课程系列（2017—2022）．泰州学院教育科学学院“院本课程”开发教研档案，2022.

续表

	主题	周次/课时	内容	实施要求
课程实施	课堂学习	1/1	泰州学派概述	文本呈现，结合图片和视频，向学生介绍泰州学派；学生讨论交流，谈谈自己还知道哪些关于泰州学派的知识
		2/1	王艮生平事迹	文本呈现，结合图片资料，向学生介绍王艮的生平事迹
		3/1	王艮思想主要观点	文本呈现，向学生讲解泰州学派及王艮思想的主要观点；学生交流讨论自己的认识和体会，主要谈论感悟和与现实的联系等
		4/2	王艮著文句读	提供原著篇章片段，让学生阅读并翻译成现代文字；课堂上汇报与展示，交流自己的阅读理解及体会感受
		5/1	王艮的弟子	文本呈现，介绍王艮的主要弟子（王栋、王襞、徐樾、颜钧、罗汝芳、何心隐、焦竑、韩贞）之生平事迹及思想观点
		6/2	关于“泰州学派”的话语	小组讨论，介绍中外学者对王艮及其思想观点的看法与评价
	实践活动	7/2	参观泰州崇儒祠	观看崇儒祠展览中关于王艮及泰州学派的内容
课程评价	撰写一篇关于泰州学派思想介绍及其观点分析的论文（不少于1500字）			
备注	阅读材料： [1]吴震．泰州学派研究[M]．北京：中国人民大学出版社，2009◎ [2]周琪．泰州学派国际学术研讨会论文集[M]．南京：江苏古籍出版社，2001◎ [3]岛田虔次．中国近代思维的挫折[M]．甘万萍，译．南京：江苏人民出版社，2010◎ [4]陈祝生．王心斋全集[M]．南京：江苏教育出版社，2001 [5]王守仁．王阳明全集[M]．上海：上海古籍出版社，1992◎ [6]王守仁．传习录[M]．台北：学生书局，1983◎ [7]黄宗羲．明儒学案·泰州学案[M]．北京：中华书局，1985 [8]陈来．中国近世思想史研究[M]．北京：商务印书馆，2003 [9]蔡桂如．泰州学派[M]．南京：江苏文艺出版社，2007◎ [10]龚杰．王艮评传[M]．南京：南京大学出版社，2001 注：标◎的书为泰州学院图书馆藏有				

第二部分：课程内容（节选）

第一课　泰州学派概述

一、“泰州学派”名称的由来

泰州学派是中国明朝中后期思想文化领域出现的一个平民儒学流派。其创始人王艮，字汝止，号心斋，泰州安丰场（今属江苏东台）人。因王艮及其传人如王襞、王栋、韩贞等都是泰州人，而且学派讲学活动以泰州书院、东淘精舍和王氏宗祠等为中心，故而明末清初启蒙思想家黄宗羲在其著作《明儒学案》中单列《泰州学案》，肯定泰州学派的特殊地位和重要影响。

二、泰州学派的形成

关于泰州学派的形成，1934年我国史学家嵇文甫在著作《左派王学》中述及王艮时指出："王学的狂者精神，他表现得最显著。在他领导下的泰州学派，把这种精神充分发挥，形成王学的极左派。"这是目前所知"泰州学派"命名的最早出处。1959年历史学家侯外庐在《历史研究》发表"十六世纪中国的进步的哲学思潮综述"一文，用"泰州学派"名称对以王艮为代表的明代进步哲学思潮进行了述评，并在1960年出版的《中国思想通史》中直接用"泰州学派的思想及其阶级性与人民性"作为标题，对泰州学派创始者王艮的生平及其著作进行论述，充分肯定了王艮的进步思想和人民性，并论证了泰州学派的"大成学"传统。

清末民初，东台士绅袁承业根据自己当时所能掌握到的材料，对泰州学派的五代传承情况进行了比较系统的梳理，最终编撰了《明儒王心斋先生弟子师承表》。在其序言中指出："心斋先生毅然崛起于草莽鱼盐之中，以道统自任，一时天下之士，率翕然从之，风动宇内，绵绵数百年不绝。"通过这部著作可以很好地了解泰州学派的形成。

综合以上学者的观点可知，泰州学派的开创时期，大约在16世纪20年代至30年代，从王艮开门授徒到逐渐形成学派。这一时期，由于王艮特殊的人生经历，其不断地对人生和社会问题进行思考和探索，形成了独特的"淮南格物论"和"百姓日用即道"思想观点，是泰州学派思想形成和发展的奠基时期。

王艮7~11岁时入乡里私塾读书，19~23岁经商。25岁时在曲阜孔庙瞻拜孔子而后立志，刻苦自学。26岁代父服苦役之后，思想上逐渐走向成熟。27岁时王艮"默坐体道，有所未悟则闭关静思，夜以继日，寒暑无间，务期于有所得，自是必有为圣贤之志"。29岁时某夜，王艮以"托天"之梦的形式彰显了自己欲以一身担天下重任，济世救民、变革社会的愿望和情怀。30岁时的王艮筑一斗室于房屋之后，在里面"读书考古，鸣琴雅歌"。32岁时已在学术上有了自己的创见，形成了"格物论"思想。因泰州地处淮南，故名"淮南格物论"。同时，由于王艮学以致用，着眼于用所学知识解决百姓日常生活中的实际困惑，所以又初步形成了"百姓日用即道"的思想观点。于是，"得道"的王艮"毅然以先觉为己任"，效法孔子，在泰州安丰盐场开展讲学教化活动。38岁时的某一天，王艮正在讲学，当讲到《论语》首章内容时，有位叫黄文刚的塾师听了感到惊讶，说先生之说与阳明公所论"致良知"类似。王艮在偏僻的安丰讲学多年，已然为师一方，当然会感到奇怪。他说："方今士大夫汩没于举业，沉湎于声利，皆然也。信有斯人论学如我乎？"于是，他以"先觉"的潜意识，唯恐王守仁"以学术误天下"，决定"不可不往见之"而去"俯就其可否"。

王艮到南昌拜会王守仁时，穿戴一身古式冠服，自称"海滨生"，并赋诗二首求见。经过与王守仁在"君子思不出其位"问题上的反复辩论后，王艮认为王守仁的"致良知"和自己的"格物论"比较，"简易直截，予所不及"，竟拜其为师。但在回到住所后，又认为王守仁的有些说法不能使他信服，感到自己是轻易地拜了老师。于是第二天又到王守仁处，再次坐到上座位置展开论辩。对此，王守仁感慨地对其他学生讲："此真学圣人者。疑即疑，信即信，一毫不苟，诸君莫及也。"王艮在与王守仁"反复论难，曲尽端委"后，最终"心大服，竟下拜执弟子礼"。学术已有小成且很"狂"的王艮竟如此谦逊，大出王守仁的意料。王守仁十分感叹地对学生们说："吾擒宸濠，一无所动，今却为斯人动。"自此，王守仁对王艮非常看重，特意取《易经艮卦》的"艮"字，将他的原名"银"改为"艮"，并取字"汝止"。在王守仁门下的8年时间，王艮一方面帮助老师在会稽阳明书院、广德复初书院、金陵新泉书院等地开展讲学活动，另一方面也在不断学习、借鉴各种学术思想和结合老百姓需要进行独立的讲学。他的讲学不唯经书，不泥师说，尽管有对"四书""五经"和"王学"等内容的重述，但是有所取舍，多有新意。他还"多指百姓日用，以发明良知之学"，说"百姓日用条理处，即是圣人条理处。圣人知便不失，百姓不知便会失”，把王阳明的“致良知”落实到“百姓日用”上。这期间，他撰写的《鳅鳝赋》《复初说》《安定书院讲学别言》《乐学歌》《天理良知说》和《明哲保身论》等文章，进一步阐明了自己的学术思想。

王阳明去世后，王艮回到家乡泰州安丰场开门授徒。在他49岁时，已是“四方从游日众，相与发挥百姓日用之学甚悉”。在55岁这一年，终“有不谅先生者，谓先生自立门户”。王艮听说后感叹地说：“某于先师，受罔极恩，学术所系，敢不究心以报。”这也是变相地承认了自己的开宗立派。这一时期，他的《格物要旨》《勉仁方》《与南都诸友》《均分草荡议》《王道论》和《大成学歌》等著作，是他创新的思想学说集中反映。王艮的思想学说，为泰州学派的形成奠定了思想基础。

三、泰州学派的发展

在王艮创立泰州学派之后，其思想得到传播发展，泰州学派思想影响达到了一定高度，大体上可以分为两个阶段：一是在16世纪40年代至70年代，经过弟子王栋、王襞、颜钧、何心隐等人的阐述、继承和传播、发展，为泰州学派的兴盛期；二是在16世纪80年代至17世纪30年代，经过四传、五传弟子以李贽为代表的在思想、文艺领域，以徐光启为代表的在科技领域对学派思想的发扬光大，掀起了一股声势浩大的早期启蒙思潮，为泰州学派的巅峰期。

说一说：

1．泰州学派是如何形成的？

2．泰州学派在我国哲学中处于什么样的地位？

二、泰州学院校本课程：“泰州教育家胡瑗”

第一部分：课程纲要

“泰州教育家胡瑗”课程纲要

课程名称	泰州教育家胡瑗		
单位	泰州学院教育科学学院	设计人	小学教育专业编者
适用年级	大学二、三年级	总课时数	6课时
课程简介	本课程主要是对泰州教育家胡瑗的生平及其教育思想观点的介绍，并选出具有代表性著作的原文进行句读，使大学生了解胡瑗教育的思想梗概及“苏湖教法”的内容，并对胡瑗著作有一定的理解，对其思想观点有一定的认识		
课程背景	胡瑗是我国教育史上著名的教育家和思想家，他所开创的“苏湖教法”也是唯一以地域命名的教育方法，在我国教育历史上具有一定的地位和影响力。泰州学院开发“院本课程”以地方性乡土性为出发点，将本土教育家胡瑗作为现代大学生应知内容，进行我国本土教育思想的认识并用其进行现实训练，是泰州地方高校大学生通识教育的必要之举		
课程目标	使学生了解胡瑗教育思想产生渊源、发展简史、主要理论内容及影响状况；了解胡瑗的生平及其相关思想观点；了解“苏湖教法”的主要理论观点并能进行自我思考及解释；能阅读及翻译胡瑗原著部分篇章		

续表

	主题	周次/课时	内容	实施要求
课程实施	课堂学习	1/1	胡瑗概述	文本阅读，能对胡瑗做较为全面的介绍
		2/1	胡瑗著作选读并做白话文翻译	文本呈现及精读，理解文意并能进行较为准确的白话文翻译
		3/1		
		4/1	胡瑗教育思想观点总结	文本呈现，了解、理解并领会胡瑗教育思想中心观点。撰写小论文畅谈自己的学习感想
		5/1	胡瑗研究与评价	相关材料呈现，概括了解胡瑗的研究状态，并对相关评价进行分析
	实践活动	6/1	参观安定书院	实地考察安定书院旧址，结合相关史料分享个人体会
课程评价	撰写一篇关于胡瑗教育思想介绍及其观点分析的论文（1200~2000字）			
备注	阅读材料： [1] 张树俊．胡瑗评传［M］．北京：人民文学出版社，2009 [2] 蔡文锦，杨呈胜．泰州学派通论［M］．南京：江苏人民出版社，2005◎ [3] 周琪．泰州学派国际学术研讨会论文集［M］．南京：江苏古籍出版社，2001◎ [4] 徐金城．泰州文化概论［M］．南京：凤凰出版社，2015◎ [5] 黄宗羲．明儒学案·泰州学案［M］．北京：中华书局，1985 [6] 陈来．中国近世思想史研究［M］．北京：商务印书馆，2003 注：标◎的书为泰州学院图书馆藏有			

第二部分：课程内容（节选）

第二课　胡瑗教育思想

一、倡导天人合一

胡瑗是著名的教育家、思想家。他独特的教育理论和丰富的社会实践皆源于其学术思想的深厚造诣。他的学术思想内涵丰富，主要根源于《周易》一书。

易学为讲天人之道、讲万物变易法则的学问。胡瑗的《周易口义》是他的学生倪天隐根据先生口述整理而成。其特点是大胆疑经，自立新解。据统计，胡瑗仅在《周易口义》一书中，疑经的地方就有十多处；在《洪范口义》中，也纠正了许多不合理的注解。据《宋元学案》记载，胡瑗“日升堂讲《易》，音韵高朗，旨意明白，众皆大服”。丁宝书在《安定言行录》中引用胡瑗学生王得臣的话说：胡瑗为国子直讲，“朝廷命主太学，时千余士，日讲《易》，予执经在诸生列，先生每引当世之事明之。”毫无疑问，胡瑗是宋初易学的权威，是一位开源发蒙、鼓动风气的人物，也是宋代义理易学的创立者。

清代著名史学家全祖望也在《宋元学案》中追根溯源地说：“宋世学术之盛，安定、泰山为之先河。”胡瑗坚持安民之道的民本思想，即安民之道，一在求贤用贤，二在养民教民。他认为：君王再能干贤明，若无贤臣辅佐，则“倡而无知，令而无从”，虽有仁义爱民的欲望，亦无法施行仁政于天下。因此，胡瑗说，“天下之广，生灵之众，一贤不可独治，故必群贤并进于朝廷，则可大行其道”。广纳天下群贤，一可佐君施行仁政，二可辅君增广视听，三可致君无为而治。当然，这里所说之“民”，不过是统治阶级的左臣右相。但他倡导在州县办官学，则是从教育培养地方基层民众入手，努力提高民众素质。尤其胡瑗在《周易口义》中“论民本”时说：“不以一己为忧乐，所忧者天下，所乐者天下。”这与范仲淹先生的“先天下之忧而忧，后天下之乐而乐”思想是一致的。

二、主张知行合一

胡瑗在教育教学中提倡理论与实践相结合，即知行合一，闻见结合。他在讲授“三礼”(《周礼》《仪礼》《礼记》)时，因其中所记载的礼仪器物久已失传，无形象教学之具供学生观摩，就自制挂图，悬于讲堂之上，让学生直观，以增强学生的记忆力和理解力。另外，还组织学生走出课堂，到远近地区去游历考察，观名山大川，察人物风俗，开阔学生视野，做到书本知识和社会实践的统一。

三、强调明体达用

胡瑗针对当时教育宗旨与方向模糊不清，各家偏执已见的问题，提出“明体达用”教育理念，指出人才培养的关键在于为社会所用。《辞海》教育心理分册对“明体达用”的解释为：体是封建道德的准则，用是准则的应用。究竟何为明体达用？相关研究认为：一方面，明体达用是指由实体转向达用，将内圣之实体转化为外王之实用。也就是要注重既精通儒学经典，又能在实践中运用的人才培养。另一方面，明体达用指的是实测之学，即我们现在所说的科学技术。胡瑗的“明体达用”更重视在“明体”的基础上，培养经世致用的治国人才。这点在后世研究中被称为“实学教育”。

四、音乐教育思想

胡瑗对音乐也有一定造诣，提出音乐教育的一些观点。他在其著作《皇祐乐府奏议》和《景祐乐府奏议》中有论述古代礼乐、音律的由来和发展以及钟磬制造的原理及方法等。胡瑗的音乐教育思想主要有：总结发扬音乐对人的感化作用，有了音乐就会万象鼓舞，天下和乐；将乐教和礼教结合，礼乐对人起熏陶作用；把礼乐和诗歌吟诵结合，对人有渲染教化意义。

说一说：

选择胡瑗教育思想的一种观点进行评析，并谈谈个人看法。

微思考

对“泰州教育家胡瑗”校本课程案例予以简评。

第三节　泰州学院乡土文化校本课程开发实习案例[①]

一、泰州学院校本课程：“遇见我的大学”

第一部分：课程纲要

“遇见我的大学”课程纲要

课程名称	遇见我的大学		
单位	泰州学院教育科学学院	设计人	小学教育专业编者
适用年级	大学一年级	总课时数	6课时

① 泰州学院小学教育专业师范生编．泰州中小学乡土文化校本课程系列（2017—2022）．泰州学院教育科学学院“中小学校本课程”开发教学档案，2022.

续表

<table>
<tr><td>课程简介</td><td colspan="4">本课程以泰州学院（我的大学）为主要场所，选取了职业生涯规划、校史教育、大学生基本能力和基本方法等内容，根据现实要求，注重学生专业能力培养，旨在引导、帮助大学新生认识大学的特点，在了解培养目标的基础上，尽快完成角色转变，帮助学生更好地适应新的校园环境，充分利用大学的美好时光，扎实学习理论知识和掌握专业技能，充分发展自己各方面能力，成长为一个合格人才</td></tr>
<tr><td>课程背景</td><td colspan="4">1. 理论背景：党的十八大报告指出，把立德树人作为教育的根本任务。“育才造士，为国之本”，教育是民族振兴、社会进步的重要基石，功在当代、利在千秋。学校是实施素质教育的主阵地和主战场，本课程的开发利于丰富大学生的学习生活
2. 实践背景：目前大学生“增负”“严出”的呼声和要求越来越明确，步入大学的新生对于学校及未来还没有清晰的定位。国内高校实践及研究表明，新生教育尤为重要。针对此种现状并结合学校实际情况，开设本课程很有必要</td></tr>
<tr><td>课程目标</td><td colspan="4">1. 知识与技能：能够认识大学的特点，了解到专业培养目标，进行角色转变；能够适应新的校园环境，学习到理论知识，掌握专业技能
2. 过程与方法：在自主探究、小组合作的过程中，掌握小组合作以及搜集、整理、汇报资料的方法
3. 情感态度与价值观：充分利用大学美好时光，确立远大志向，培养正确的理想信念，增强对于学校的认同感和自豪感，激发学习的热情</td></tr>
<tr><td rowspan="7">课程实施</td><td>主题</td><td>周次/课时</td><td>内容</td><td>实施要求</td></tr>
<tr><td rowspan="6">入学教育</td><td>1/1</td><td>为什么要走进大学</td><td>师生互动</td></tr>
<tr><td>2/1</td><td>如何进行职业生涯规划</td><td>学生展示</td></tr>
<tr><td>3/1</td><td>遇见我的大学</td><td>师生互动</td></tr>
<tr><td>4/1</td><td>领略校友风采</td><td>师生互动</td></tr>
<tr><td>5/1</td><td>怎样过好大学生活</td><td>师生互动</td></tr>
<tr><td>6/1</td><td>优秀学子分享会</td><td>学生分享</td></tr>
<tr><td>课程评价</td><td colspan="4">1. 学生自评：通过课程学习所收获的知识、技能、情感等方面的成长，学生通过自我评价以书面形式呈现。（占30%）
2. 组内互评：根据小组合作情况以及每位同学的小组贡献度进行互评，完成组内评价表。小组互评的主要指标为组内讨论参与度、小组分工完成度、小组表现贡献度等。（占30%）
3. 教师总评：授课教师结合自评、互评、综合表现给出综合等级评定。主要参考指标有参与态度、与他人合作（小组互评）、自我认知（自评）、成果积累、创新求异等方面。（占40%）</td></tr>
<tr><td>备注</td><td colspan="4"></td></tr>
</table>

第二部分：课程内容（节选）

第二章　遇见我的大学

第一节　风雨中的泰州学院

泰州学院是一所全日制公办本科院校，坐落于国家历史文化名城泰州，有近80年办学底蕴。学校积淀形成“敦尚行实、明体达用”的校训和“惟精惟诚、知行合一”的校风，为地方经济社会培养了数万名各类优秀人才。

泰州学院前身是1941年诞生于抗日烽火硝烟中艰难办学报国的泰兴乡村师范学校，1952年建立的苏北泰州师范学校。2002年迎着新世纪的号角，合并泰州师范学校和泰兴师范学校，组建泰州师范高等专科学校，2013年4月顺应高等教育发展大潮，泰州师范高等专科学校升格为泰州学院。

第二节　领略校友风采

70多年来，泰州学院培养了数以万计的社会各界成功人士。他们当中，有长途跋涉、不畏艰苦的援藏教师，有关爱留守儿童的乡村教师——“教师妈妈”团队，也有在商界驰骋的杰出企业家。

优秀校友

“教师妈妈”团队

她们既是老师，也是“妈妈”。她们致力于关爱留守儿童，倾注她们的爱，成为留守儿童人生路上的指明灯。陈锦华便是“教师妈妈”其中的一员，十几年来，陈锦华帮扶结队了十多位留守儿童。2014年，陈锦华成为感动江苏教育人物——“最美乡村教师”，之后，她又入选央视2018年“最美教师”。十年铁汉，演绎母爱柔情，陈锦华用爱陪伴，成为留守儿童的“教师妈妈”。“教师妈妈”团队为孤贫、留守儿童等近千名困境学生在学习、生活、身体、心理和人际交往等方面提供了物质、精神等层面的帮助或资助。

缺氧不缺精神的援藏教师——钱维胜

2014年响应国家援藏支边的号召，钱维胜告别妻儿老母，成为江苏省第一批援藏教师。他远离妻儿老母，放弃回家的机会，2015年、2017年两次选择继续坚守岗位，克服高原反应，扎根在雪域高原，一步一步、一点一点地为夯实藏族聚居区的教育事业努力着，他用真心、真情为藏族孩子的梦想插上了腾飞的翅膀。

微思考

对“遇见我的大学”校本课程案例予以简评。

二、泰州学院校本课程：“泰州戏曲文化鉴赏”

第一部分：课程纲要

“泰州戏曲文化鉴赏”课程纲要

课程名称	泰州戏曲文化鉴赏		
单位	泰州学院教育科学学院	设计人	小学教育专业编者
适用年级	大学一年级	总课时数	3课时
课程简介	依据大学生的求知愿望、学习环境特点以及学校的办学特色及优势为同学们开发了本课程。通过本课程的学习让大学生更加深入地了解泰州当地的戏曲文化，传承并弘扬我国地方戏曲文化。本课程分为理论课和实践课。理论课主要是让同学们初步了解戏曲，以及戏曲会在泰州发展起来的缘由。实践课分为两个模块，即实地考察和舞台表演		
课程背景	鉴于地方乡土艺术文化资源科目较为稀缺，而戏曲这一中华民族的瑰宝，在历史的长河中，从涌泉成溪到汇流江河，潺潺而流从未干涸。为响应国家保护地方文化资源的号召，特开设本课程		

续表

<table>
<tr><td>课程目标</td><td colspan="4">1. 知识与技能。主要表现在学生的课后作业、上课讨论、实地考察和舞台表演四个方面。课后作业和上课讨论注重学生对语言组织能力的培养，对社会文化的关注。实地考察注重从泰州本土戏曲文化出发，让学生探寻本土戏曲文化并进行实地考察。舞台表演则是一场小型演出，注重学生的艺术表现能力、临场发挥能力和团队合作能力等综合素质考察
2. 过程与方法。通过多样化的授课方式，如老师主讲、学生讨论、课外实践等，培养学生的思辨能力、创新意识、语言表达能力、合作能力等
3. 情感态度与价值观。主要体现在这门课程的实地考察，提高大学生对戏曲文化的认同感，加强大学生的文化素质教育。考察过程中让学生进一步了解本土的乡土文化，从关注本土乡土文化，进一步关注中国乃至世界文化</td></tr>
<tr><td rowspan="4">课程实施</td><td>主题</td><td>周次/课时</td><td>内容</td><td>实施要求</td></tr>
<tr><td rowspan="3">初识戏曲</td><td>1/1</td><td>1. 中国戏曲介绍
2. 戏曲行当
3. 唱腔
4. 泰州戏曲的由来</td><td>由中国戏曲引入了解泰州戏曲，了解中国戏曲的戏曲行当、唱腔及泰州戏曲的由来等，让同学们课上讨论自己所了解的戏曲有哪些，体现了什么历史文化内涵等</td></tr>
<tr><td>2/1</td><td>初步了解泰州戏曲“三家村”梅园、桃园和柳园</td><td>让学生初步了解泰州戏曲“三家村”，以及泰州戏曲名剧目</td></tr>
<tr><td>3/1</td><td>戏曲电影鉴赏：《霸王别姬》</td><td>让学生进一步了解中国戏曲文化的历史进程</td></tr>
<tr><td>课程评价</td><td colspan="4">本课程为考查课，平时作业成绩占30%；课堂表现及考勤和课堂讨论成绩占20%；社会实践报告成绩占30%；舞台表演成绩占20%
课程评价要求：①注重学生课外实践活动以及对戏曲乡土文化知识、电影观赏等理论知识的自我加工。②在学生舞台表演实践中，聘请专业教师进行指导并评价。③舞台表演评价要点：演出过程中小组成员之间的配合，即整体的团队合作能力表现；舞台表演完成度；舞台表演的姿态即动作细节，如手势、姿态和唱腔等</td></tr>
<tr><td>备注</td><td colspan="4"></td></tr>
</table>

第二部分：课程内容（节选）

第一单元　初识戏曲

第一节　中国戏曲

一、中国戏曲介绍

中国戏曲主要是由民间歌舞、说唱和滑稽戏三种不同艺术形式综合而成。它起源于原始歌舞，是一种历史悠久的综合舞台艺术样式。它由文学、音乐、舞蹈、美术、武术、杂技以及表演艺术综合而成。它的特点是将众多艺术形式以一种标准聚合在一起，在共同具有的性质中体现其各自的个性。

中国的戏曲与希腊悲剧和喜剧、印度梵剧并称为世界三大古老的戏剧文化，经过长期的发展演变，逐步形成了以“京剧、越剧、黄梅戏、评剧、豫剧”五大戏曲剧种为核心的中华戏曲百花苑。

二、戏曲行当

扮演剧中人物分角色行当，是中国戏曲特有的表演体制。行当从内容上说，它是戏曲人物艺术化、规范化的形象类型。从形式上看，又是有着性格色彩的表演程式的分类系统。这种表演体制是戏曲的程式性在人物形象创造上的集中反映。每个行当，都是一个形象系统，同时也是一个相应的表演程式系统。举例来说，老生就是一个形象系统，其中包容着一系列中年以上的、正直刚毅的男性人物形象，如京剧《空城计》中充满智慧的军事家诸葛亮，京剧《四进士》里的宋士杰等。这些人物的性格气质比较接近，在表演上也有一整套相应的程式。比如念韵白、用真声演唱；风格刚劲、质朴、淳厚；动作造型以雍容、端方、庄重为基调。由于这类人物必须戴象征着胡须的髯口，因此又有一套髯口上的功夫。某些剧种还为戴纱帽的人物创造了一套要帽翅的特技。再如净行，又是另一类形象，包拯、项羽、曹操等都属于这个系统。这是戏曲舞台上具有独特风格的性格造型。它有两个突出的表现：一是面部化妆要用各种色彩和图案勾勒脸谱，所以净又俗称花脸；二是在性格气质上都近乎粗犷、奇伟或豪迈，因而在表演上要求音色宽阔洪亮，动作造型也是粗线条的。由此可见，行当既有性格的内涵，又含有相应程式化的表现方式，是形象类型和程式的统一体。

由于戏曲人物思想情感的内在特征必须加以外化，并从程式上对其进行提炼和规范，这就会使唱念做打各类程式无不带有某种性格的色彩。经过长期的艺术磨炼，一些性格相近的艺术形象以及与之相应的表演程式、表演手法和技巧便逐渐积累、汇集且相对稳定，这就是行当的形成。而当一个行当形成以后，它所积累的表演程式又可作为创造新的形象的手段。如此循环往复，不断创造、不断发展，促使了行当体制的逐步丰富和完善。可以说，行当这种表演体制，是戏曲表演程式创造形象的结果，又是形象再创造的出发点。

生、旦、净、丑各个行当都有各自的形象内涵和一套不同的程式和规制，每个行当都具有鲜明的造型表现力和形式美。

1. 生

老生，生行的一支，因多挂髯口（胡须），又名须生。扮演中年或老年男子，多为性格正直刚毅的正面人物，重唱功，用真声，念韵白，动作造型庄重、端方。

小生，生行的一支，与老生相对应，小生扮演青年男性，不戴胡须。高腔和地方小戏系统剧种多用真声演唱；昆曲和皮簧腔系统剧种多以假声为主、真假声结合。

武生，生行的一支，扮演擅长武艺的青壮年男子，其中分长靠武生、短打武生两类。

2. 旦

正旦，旦行的一支。主要扮演娴静庄重的青年、中年妇女。重唱功，多用韵白。因常穿青素褶子，故又名“青衣”。

花旦，旦行的一支。多扮演性格明快或活泼放荡的青年女性。表演常带喜剧色彩，重做功和念白。

彩旦，旦行的一支，又叫“丑旦”“丑婆子”，扮演滑稽或奸刁的女性人物。

武旦，旦行的一支。扮演擅长武艺的女性，按扮演人物的身份和技术特点，又分长靠武旦和短打武旦两种类型。

老旦，旦行的一支。扮演老年妇女。用本嗓，唱腔虽与老生相近，但具有女性婉转迂回的韵味。

3. 净

大花脸，净行的一支，也称正净、大面。扮演剧中地位较高，举止稳重的人物，多为朝廷重臣，故造型上以气度恢宏取胜。表演上重唱功，唱念及做派要求雄浑、凝重。

二花脸，净行的一支，又称副净、架子花脸、二面。大都扮演勇猛豪爽的正面人物。以做功为主，重工架（身段），唱念中有时夹用炸音，以点染特定人物的威势和性格上的刚烈。

武花脸，净行的一支，也称摔打花脸、武净。以跌扑摔打为主，不重唱、念。

油花脸，净行的一支，俗称毛净。多用垫胸、假臀等塑型扎扮，以形象奇特笨重、舞蹈身段粗犷而妩媚多姿为其特点。

4. 丑

文丑，丑行的一支。包括人物类型极广，除武夫外各种丑角均由文丑扮演。

武丑，丑行的一支，俗称开口跳。扮演机警幽默、武艺高超的人物，念白口齿伶俐，吐字清晰真切，语调清脆，动作轻巧敏捷，矫健有力，擅长翻跳扑跌等武功。

三、唱腔

戏曲中的唱腔大体可分为三种类型。

第一种是抒情性唱腔，其特点为速度较缓慢，曲调婉转曲折，字疏腔繁，抒情性强。它适宜表现人物深沉而细腻的内心感情。许多剧种的慢板、大慢板、原板、中板均属于这一类。

第二种是叙事性唱腔，其特点为速度中等，曲调较平直简朴，字密腔简，朗诵性强。它常用于交代情节和叙述人物的心情。许多剧种的二六、流水等均属于这一类。

第三种是戏剧性唱腔，其特点为曲调的进行起伏较大，节奏与速度变化较为强烈，唱词的安排可疏可密。它常用于感情变化强烈和戏剧矛盾冲突激化的场合。各戏剧中的散板、摇板等板式曲调都属于这一类。

说一说：

收集一些戏曲小资料，说一说你所了解的戏曲有哪些，能体现什么历史文化内涵。

第二节　泰州戏曲

一、泰州戏曲的由来

泰州为汉唐古郡，淮海名区，人文荟萃，物产丰饶，是著名的“鱼米之乡”。骆宾王曾说“海陵红粟，仓储之积靡穷”，足见当年泰州粮米之丰。

经济繁荣，必然带来了文化事业的兴盛。宋胡瑗讲学二兹，明王艮创派在此，柳敬亭名噪一时，吴嘉纪诗传千古。泰州人才辈出，誉满神州。孔尚任曾说：海陵纵横不过三百里，而诗人倍二十五国。

明代大戏曲家汤显祖，为“泰州学派”传人罗汝芳之弟子。其创作思想深受“泰州学派”影响，且曾身临泰州，赋有《海陵观徐神翁像》诗二首。

清代大戏曲家孔尚任，“出使三年，居海陵者强半”。他多次至俞锦泉家观剧，与冒襄、邓孝威等著名文人诗酒交游。

清代作为“同光十三绝”之一的梅巧伶，根在泰州，旅外之后，百艺不习，专攻戏曲，当非偶然。一代宗师梅兰芳，克绍箕裘，誉满中外，更是泰州人民的骄傲。

二、“戏曲文化三家村”

“饭后听评话、入夜赏闲戏”，这是泰州人特有的生活情趣。小巧的京胡和板胡、一组京腔京韵和一套武打身段引起的满堂彩……这样的场景，在泰州并不鲜见。

泰州号称“戏曲文化三家村”，因为明末清初评话宗师柳敬亭、现代京剧大师梅兰芳的家乡都在泰州，清代大戏剧家孔尚任的《桃花扇》在泰州定稿，这三位宗师让泰州人爱上戏曲。既是巧合，也是因缘。如今，凤城河仿佛是一把精美的折扇，桃园、柳园、梅园成为这折扇上缓缓打开的移动风景，三大“美人”竞相亮相，桃园娇艳，柳园妩媚，梅园销魂。孔尚任的传奇笔触，柳敬亭的高歌低吟，梅兰芳的万千风姿，在凤城河这把“折扇”上光彩流溢，也成就了独特的戏曲文化景观。

柳园之中坐落着中国评书评话博物馆。1985年相声大师侯宝林来到泰州时说：“我是到泰州寻根拜祖来了，泰州柳敬亭是说唱艺术的祖师。”

馆内前厅楼梯下搭了一个水边说书的场景，上悬数把折扇，举步之间就是说书艺人的生涯。当代名家中，连阔如、单田芳、刘兰芳、袁阔成、田连元每人一展位，连丽如、金声伯等每人一展柜，各有录音录像可对应欣赏。

桃园是孔尚任传奇剧本《桃花扇》完稿并首演之地。行走于园内的孔尚任旧居，以及河畔的渔壮园，能让人们深刻体会到《桃花扇》对于桃园的意义，感受到戏剧文化对于泰州的意义。由于桃园位于凤城河畔，每晚华灯初上，都为来往的游船画舫演绎着昆曲《桃花扇》最经典的选段。

说一说：

说一说你所了解的戏曲，你认为戏曲作为传承文化的载体之一与其他载体有何不同？

微思考

对“泰州戏曲文化鉴赏”校本课程案例予以简评，就此课程目标谈谈自己的看法。

课后研习

一、认识与探讨

1. 就高校校本课程产生的渊源，谈谈自己的想法。
2. 浏览相关地方高校校本课程教材，谈谈高校校本课程开发的意义。
3. 就高校校本课程案例任选一例进行分析评价。

二、练习与设计

1. 设计一门以自己为对象的高校教师教育校本课程，主题为自己所在地方乡土文化。
2. 设计一份高校校本课程教材中的学生“学习任务单”。

三、阅读与思考

1. 查阅相关资料并思考乡土文化的内容与大学生的身心发展之间存在怎样的契合关系。

2. 阅读《美国是怎样培养精英的》一书（薛涌. 美国是怎样培养精英的[M]. 新星出版社，2005.），写一则随笔并谈谈自己的想法。

3. 阅读下列对“实践篇、实习篇”中地方高校校本课程案例的点评，谈谈自己的认识。

点评：

一个地方的“乡土文化”是一种与土地、乡民共生的人类社会现象。它像这个地方的地貌，或者也像人的脸模，具有相对的独特性甚至是唯一性。以这个角度去看泰州区域内的文化、文明，它是多源的，也是多元的。它有古今的积淀，也有南北的交汇，由此而形成的文化生态，潜移默化地影响着泰州的乡土及人民，并使其表现出了日新月异、顺风顺水的地理貌相和勤劳聪慧、气定神闲的人性品质。若将文化以物质文化与精神文化来划分，泰州的“乡土文化”就物质方面来看，呈现着纷繁多样的民俗风情、丰饶的物产资源、奇特的地域景观以及现代化的市镇构建；而就精神方面来看，蕴含着诸多特有的思想成果、优异的学术探索、共识的价值观念以及高尚的精神文明。基于此，泰州学院作为泰州地方高校，大力挖掘地方“乡土文化”，构建和设置泰州学院“校本课程”，以利于地方高校培养目标中的“地方性人才”教育目的的实现。以人才培养之于学校课程相应的选择标准，选取“泰州学派创始人王艮”“泰州本土教育家胡瑗”等为课程内容进行编纂，最终成为当下课程。所编制“校本课程”的内容及编排体例尽可能与大学生学习认知状态相关联，充分体现知识性、伦理性、研究性、概括性及体验化等课程性质，尤其在人物事件作品及相关理论方面尽可能为大学生提供“原汁原味”的内容，以利于大学生自主学习及思考乃至思辨的展开，使大学生有接受并思考及研讨的“空间”，也使得教师有解说的“余地”。但这一切是否使乡、校、师、生诸方面相互适切，尤其是与当代大学生的发展成才适切，还须待课程实施后方可知晓。无论课程编制的内容、格式、体例及特征如何，对于泰州学院的“校本课程”建设都是一次好的尝试。

第八章

乡土文化与校本课程开发借鉴

学习目标

1. 了解国内外他地、他校、他人所编制的乡土文化校本课程内容及其编制情况。
2. 把握乡土文化资源开发与校本课程设置编制中的一般规范。

本章导读

在我国，对于中小学校和高校的广大教师来说，课程设置及编制这样的任务应该说比较少。就目前来看，当下的高等师范院校在教师教育课程及实操训练中设置此类课程或实践环节也是不多见的，因此教师基本没有接受过相关校本课程甚至是课程的设置与编制较系统的学习与训练，对于任职后所在学校校本课程开发及相关程式最初还是比较陌生的。编者为使理论能够联系实践，使相关理论更为透彻，也使实践操作愈加明晰，特选取了国内中小学及地方高校和国外中小学部分乡土文化类校本课程案例予以展示。

第一节　中小学乡土文化与校本课程开发案例

一、江苏省泰兴市××中学校本课程“黄桥的那年那人那事”[①]

（一）基本情况

课程题目：黄桥的那年那人那事
开发学校：泰兴市××中学
课程学段：高一年级
课程时限：一学期13课时

（二）课程内容及课式（节选）

课程背景：

我校位于千年古镇黄桥新区，学校始终坚持“学生第一，质量至上”的办学理念，努力追求“师德高品位、师资高素质、教学高质量”的办学目标和“培养具有健全人格、良好学习能力和创新精神的中国现代人”的育人目标，面向全体学生，全面关心学生，强调“一个都不能少”“从最后一名抓起”。通过几年的努力已形成“团结、守纪、求实、创新”的校风，“爱生、敬业、务实、创新”的教风和“崇德、勤学、奋发、超越”的学风。我校的教育科研坚持与课堂教学质量的提高相结合、与学生“终生学习”目标的实现相结合、与素质教育的整体推进相结合、与教师的发展相结合，因此，学校鼓励老师开发各种形式的校本课程，既有利于提高教师的专业素养，也有利于激发学生的学习热情和综合素质的全面发展。

尊重学生的个性差异，提升学习者的主体性，培养学习者的创新意识、创新能力已成为我校课程改革的主要趋向。教师经问卷调查、个别咨询等方式，初步了解到学生对黄桥地方历史文化有强烈的认知需求以及继承优秀文化传统的迫切愿望。“黄桥的那年那人那事”校本课程充分考虑了学生的需求，适应学生不同性格发展的需要，有利于充分发挥学生的自主性、独立性，充分发挥其主体地位和主观能动作用，能够更好地发展学生的特长和个性。

① 泰州中小学乡土文化校本课程系列（2017—2022）．泰州学院教育科学学院“中小学校本课程”开发教学档案，2022.（内部资料）

第一讲 感知朴实方言

1. 教学目标

①知识与技能：通过本次主题活动，让学生感受日常生活中的黄桥方言，体会方言在文学著作中的魅力，培养学生收集、整理资料的能力。

②过程与方法：在活动中，采用小组合作的学习方式，资源共享，力求做到生生共享、师生共享，培养学生合作学习的意识及与他人交流的技巧。

③情感态度与价值观：让学生通过本次主题活动，感受到黄桥方言的独特魅力，激发学生保护方言、学习方言的欲望，培养学生热爱家乡语言、热爱家乡文化、热爱家乡历史的情感。

2. 教学的重难点

①理解黄桥地方语言特色，掌握黄桥方言的一些特殊词汇。

②体会黄桥方言的发音特点。

3. 教学过程

播放泰兴方言类栏目，引出主题。

（1）黄桥方言使用情况调查及分析。

师：黄桥方言你们会说吗？你认为方言重要吗？

（2）黄桥方言发音特点的调查及分析。

师：黄桥方言的发音特点是什么？大家根据课前调查的结果讨论一下。

PPT课件展示关于黄桥方言的简单介绍，让学生对黄桥方言的历史及特点有大致的了解。

（3）黄桥方言分类收集及整理。

在课前收集一些有关黄桥方言的资料，学生之间分享。将资料分类，如：天时、地理、方位，亲属、称谓、代词，身体、疾病、医疗，房舍、用品，服饰、饮食，动物、植物，等等。学生结合后面括号的注释，用方言读出这些耳熟能详的资料。

为了增强活动的趣味性，出示词组、图片、歌谣，让学生用黄桥方言读出来，并解释它们的意思，说明其中部分物品的用途。这里侧重鼓励学生大胆展现自我，促进学生交流。

（4）课后活动。结合班级实际情况，让学生自己编排一个方言类的节目，课后排练。

点评：

在校本课程中开发学校所在地方泰兴黄桥的乡土文化资源并以“黄桥那年那人那事”为主题，这门校本课程从多个侧面叙述黄桥的悠久历史及丰厚文存，揭示黄桥的文化底蕴，弘扬黄桥地方精神和黄桥人的崇高品质。在解说、观察、讨论、思考中，充分激发起学生浓厚乡情、浓郁乡恋的“乡土情怀”，并鼓舞他们努力学习，树立起为家乡、建家乡的志向。此课程构思独特，切合地方文化，设计规范，教学程式完备，选取资料翔实丰富，符合高中学生的学习特点，较适宜他们阅读思考及探究，学生有较多自主学习机会及空间，利于研究性学习的开展。

微思考

若由你编制类似“黄桥那年那人那事”校本课程，你会如何命名？试着编列一个课程内容简纲。

二、上海市××中学校本课程“探寻青铜器背后的文化密码”[①]

（一）基本情况

课程题目：探寻青铜器背后的文化密码

开发学校：上海市××中学

课程学段：高中一、二年级

课程时限：3课时

（二）课程内容及课式（节选）

1. 背景介绍

上海博物馆作为爱国主义教育基地，既是上海这座城市深厚的文化底蕴的见证，也是青少年思想道德教育的“宝藏”。借助博物馆里精美绝伦的珍贵文物，教师可以构建一个课内外一体化的开放课堂，为学生创设自主探究、合作学习的平台，让学生在丰富的历史实物资源中拓宽视野，增长智慧，滋养心灵，提升人文素养，萌生对中华文明的尊重和热爱之情。

青铜馆是上海博物馆富有特色的场馆，1200平方米的展室内，陈列了400余件精美的青铜器，系统完备地反映了中国古代青铜艺术发展的历史，它可以印证高中历史第二分册《商朝与青铜文化》的相关内容。教师结合高中历史教材和上海博物馆的青铜实物，以“探寻青铜器背后的文化密码”为主题，结合相关研究著作，引导学生探究青铜器背后的语言并通过青铜器获得了解中国古代器皿文化、礼仪文化的密码。

2. 活动过程

（1）参观上海博物馆青铜馆，聆听讲解员的专业讲解，学生通过对青铜器的种类、用途、纹饰、工艺以及铭文的了解，体会青铜文明，感悟青铜器的艺术之美及中华民族的杰出智慧。

（2）借助“学习任务单”（表8-1）自主学习，学生围绕核心问题自主探究。在掌握知识的同时，更注重学会获得知识的方法，提高学生的历史思维品质。

（3）合作分享学习成果，师生之间、生生之间进行合作，学生在教师引导和与同学交流讨论中，由博物馆里青铜器带来的鲜活、真实、具体的体验中，认识中华民族青铜文化的独特性、丰富性和多样性。

（4）深入探究，学生对青铜器的研究认识在后续“再探博物馆”和利用各种机会去其他博物馆考察中进入研究状态，学生将考察实践习得的知识技能加以运用，趋向发现和探究，并有自己的思想和见解。

3. 活动策略：任务单引导

（1）设计学习任务单。教师结合学科课程标准，自己先实地考察，收集资料，确定主题，设计学习任务单。首先让学生在考察前收集相关资料，让学生初步接触知识；随后在考察中进一步增进新的认知，再让学生根据搜集的资料进行分析，提炼得出相关概念；最后引导学生分析现象后面的本质问题。

（2）全过程指导。①让学生知晓探访地的价值；②使学生明确考察目标，知道青铜馆有什么、看什么、怎样看等；③考察后续活动的开展，教师引导学生收集资料、汇报交流、表达想法等。

① 李俊．从上海走进历史：上海乡土历史德育资源教学运用研究［M］．上海：上海社会科学院出版社，2014：192–194.

表8-1 学习任务单

<table>
<tr><td colspan="4">青铜器 · 青铜馆 · 青铜文明</td></tr>
<tr><td colspan="4">提示：①以严谨、科学的态度对待这次考察，注意对收集的资料进行甄别、分析。②注意记录和拍照，以便资料的保存和使用。③回家进一步查阅、核实、分析、整理资料，完成学习任务单，以便交流</td></tr>
<tr><td>班级</td><td></td><td>小组名称</td><td></td></tr>
<tr><td colspan="2" rowspan="2">小组成员</td><td colspan="2">组长：</td></tr>
<tr><td colspan="2">组员：</td></tr>
<tr><td colspan="4">认识青铜器</td></tr>
<tr><td colspan="4">1. 时代：寻找馆藏年代最久远和距今最近的青铜器，写出它们的具体名称、时代、用途。</td></tr>
<tr><td colspan="4">2. 种类：与世界其他民族的青铜器相比，我国的青铜器具有独特的风格，充分体现了民族特性。①请以馆藏来印证青铜器种类繁多、用途各异这一说法。根据分类列举你们印象深刻的几件青铜器，注明种类、具体名称、用途和时代。②爵是中国青铜文化中的典型器物，任意选择夏商周时期各一件青铜爵，比较造型、纹饰的差异并说明原因。</td></tr>
<tr><td colspan="4">3. 冶铸技术：结合参观探索青铜铸造的秘密，思考青铜器为什么被称为“吉金”？回答为什么没有完全相同的青铜器？请描述最令你们叹服的一项青铜冶铸技术。</td></tr>
<tr><td colspan="4">走近古人的生活</td></tr>
<tr><td colspan="4">很多人认为从商代、西周和东周的青铜器中，可反映出这三个时代的不同社会氛围和当时人们的精神面貌，你们认同这种说法吗？为什么？</td></tr>
<tr><td colspan="4">寻访上海的青铜文明</td></tr>
<tr><td colspan="4">1. 找到馆藏上海地区出土的青铜器，将其与同时期中原地区的青铜器比较，印证我国青铜文化的丰富性和多样性。</td></tr>
<tr><td colspan="4">2. 为了进一步了解上海地区青铜文明的发展情况，你们认为能通过哪些途径获得相关的历史信息？请记录一项你们的收获。</td></tr>
<tr><td colspan="4">分享最喜爱的青铜器</td></tr>
<tr><td colspan="4">请你们当一次上海博物馆的讲解员，查阅相关资料，为自己最喜欢的青铜器写一份文物介绍（建议从艺术价值、历史价值、收藏捐赠故事等方面展开）。</td></tr>
<tr><td colspan="4">感悟：说一说我们的收获。</td></tr>
</table>

点评：

该课程利用上海博物馆丰富的馆藏资源，结合历史教材进行主题活动，这是乡土历史德育资源和学科教学、学科育人有效结合的案例。在青铜文化之旅的案例中，教师结合学生的实际情况，遵循“少即是多”的原则，没有用高深的学术性问题让学生失去探究活动的兴趣，而是旨在通过活动培养学生一种学习、思考的习惯，让学生用眼睛去观察、用心去体会、用脑去思考。该课程让我们看到，结合乡土历史德育资源衍生出的主题活动，其目的不是把学生变成某一领域的专家，而是要教给他们学习历史、研究历史的方法，培养学生具备在未来的某一天去解决现在还不知道的问题的能力。

—— 微思考 ——

结合自己的认识，对上述校本课程案例进行简评。

三、浙江省宁波市澥浦××小学校本课程“澥浦船鼓”①

（一）基本情况

课程题目：澥浦船鼓
开发学校：宁波市澥浦××小学
课程学段：一年级一、二学期
课程时限：一学期6～8课时

（二）课程内容及课式

1. 课程背景

澥浦××小学位于镇海区的澥浦镇。这座古镇具有悠久的历史和保存完好的古建筑，其中“郑氏十七房”和“古渔街”都闻名遐迩。古镇名中的“澥”通“蟹”，“浦”的意思是水边或河流入海的地方，合起来的意思就是“靠近水边有螃蟹的地方”。古镇为通衢隘口、军事要地和渔港商埠，为历史文化重镇。学校始建于1903年，为百年老校，在历史的滋养下有着浓厚的文化积淀。结合地域特点，学校立足于本土特色，以“创特色鲜明的百年名校”为办学目标，在新一轮课程改革的大背景下，加强学生全面素质的培养和实践能力的提高，引导师生关注地域乡土文化。通过挖掘、整理、传承澥浦的优秀文化，寻求和探索使澥浦的地方文化资源成为学校艺术教育的底蕴和基调，研究和尝试利用地方文化资源促进学校的文化建设、师资队伍建设，以提高学生的文化素质、身体素质，发挥艺术教育的特有功能，使地方文化代代传承。

2. 课程目标

（1）总体目标。

①了解船鼓的起源、历史、表演形式、风格特征、活动习俗等，从而丰富艺术知识、形成热爱艺术学习、学习艺术的热情。

②学习、掌握基本技巧，提高表演能力。在船鼓队节目的排练过程中，增强团结协作的良好品质。

③通过泥塑、纸塑、服装设计、农民画创作等教学活动，体会和发现生活中的美，体验创造的乐趣，提高对船鼓文化的兴趣。

④结合特定的采访活动，增强日常口语交际的基本能力，能够更好地与他人进行文明交往和

① 魏巍．宁波经验小学校本课程开发与实施案例［M］．宁波：宁波出版社，2013：37.

语言沟通，培养良好的交际习惯和道德品质。

⑤结合生活，积极创造实践机会，形成小学的特色艺术项目，进一步激发学生对家乡的热爱之情，激发对非物质文化遗产传承的责任感。弘扬并保护地方的文化遗产，打造学校的办学特色。

（2）教学目标（表8-2）。

表8-2 “澥浦船鼓”教学目标

年段	学科渗透	教学目标
一、二年级	美术	1. 欣赏参观船鼓实物，了解船鼓的基本构成 2. 用橡皮泥设计制作船鼓，初步尝试小制作带来的乐趣 3. 学习简单的花边图案的基本知识和剪花边的方法。用剪好的花边纹样来装饰船鼓队的道具，美化生活，形成热爱生活的美好情感 4. 通过教学活动，体会和发现生活中的美，并用自己的创造性制作活动加深体验
	音乐	1. 学习鼓点节奏，掌握简单的鼓点节奏 2. 学习船鼓队中鱼队、船队的基本动作，初步学会简单的动作并参与表演
	综合实践	1. 了解非遗“澥浦船鼓” 2. 了解“澥浦船鼓”的由来和表演特点，感受民间表演艺术的丰富多彩 3. 了解“澥浦船鼓”的无穷魅力，萌生保护发扬民间艺术的意识

3. 课程内容（表8-3）

“澥浦船鼓”校本教材分为探究篇和实践篇。探究篇分为“走近船鼓”和“创意活动”，实践篇分为“音乐欣赏”和“船鼓表演”。

表8-3 “澥浦船鼓”课程内容

年段	学科渗透	课程内容	实施方法
一、二年级	美术	泥塑、剪纸：《泥巴小船》《剪个花边，贴小船》	面授辅导 个别指导
	音乐	音乐欣赏：船鼓鼓点节奏训练（四分音符）；船鼓舞步训练（跑跳步、行进间练习法）	面授辅导 个别指导
	综合实践	谈谈对船鼓艺术的初步认识 了解“澥浦船鼓”的发掘过程	面授辅导 实地采访

4. 课程实施

（1）教学环境的设置。设置非遗传承工作小组，制订创建规划方案，开发校本教材，录制《澥浦船鼓》音乐，配备道具及服装，配置训练教室、舞蹈房及演出设备，投入建设经费。

（2）学习活动的延伸。按年级开展相应课程，制订课时方案和计划，专任教师准备教学资料，相关教研活动开展，场地使用管理操作，课时安排（表8-4）。

（3）具体实施。

①学习方式：课内外理论学习与实践相结合，即基础知识学习、小组研讨、现场实践、撰写体会等。

②教学方式：课内外理论传授与实践相结合，即基础知识传授、实地演练、小组研讨、模拟训练、考查等。

表8-4 课时安排

年级	学科渗透	开课教师	学年课时
一、二年级	美术	美术教师	6
	音乐	音乐教师	8
	综合实践	语文教师	6

5．课程评价（表8-5）

（1）评价思路。教学评价要以现代教育教学理念、现代教学观为依据，运用可操作的科学手段，评价主体按照一定的价值标准，对教学活动的各个要素及其发展变化进行价值判断。

（2）评价原则。导向性原则、多维性原则、真实性原则。

（3）评价方式。

①对教师的评价：评价重过程，建立发展性的教师评价体系。采用期中、期末工作考核办法，进行自我评价、学校领导评价、学生及家长评价。

②对学生的评价：采用形成性激励评价方式，注重学生参与过程中的积极性、合作性、操作能力和创新意识。过程与结果评价相结合。

表8-5 课程评价

评价项目	评价内容	评价结果			
		自评	互评	教师评价	综合评价
学科渗透·美术	欣赏参观船鼓实物，了解船鼓的基本构成。用橡皮泥设计制作船鼓，学习简单的花边图案的基本知识和剪花边的方法	☆☆☆☆☆	☆☆☆☆☆	☆☆☆☆☆	☆☆☆☆☆
	用剪好的花边纹样来装饰船鼓队的道具，美化生活，会用纸雕塑等，并以自己的创造性制作活动加深体验	☆☆☆☆☆	☆☆☆☆☆	☆☆☆☆☆	☆☆☆☆☆
学科渗透·音乐	个人完成船鼓动作评价：姿势基本正确，动作技术基本正确，鱼、船能够舞动	☆☆☆☆☆	☆☆☆☆☆	☆☆☆☆☆	☆☆☆☆☆
	团队协作完成船鼓规定动作，姿势自然，动作熟练、协调	☆☆☆☆☆	☆☆☆☆☆	☆☆☆☆☆	☆☆☆☆☆
学科渗透·综合实践	了解并讲述“澥浦船鼓”的由来、表演特点和渔民捕鱼习俗	☆☆☆☆☆	☆☆☆☆☆	☆☆☆☆☆	☆☆☆☆☆
	了解并讲解“澥浦船鼓”的发掘和传承，渔民捕鱼习俗与“澥浦船鼓”形成的联系，学会调查、访问，能写采访记录或心得体会	☆☆☆☆☆	☆☆☆☆☆	☆☆☆☆☆	☆☆☆☆☆

续表

评价项目	评价内容	评价结果			
		自评	互评	教师评价	综合评价
获奖情况					
学有所悟					
学校综合评定					

注：由评价主体按评价结果将相应的得星情况用彩笔涂上。

点评：

本土文化是一个地方的文化根基，它具有历史性、传统性、继承性以及地域性，而其中的精华又汇入了中华民族文化的大流。由青少年担当非遗保护传承人，可以使他们从优秀民族文化艺术和民族精神中汲取精华，滋润心田而快乐健康地成长。学校将船鼓艺术这一传统文化发扬光大，成为学校内涵建设的一个鲜明特色，让学生提高艺术审美情趣，放飞自我，愿学乐学，提升教育成效。需要考察的地方首先是课程评价方面，希望在实际教学中克服学生的学习效果和能力水平难以评价的困难，制定切实可行的多元化评价方式方法。其次是地方文化艺术活动开展过程中学校与社区、教师与家长和校外人士间的关系协调问题需要很好地处理。最后是学校领导、教师和学生家长对此类活动的认识程度还需要提高，理解并处理好素质发展与学科知识掌握之间的关系。各相关人士均应明白，艺术素养、合作意识及团队精神对一个孩子的健康全面发展的重要性。

—— 微思考 ——

对上述校本课程案例中的“课程评价”进行简评。

第二节　地方高校乡土文化与校本课程开发案例

一、浙江农业商贸职业学院“地方名人文化”德育校本课程[①]

（一）课程开发的现实背景

首先，国家政策的引领导向。“地方名人文化”德育校本课程的开发研究是推动高校“思政课程”和“课程思政”协同育人，开创全方位、立体化育人模式的重要途径。

其次，教育改革的发展机遇。“地方名人文化”德育校本课程的开发研究符合我国高校教育改革发展的工作要求。

最后，时代进步的客观要求。“地方名人文化”德育校本课程的开发研究适应21世纪我国高校培养具备一定文化底蕴的高素质人才目标的需求。2017年年初《关于实施中华优秀传统文化传承发展工程的意见》中提出，要将文化传承作为一项重点任务“贯穿国民教育始终”，引导中国人增强文化自信。名人文化是中华传统文化的重要组成部分，学生对地方名人的认识越具体和深

① 艾琛．“地方名人文化”德育校本课程的开发研究［J］．科教导刊，2018（10）：97-99.

人，对当地的情感就会越真诚和深厚，依托丰富的教育内容，让学生于学习、生活中亲身感受体验地方名人的精神风度和崇高品质，通过榜样引领和日常践行，形成自身的人格素质和品德修养，促进高校学生的健康、和谐、全面发展。

（二）课程开发的学校背景

浙江农业商贸职业学院地处绍兴，这是一个有着悠久历史的文化古城，也是著名的名士之乡，从古至今贤士云集、各领风骚，有着丰富的名人资源，汇聚成了灿烂丰富的绍兴精神文化。这里有治水的夏禹，“卧薪尝胆”的勾践，“商贸奇才”范蠡，“哲学先师”王充，“民主革命先驱”徐锡麟、秋瑾、鲁迅，“教书育人楷模”蔡元培、竺可桢、陶行知、陈鹤琴，翻译学家杜亚泉，经济学家马寅初和农学家吴觉农，这里还有大禹陵、兰亭、沈园、王羲之故居、鲁迅故居、蔡元培故居、秋瑾故居、周恩来祖居等历史名胜古迹，以及名人历史故事孝女曹娥、刘阮遇仙等。这些绍兴地方名人，在历史的长河中，在各自的领域里，散发着自身独有的魅力。现如今，构建“地方名人文化”校本课程，将激活千年的名人精神，启迪后辈莘莘学子的道德认知。

（三）课程目标

1. 实现对地方名人文化的初步认知

通过观察、学习地方名人的高尚情操、理想信念、道德品质等文化精神，激发学生对名人文化的学习兴趣，提高认知程度。

2. 实现对地方名人文化的深化感悟

让学生在熟悉的名人文化基础上，接受德育实践活动，让道德教育可感可知，培养学生爱乡土爱先贤的品质，于潜移默化中接受地方名人文化的内涵，主动沿着先辈的脚步，自发探寻发展的路径。

3. 实现对地方名人文化的热爱内化

通过丰富多彩的地方名人文化，让学生以地方名人为荣，激发学生的乡土情感和民族情操，以乡土名人为榜样，自觉践行发展优秀的思想道德修养。

4. 实现对地方名人文化的创新传承

利用地方名人文化资源构建德育校本课程，丰富德育校本课程的内容，拓展教育素材，创新教育形式，增强德育的实效性和感知性，培养学生的实践能力，提升学生的创新精神，树立文化自信品质，激励学生做地方名人文化的传承者和发展者。

（四）课程内容

道德精神内涵：绍兴地方名人具有的共性精神品质和思维方式，即“爱国情怀、孝顺父母、严谨治学、艰苦奋斗、无私奉献、哲学智慧、志存高远、正直廉洁”的道德精神。

爱国精神：“爱国诗人”陆游；“抗倭英雄”姚长子；“爱国文人”李慈铭；“民主革命家”徐锡麟、秋瑾；“为民族事业三改志愿”的鲁迅。

孝顺父母：“孝德部落首领”虞舜；“孝心感天动地”的曹娥。

严谨治学：“学识渊博”的马叙伦；“物候学家”竺可桢；“核物理学家”钱三强。

艰苦奋斗：“青藤道士”徐渭；“方志学家”章学诚。

无私奉献：“近代的大慈善家”经元善；“近代图书馆事业开创者”徐数兰。

哲学智慧：“心学的集大成者”王阳明；“道家自然无为”的王充；“儒家学者”马一浮。

志存高远：“三过家门而不入”的大禹；“卧薪尝胆”的勾践；“先天下之忧而忧”的范仲淹；“为国为民”的邵力子；“为中华之崛起而读书”的周恩来。

正直廉洁："一钱太守"刘宠；"清正廉洁的枢密使"杜衍；"立朝刚正不阿"的王十朋。

学院特色地方名人："一生心血为茶来"的吴觉农；"商贸奇才"范蠡；"工匠精神、铸剑鼻祖"欧冶子。

（五）课程实施

1. 创设"地方名人文化"育人环境

例如，校园建立鲁迅、蔡元培等人铜像；教学楼以绍兴文化名人命名；学生寝室张贴名人事迹介绍；校园绍兴名人文化长廊展示名人生平及成就介绍。

2. 打造"地方名人文化"教学模式

设置"地方名人文化"德育校本课程选修课，编制教材，制作课件及音视频教学材料，组成名人文化讲师团进行地方名人文化宣讲活动。

3. 开展"地方名人文化"实践活动

举办校园艺术特色活动，有主题征文、演讲比赛。进行名人故居、纪念馆及博物馆的探访考察活动，进行名人事迹采访。

（六）课程评价

在评价方式上，过程性评价和终结性评价相结合。教师表扬、鼓励，学生心得体会及活动成果的评语；在评价主体上，自评与互评相结合。学生自我反思，学生互评及家长评价。

二、湖北郧阳师范高等专科学校"武当文化概论"校本课程①

（一）课程背景

武当山位于湖北省十堰市境内，是道教圣地、世界文化遗产。武当文化是人们在以道教精神为主的中国传统哲学的影响下，在以武当山为中心的地域内，长期的社会历史实践中所创造的物质和精神财富的总和，是中华民族优秀文化遗产的组成部分。学校毗邻武当山，是一所历史悠久的省属地方性师范院校，师资和生源以十堰和周边县市居多。早在20世纪80年代就有一批教师针对武当文化进行研究并在教学中与学生分享，武当文化逐渐进入学校的课程及课堂。在20世纪90年代后期，随着我国新一轮课程改革启动及国家、地方、学校三级课程管理模式改革的推行，学校校本课程开发得到教师及校领导的重视，武当文化因其多年的积淀，不仅拥有稳定的教师队伍，还具有不少高质量的研究成果，为武当文化校本课程开发奠定扎实的学术基础。

（二）课程内容

武当文学：《武当山志》、武当武术小说、武当山诗歌。

武当武术：武当太乙五行拳、武当纯阳拳、太极拳、形意拳、八卦拳、武当派剑术、武当武术技法。

武当建筑：武当庙宇、武当园林。

武当道乐：武当"歌舞乐"、武当道乐特色、武当道教音乐技法。

武当朝山民俗：武当道场、武当朝山俗规。

① 张全晓．地方高校校本课程开发的实践与思考［J］．郧阳师范高等专科学校学报，2015（4）：14–18.

（三）课程实施

课程定位及对象：校本人文素质教育通识课，中文系、政史系学生为专业选修课；其他各系科学生为公共选修课。

课程形式：贯穿“校企结合、工学结合”理念；理论知识学习；实践教学，实习实训、建立“武当文化概论精品课”网站，师生线上交流等。

课程师资：学校相关系科专业教师与“双师型”教师、武当山民间、道教、旅游、政府机构等相关专业人士担任外聘教授。

课程教学空间：校内教室、活动室，校外田野（武当山）调查。

（四）课程评价

定性与定量双评价制度，通过专题训练、课程论文、调研报告、模拟导游、课程试讲等形式考查。

（五）课程理念

1. 彰显地域性

学校通过武当文化校本课程开发，深入挖掘武当山丰厚的历史文化资源，突出“地方性”，打好“地方牌”，说好“地方话”，实现地方高校服务地方经济发展的办学宗旨。

2. 强调实践性

武当文化校本课程突出实践性，贯穿“校企结合、工学结合”思想和“做中学、做中教”的教学特点，着力培养学生实践运用能力和创新创造能力。

3. 注重学术性

围绕武当文化校本课程的相关学术研究成为课程设置与发展的基础。

4. 追求应用性

武当文化校本课程坚持开放式开发，加强应用推广、用“活”、用“足”、用好校内校外两种资源，为人才培养、科学研究、社会服务和文化传承创造各种平台。

三、江西赣南师范大学“苏区、客家文化”校本课程①

（一）课程背景

赣南师范大学立足赣南革命老区、“客家摇篮”这一地域优势，坚持“价值引领为先，人文素养为重，全面发展为本”的文化育人理念，按照“知识传授、文化熏陶、价值引领”的文化育人思路，努力推进地方优秀文化进校园，积极开展以苏区与客家文化为载体的特色文化课程改革，创新大学生思想道德和文化素养课程教学，探索出一条依托地方优秀文化开展特色文化课程建设之路。

（二）课程体系及内容

1. 课程性质

课程分为两大类型，即显性课程列入人才培养方案，主要面向全校各专业开设的通识教育课程，如“中央苏区历史大讲坛”，以及有关专业的专业课程，如“客家音乐”“中央苏区文艺研究”

① 刘福来．地方高校特色文化课程建设的探索与实践［J］．中国大学教学，2013（9）：27–29.

等系列课程。隐性课程内容隐含在显性课程之中，主要是以“中央苏区历史博物馆”“客家文物博物馆”“客家文化资料室”为依托的各类现成观摩、讲解训练、研究讨论等系列课程活动，以及“红色班级”建设，“红土情”校园文化节，客家体育运动会，“红色之旅”和“史迹考察”等活动。

2. 课程内容

课程内容分为三大模块。第一模块是知识传授型课程，以传授地方优秀文化知识为目标，开设“苏区体育”“中央苏区教育简论”“中央苏区文艺研究”“客家山歌文化研究”“客家音乐”“中央苏区史”“客家民俗研究”“客家舞蹈研究”“苏区精神与文化”等特色文化课程。第二模块是技能训练型课程，以文化技能训练为目标，开设“红色记忆——中央苏区故事集”“客家音乐民俗与田野采风”“赣南采茶戏”“兴国山歌”“客家民俗旅游资源开发与利用”“客家味道——客家饮食文化研究”等课程。第三模块是素质拓展型课程，属于通识教育类课程，开设“中央苏区大讲坛”“客家文化丛谈”等课程。

（三）课程实施

1. 课程教学实施理念

三个基本要素：知识、能力、素质。三个空间维度：课堂、社团、社会。三种互动方式：课内课外互动、老师学生互动、学校社会互动。

2. 课程教学实施形式

除课堂知识传授外，学生社团有“大学生红色文化研究协会”“客家文化协会”等；实践教学基地有“瑞金密溪村客家文化田野考察点”“客家研究中心湖江研究基地”“安远县镇岗围民间美术教学实践点”等；建立瑞金、兴国等县市爱国主义教育基地；在赣州市周边中小学建立红色文化教育基地；在学生中建立“红色班级”，有“瑞金班”“于都班”“兴国班”等；借助中央苏区历史博物馆、客家文物博物馆及谷雨诗社学生群团等组织，开展“大学生红色故事会”“红色题材优秀影片展播”“红歌大赛”“苏区历史知识竞赛”“红色文化主题艺术作品展”等；举办“客家文化展”“客家书画摄影作品展”“客家音乐舞蹈会演”等。

3. 课程教学社会实践形式

进行民俗民风田野考察，学院成立“红色宣讲团”“赣中南红色文化宣讲团”，赴大中小学校、企事业单位机构、城乡社区广泛宣讲红色文化。

4. 课程师资

学院相关专业教师，校外党史、文化史专家，老红军等。

5. 课程实施相关制度

学院制定《精品课程建设管理办法》《关于把苏区精神融入大学生思想政治教育的实施意见》《推进“苏区精神进校园”工作方案》等。

点评：

地方高校以培养地方型人才即服务地方社会各项事业为办学宗旨，相关地方文化的课程开设及教育活动进行构成其重要的育人举措。浏览相关地方高校乡土文化校本课程案例，可以罗列出以下几个特点：①高校所处地方乡土文化积淀深厚，开发潜力巨大；②地方高校在所处地方乡土文化浸润下发展壮大；③高校地方乡土文化校本课程通识性与专业性兼备，充分结合学校人才培养目标，实现学有所用；④高校地方乡土文化进入校本课程实施过程中，教师学术研究与专业发展、地方乡土文化发掘与保存及传播、地方文化经济产业开发与培育等方面形成联合互动、共同发展的形态；⑤地方高校乡土文化校本课程的开发，在中华民族伟大复兴的背景下，切合高校人文教育的现实，具有极为重要的意义与价值。地方高校乡土文化校本课程开发中尚存在一些需要提升的空间，譬如教师学术研究的深度及广度问题、学生参与的广泛性及专业性问题、相关政府机构及教育管理部门的政策配合问题等，需要在后续过程中完善。

—— 微思考 ——

地方高校所编制的校本课程有什么特点？对上述三例校本课程的课程目标进行评析。

第三节　国外中小学乡土文化与校本课程开发案例

一、美国地方乡土文化与校本课程①

（一）文化背景

美国的政治、经济、科技以及日常生活都带有独特的“美国化”模式，因为是典型的移民国家，所以在美国的各种学校课程中，对“美国化”模式的认同成为主要的教育内容。在美国，州政府对“文化自治”引以为豪并坚决捍卫，反对任何破坏它的企图，原因在于美国的历史发展以及美国的道德、文化、宗教和经济传统的多样性。考虑到这些因素，美国课程政策给地方包括学校以充分照顾。

（二）校本课程案例

1．土著美国人的文化（美国××中学，七年级学生）

（1）背景。美国××中学为了让学生清楚理解印第安人文化与自然的关系，从而根据文化价值观的不同在某种程度上理解白人文化和印第安人文化的冲突开设了“土著美国人的文化”课程。

（2）课程目标。通过让外国移民的孩子了解所在区域的文化价值观来表明，文化和传统可以不同，要宽容价值观的多样性，做到彼此尊重，进而丰富学生的经验，让学生逐步融入当地的生活中。

（3）课程设计。课程强调的重要概念是土著美国人的文化与他们生存的环境密切相关。由一位土著美国妇女作向导，带领学生到一个美丽乡村去实地考察。学生在印第安人的圆锥形帐篷中度过一段时间，体验这种生活的滋味。以小组为单位，学生讨论空间如何影响人与人之间的交往方式。还会让学生听故事、唱歌和使用印第安人的工具。通过学习印第安人的文学（传说与故事等），让学生以新的视角去认识土著美国人的文化和价值观，理解印第安人看问题的视角。鼓励学生充分利用社区里的艺术图书馆（那里有丰富的土著美国人艺术收藏），并学会从非文学作品中获取信息和组织这些信息的技能，学会使用照片、演讲、故事、幻灯片和艺术品的信息。

（4）预期学习结果。理解土著美国人的文化领域。包括：知道土著美国人文化领域是一个地域概念，有共同的地域特征和文化特征；能够描述环境特征并知道根据文化领域划分的主要部落的名称；知道与文化相关的信息，如食品、栖身地、服饰、艺术和工具等；知道与生活方式和社会结构相关的信息，如政府、决策和组织机构等；知道关于土著美国人文化领域的节日仪式；描述不同文化领域间的相似和不同之处；描述土著美国人关于自然、环境以及禁忌的观点；能够使用文化的概念对课文或其他资源中的信息进行辨识和分类。

① 夏志芳. 地域文化. 课程开发［M］. 合肥：安徽教育出版社，2008：297.

2. 设计"杂志"（美国××中学，八年级学生）

（1）背景。暑假期间，许多美国学生渴望阅读到一些内容丰富有趣且知识性强的杂志，以扩大自己的课外阅读视野。但是，很多学生的经济是比较拮据的，他们会为买不起书籍和杂志而感到烦恼。为改善这方面的状况，美国××中学决定开设"设计杂志"课程，让学生自己设计一系列以当地人社会生活及文化历史为主题的"杂志"，以满足这部分学生的阅读和暑期娱乐的需求。

（2）课程目标。学生要做到能够使用若干方法和版式来发布信息，包括讲义、计算机绘制的图形和表格等；将信息组织成为适合于发布的形式；检查信息的准确性；将发布的信息编成有利于达到其目的的格式。

（3）课程设计。在课程学习过程中，学生通过设计、分发及收集问卷得到资料，再以这些资料为依据，选用符合读者兴趣的当地人的社会生活及文化历史主题编写"杂志"，每个小组负责编写一个主题。为保证学生能顺利完成任务，历史和社会课教师充当顾问和监督者的角色。

①栏目主题选择：当地人的饮食习俗、生活习惯、民间节日等；当地名人成长趣闻、小镇历史、当地博物馆介绍等，通过问卷调查并综合选择决定。

②稿源：向大众宣传并动员家长及社区人员投稿；学生通过访谈、搜集资料自行撰写。

③"杂志"设计：参阅专业杂志的设计构思，以这些专业杂志作为范例，确定评价自己所编"杂志"的标准；明确各自的任务，分工协作，以小组为单位确定各自感兴趣的主题；充分考虑访谈对象，做好访谈前的准备工作和访谈后的文字处理工作；熟练使用电脑的排版格式，打印出符合要求的文章。

二、澳大利亚地方乡土文化与校本课程

（一）文化背景

澳大利亚是一个融合了多民族元素的移民国家，某种程度上决定了它的教育特色。由于澳大利亚实行联邦制，各州和区享有学校教育的立法权和主要的财政权，并在许多方面保留着自己的文化及传统，因而学校课程没有统一的模式规定。因此澳大利亚每个州和区都有一定的选择权和内容调整权，允许地方性课程开发，学校课程中会融入各区域的地域文化特色。学校注重充分利用各个地方的文化资源。

（二）校本课程案例

1. 学习乡土历史

（1）背景。澳大利亚××中学所在地文化遗产十分丰富，有大量的传说、戏剧和古老的乡间宅院。基于此，学校开设了学习乡土历史的课程，鼓励学生对乡土历史产生兴趣，认识并理解地方乡土文化的形成。

（2）让师生超越课堂，与地方乡土中的人物、历史遗留的文化资源以及当代新资源联系起来，通过实地考察，邀请当地人士（父母、艺术家、演出人员、媒体艺术家、通信专家、文化组织等）到课堂中来和去博物馆参观等形式，让学生了解地方乡土文化，思考不同人的观点并做出自己的判断。

（3）课程设计。教师和学生共同选择他们感兴趣的主题，参观当地的博物馆、古建筑以及历史遗迹，学生模仿过去人们的生活方式，并通过讨论、绘画、雕刻、写作、表演等形式表达自己的想法。

2. 学习写作（本校各年级段学生）

（1）背景。澳大利亚××中学非常注重学生的写作能力，在各个年级都开设了写作课程，要

求学生查阅资料，了解地方乡土文化背景，在此基础上开始写作练习，培养写作能力。

（2）课程目标及设计。要求学生根据自己所在的州虚构一个故事环境，在故事里解释并展现为什么这里的环境是现在这个样子。故事世界必须是合理的，如必须有食物、交通设施等。背景知识也要重视气候、地方风俗等，不能忘了当地的动物和小昆虫，人物的名字要有特色。故事的编排要遵循一定的规则，不能自相矛盾。建议学生到图书馆、当地的博物馆及互联网上寻找故事的背景材料。故事必须原创。

三、德国地方乡土文化与校本课程

（一）文化背景

德国的学校实行开放式教学，让学生学习“活”的知识，并体会知识后面的文化。为此，主张学习内容的开放、学习时间的开放、学习空间的开放、学习方式的开放，并向家长、社会开放。教师经常带学生参观访问，了解当地的社会与文化，或者请社会团体的人员来讲课与对话。在对学生进行地方乡土文化教育时，学校还注意对学生价值观的提升，不仅让他们从周围的文化环境中感受到“服从、务实、严格”的价值取向，而且要让他们追求一种“自由、民主、独立”的崇高精神。①

（二）校本课程案例

课程名称：认识家乡——德累斯顿的美（小学五、六年级学生）

（1）背景。德累斯顿××小学位于美丽的德累斯顿。在历史上，德累斯顿曾长期是萨克森王国的都城，拥有数百年的繁荣史，灿烂的文化艺术和无数精美的巴洛克建筑。作为重要的文化中心，德累斯顿又被称为“易北河上的佛罗伦萨”。基于此，学校开设了“认识家乡”校本课程。

（2）课程目标。①体验当地生态之美，享受绿色环境的恩惠；②感受当地建筑之美，了解巴洛克建筑风格；③欣赏当地艺术之美，领略音乐、绘画的魅力。

（3）课程设计。

①收集德累斯顿的地理信息资料。由于地处独窄的河谷，德累斯顿的气候类似于德国南部，比德国东部大部分地方温暖。2002年德累斯顿被列为欧洲绿化最好的城市，三分之一地区被森林覆盖。贯穿该市长达20千米的易北河草地是该市的一道重要风景，“大花园”是该市最大的城市公园。要求：在收集资料的基础上，绘制德累斯顿森林空间分布图；参观“大花园”，了解主要的树种与花卉，写一篇小作文；到易北河草地开展一次露营活动；将自己拍摄的当地植被景观照片布置在教室里。

②参观萨克森皇家教堂、德累斯顿圣母教堂、新犹太会堂、萨克森州立图书馆等建筑。要求：在收集资料的基础上，了解巴洛克建筑的风格与特点；理解为什么德累斯顿是一座反映现代建筑发展史的重镇；了解德累斯顿城堡（在第二次世界大战中被完全摧毁）重建的意义与进展。

③参观德累斯顿州立艺术博物馆；欣赏茨温格宫画廊里历代大师的绘画作品；观看德累斯顿新城广场的奥古斯都二世的金色骑马像、圣母教堂前的马丁·路德雕像等；了解德累斯顿在历史上有哪些著名艺术家在该市活动过，出现过哪些世界闻名的交响乐团与音乐合唱团，并欣赏有关的音乐作品。

点评：

虽然世界各国的自然条件、社会文化背景以及学校教育政策的不同使得各国的学校课程存在

① 张可创，李其龙．德国基础教育［M］．广州：广东教育出版社：2005，109.

明显差异，但有一点却是共同的，即在全球化进程中，各国努力通过教育即学校课程来继承、传递乃至发扬光大各国各民族地方乡土文化。尤其在一些联邦制国家，各地具有教育决策权，更是通过制定课程标准、选择课程内容、编写课程教材等方式将地方乡土文化渗透或显著呈现到学校课程之中。以上从美国、澳大利亚、德国3个国家的学校课程中之于学校所在地方乡土文化资源的附属或主角形态的课程案例中可以反映出，地方乡土文化在学校课程中的体现，绝不仅限于自己本土的文化继承和传递方面，更主要的是对本国本民族年青一代的文化熏陶及精神塑造方面，以此给我国学校教育及课程改革中地方乡土文化与校本课程开发深刻的启示，深入地、审慎地进行此方面问题的思考及研究是我们教育工作者应有的态度。

微思考

对外国中小学乡土文化校本课程案例中的课程目标作简要评析。

课后研习

一、认识与探讨

1. 比较国内外中小学校本课程中乡土文化开发的相同点和不同点。

2. 任选一个国外校本课程案例进行点评。

3. 结合自己在一所小学的实习（或见习）情况，判定这个学校是否有正式的或非正式的地方乡土文化教育课程（或内容），并说明其教育目的是什么。

二、练习与设计

1. 依照自己的想法，设计一门“乡土文化校本课程”。要求：包括课程名称、课程目标、课程内容提纲（至三级目录）。

2. 查阅相关文献资料，搜集相关高校、中学、小学校本课程课程目标的内容表述，尝试进行比较分析，撰写一篇小论文。

三、阅读与思考

1. 阅读《乡土中国》一书（费孝通．乡土中国［M］．北京：北京出版社，2021．），结合本章主题谈谈自己的想法。

2. 阅读论文《我国乡土文化的特征及其转型》（刘晓峰．我国乡土文化的特征及其转型［J］．理论与现代化2014．），就论文观点写一段感想。

后 记

一本教材的后记中一般要说些什么，抛开惯例，编者在此想要解释一下这是一本什么样的教材。

这本教材，从教学课程编制来看是一门课程教材，因为在设计和具体编写过程中有这样的目的和想法，也在相关教学课程中进行了相应的实践，并初步形成这样一门学科和课程教材的基本框架；从它是教育研究项目来看似乎是一部学术著作，因为它是高校教育教学科研课题的研究成果，其主要内容为相关的理论研究并具有基本的研究程式；从编者编写及出版的初衷及目的来看，它属于课程教材与学术著作交叉的教学及实践指导著作，意为本书集课程教材与学术著作于一身。之所以如此，缘由主要有两个方面，一是高校教师进行教育科学研究并要通过此类课题研究及实践使自身原有的研究方向和研究程度进一步深化。编者在高师课程论及乡土课程资源方面有较长期的思考与积淀，也有一些相关研究著述和资料搜集，使编者在高师教育类课程与乡土文化关系及学理方面有了更进一步的认识。二是将此课题研究内容与教师教育课程设置及师范生培养现实实践相结合，编者将课题研究内容在所任教课程中进行了教学实践尝试并取得了相应的效果及经验，这充分适切了地方高校高师教师教育人才培养目标中“地方型、文化型、复合型”人才的要求，彰显了课程设置内容对应学生差异化认知需要及人才成就多样化趋向的现代教育关系。

编者所在高校在高师教师教育课程《校本课程理论与实践》的设置、教材编制、师范生学研程式、院校合作指导见习及开发校本课程方面，此课题研究给予了从课程理念到教学实施诸方面重要的支持。鉴于此，本教材不仅是教师教育课题的研究成果，更是学校教育教学及相关课程开设的导引理念，以及学校教师编制与教授相关课程的参考，还可作为高校师范生学研的教材或重要资料，以及其他教育工作者参考阅读的资料。一本教材能做到书尽其用或书尽其能，应该是该教材的最大价值。

编者

2023年12月于泰州学院